バルバラ・ボンハーゲ
ペーター・ガウチ
ヤン・ホーデル
グレーゴル・シュプーラー
著

スイス文学研究会
訳

世界の教科書シリーズ㉗

スイスの歴史

スイス高校現代史教科書
〈中立国とナチズム〉

明石書店

Originally published under the title HINSCHAUEN UND NACHFRAGEN:
Die Schweiz und die Zeit des Nationalsozialismus im Licht aktueller Fragen
©2006 Lehrmittelverlag des Kantons Zürich
All rights reserved
By arrangement through Meike Marx, Yokohama, Japan

目　次

はじめに　5

第1章
第二次世界大戦時のスイスの人々　8
　はじめに　10
　レポート課題　11
　順応と抵抗　12
　日常生活　14
　政治と経済　16
　警　察　18
　外　交　20
　文　化　22
　難民支援　24
　金　融　26
　「アーリア化」　28
　限界までのアンガージュマン　30
　難民たち　32

第2章
世界大戦の時代におけるスイス　34
　はじめに　36
　レポート課題　37
　第一次世界大戦　38
　革命と全国規模のストライキ　41
　国際連盟　43
　経済恐慌　45
　民主主義とファシズム　48
　戦争への備え　52
　戦争開始　54
　包囲されたスイス　56
　戦争終結　59

第3章
議論の余地ある歴史　62
　はじめに　64
　レポート課題　65
　被告席のスイス　66
　前史としての1980年代　68
　1990年代における対応策　70
　所有者消息不明資産はどのくらいあったのか　73
　歴史学の役割　76
　所有者消息不明資産と歴史学者　78

第4章
スイスとドイツ 1933〜1945年　80
　はじめに　82
　レポート課題　83
　枢軸国に奉仕する産業と交通　84
　軍需産業と武器輸出　90
　アルプス経由の物資と人員の輸送　92
　ドイツ国内のスイス企業　94
　スイス金融街　97
　スイスの銀行の守秘義務　100
　金(きん)の取り引きとナチスの金塊　102
　財産の強制引き渡し　104
　スイスと難民　106
　1938年の〈J〉スタンプ導入　109
　1942年8月の国境閉鎖　111
　難民入国拒否の理由　113

第5章
過去の不法な行為の認定と賠償　116
  はじめに　118
  レポート課題　119
  過去の不法な行為の認定と賠償　120
  スイスとナチズム──難民ヨゼフ・
　　シュプリングに対する入国拒否　124
  スイスとナチズム
　　──フェーリクス・Ｌの資産の行方　126
  スイスとナチズム
　　──ユリウス・エルカンの生命保険　128
  スウェーデン──第二次世界大戦時の
　　行動と歴史の再検討　130
  スイス──「路上の子どもたち支援」の
　　被害者、イェーニシェの人たち　132
  オーストラリア──アボリジニ、
　　権利を求めて長びく闘い　134
  南アフリカ共和国
　　──真実和解委員会による和解の試み　136
  ユーゴスラヴィア
　　──国際刑事裁判所による正義の追求　138

訳　注　140
資料出典　141
写真出典　143

本書の歴史的背景とその意義　145
訳者解説　154

人名・団体名索引　159

【凡 例】
　本文中の（　）、［　］は原著の通り使用し、〔　〕は訳者による注を示す。
　なお、訳者による注が長文のものについては１）、２）のように注番号を付し、140ページの「訳注」の欄に記載した。

はじめに

　ナチズムの時代には、それまで考えられなかったような犯罪的行為が行われた。ドイツは1933年以来、政敵とユダヤ人を弾圧し、のちにはさらにロマやエホバの証人や同性愛者の他、ナチズムの「民族共同体」の理想像に合わない人々を迫害したのである。ドイツはこうした人々を強制収容所に監禁し、拷問や恣意的な処刑や非人間的な生存条件によって何万人もの命を奪った。戦争が始まるとナチ体制は10万人以上もの障害者を殺害した。占領地域ではドイツ軍隊は集団銃殺を始めた。まずは、いわゆるパルチザンやユダヤ人男性たち、それから女性や子どもも。最後にナチ体制は東欧に絶滅収容所を造り、ここでヨーロッパのユダヤ人が機械的に殺された。戦争末期にはヨーロッパのユダヤ民族は広範囲にわたって壊滅状態となった。およそ600万人ものユダヤ人が、ナチズムとその加担者によって殺害されたのである。現在では世界中に書物や映画、新聞、博物館、記念碑や記念日など、ホロコーストと呼ばれるこの大惨事を思い起こさせるものが種々様々ある。今日ではこのホロコーストの比較対象として、他の集団犯罪や大量殺戮が引き合いに出されている。国家連合が20世紀後半に、いかに人権尊重を達成しようと努めたか、またこのような犯罪行為が将来にわたって二度と起こらないよう防ぎ、「民族浄化」や国家による大量殺戮の責任者たちを法廷に立たせようと努めたかを理解するためには、ホロコーストについて知ることが重要である。

　長い間ホロコーストは唯一ドイツ人だけが行った行為で、他の世界には無関係なことと見なされてきた。しかしながら1980年代以来多くの国々で、当時なぜこの犯罪行為を防ぐための措置が講じられなかったのか議論されることが年々増えてきている。政府や企業や個々人がこの犯罪行為に関与したのかどうか、あるいはその犯罪行為から利益を得たのかどうか。ヨーロッパの国として、また法治国家として、スイスもまたこうしたことを背景にした自国の歴史に問いかけなければならないという課題の前に立たされている。親しい隣人の国が独裁制に変貌し、政敵を抑圧し、ユダヤ人や他のマイノリティを差別して追放し、ついには殺戮したとき、スイスの人々はどのように行動したのだろうか。政府や企業や個人は、当時別の行動をとることが可能だったか、あるいは別の行動をとるべきだっただろうか。誰がどのような責任を担い、決定権を持つ者たちは、なぜあのように行動したのだろうか。

●現在の視点から考える教材

　こうした問いに対して、この教材は前もって答えを用意してはいない。この教材はむしろ、第二次世界大戦時のスイスと時代を正確に見つめることに寄与し、考えるための刺激剤となり、また導きの糸となろうとするものである。それによってこの本はホロコーストとの全般的対決の一部となる。この本はスイス的見地から、いわゆるベルジエ委員会が1997年から2001年に行った、かなり労力を要する歴史の再検討を継承している。同じテーマのたいていの本と同様に、この本もまた、そもそも印刷されるより前にすでに激しい議論の対象となった。これについては例えば、『新チューリヒ新聞』(Neue Zürcher Zeitung) に掲載された記事（次ページ資料参照）が、2005年5月31日のチューリヒ州議会において、出版に向けて作成中のこの教材『見つめて問い直そう』(HINSCHAUEN UND NACHFRAGEN) が大いに議論の的となったことを克明に伝えている。

　歴史的事実というものは存在するだろうか。この問いは十分な根拠をもって肯定することができる。それではこれらの歴史的事実から、唯一真実で客観的なものとして叙述される歴史を作成することはできるだろうか。この問いは否定しなければならない。なぜなら歴史の解釈は多様であり、それは時代の経過とともに変化するものなのだから。この教材はまさにこの困難に取り組んでいる。この教材は一方で、なぜ一定の文脈の中に置かれた歴史は特に議論の余地あるものとなるのかを指摘し、他方では、ここに提供された歴史の叙述がどのようにして成立したかを明確にしようとしている。すなわち小説とは違い、歴史の叙述は自由に作り上げたフィクションではない。歴史はむしろ、過去から伝えられた資料に準拠し、その資料を理解して有意義な解釈を行うよう努力しなければならない。私たち著者はこの教材の5つの章すべてにおいて、そうするよう努めている。

資料

ロルフ・アンドレ・ジーゲンターラー（Rolf André Siegenthaler、国民党、チューリヒ）はベルジエ委員会を非難——ベルジエ報告書によってスイスの歴史は書き換えられてしまう。ベルジエ報告書は68年世代の政治目的に利用され、事実をねじ曲げる。私たちの子どもたちの頭にこの歴史記述が詰め込まれてしまうのであり、これは社会の無知化に寄与することになる。というのも、学校で広く教えられたことをあとから訂正するのは困難だからである。

ウルズラ・ブラウンシュヴァイク＝リュトルフ（Ursula Braunshweig-Lütolf、社会民主党、ヴィンタートゥーア）——この教材は必修ではなく選択であるし、ベルジエ報告書が教材の形を変えたわけではなく、単にこの教材がベルジエ報告書に基づいているというだけのことである。ベルジエ報告書は歴史を書き換えたのではなく、新たな認識で歴史を補足しただけである。決定的なスイスの歴史などというものは存在しない。過去の知覚は現在によって刻み込まれる。だからこの教材もまた決して、決定的な真実を告げているわけではない。歴史はそこにあるのではなく作られるのだということを、若い人たちに学んでほしい。

ハンスペーター・アムシュトゥッツ（Hanspeter Amstutz、キリスト教民主党、フェーアアルトルフ）——これまで歴史を事実に即して記述してきた従来の教材が、この教材によって軌道から外されるということはない。教材としてのベルジエ報告書よりももっと憂慮すべきなのは、高校での歴史の授業時間の減少であろう。

トーマス・ハイニガー（Thomas Heiniger、自由民主党、アドリスヴィール）——歴史は否定することができない。歴史は私たちをとらえる。ベルジエ報告書は私たちの過去の一部であり、だからまた私たちの学校にもふさわしい。歴史の恣意的かつ偏った再検討を阻止するすべを心得ているその構造に、私たちは信頼を置いている。

● 第1章
第二次世界大戦時のスイスの人々

第1章では、この時代に影響を与えた人々、また時代によって影響を受けた人々を扱っている。個々人の影響力や創造可能性は、ただその人の個人的能力や考え方、意思のみによるのではなく、社会の中でその人が置かれた立場にもよるものである、ということをここで私たちは示している。このことはとりわけ変化の時代、暴力と不安定の時代に当てはまるが、第二次世界大戦の時代に人々はそうしたことに自らが対峙しているのを目にした。8〜33ページでは、この時代に生きた様々な人々が紹介されている。

● 第2章
世界大戦の時代におけるスイス

この章で私たちは1914年から1945年までの時代を描写し、それによって、スイスの歴史がいかにヨーロッパや世界の歴史の一部として理解されなければならないかを示している。この時期は戦争に始まり戦争に終わった。その間に革命や経済危機、全体主義的な独裁制、大量殺戮によって何百万もの人々に苦痛と死がもたらされた。スイスはこうした衝撃的な出来事の激しい影響を被ることのないままにすんだ。スイスは両派に対し軍事的中立を守り、占領されることもなかった。経済危機も他国に比べるとまだひどくはなかったし、スイスは民主主義を保っていた。34〜61ページでは、この時代にスイスがいかにこの世界史上の出来事にみまわれ、また同時に世界史を形成した一員でもあったかが示されている。

● 第3章
議論の余地ある歴史

第3章では、歴史認識について熟考するためには「見つめること」は確かに基本ではあるが、しかし十分ではないということ、そしてまた、そのためにはなぜ「問い直すこと」が必要なのかということを明らかにした。第二次世界大戦中にスイスが果たした役割についての議論は、歴史記述の意味を問うための好例となっている。1990年代には数多くの人々や諸機関が歴史の再検討に携わってきた。この章では、62〜79ページで、現在においてどのようにして資料から、すなわち過去の残滓や物語から歴史が成立するのかが示されている。

● 第4章
スイスとドイツ　1933〜1945年

この章では、第二次世界大戦中のスイスの歴史についてこれまで特に議論となり、ベルジエ委員会によって正確に調査が行われた問題をいくつか取り上げた。その際、スイスとナチ・ドイツの経済的関係やスイスの亡命者政策に焦点が当てられている。ここで問題となっているのは第二次世界大戦中のスイスの包括的な歴史ではない。連合国との関係、国土防衛あるいは内政的発展については第2章で取り上げ、大枠の諸条件を示した。第4章の80〜115ページでは、スイスに対して唱えられた非難の声に基づいてベルジエ委員会が行った包括的な研究の結果、得られたいくつかの成果について学ぶ。

● 第5章
過去の不法な行為の認定と賠償

　最終章では、ドイツ連邦共和国が戦後いかにして、ホロコーストの犠牲者に対して行われた不法な行為の「賠償をしよう」としているかを示している。スイスは、ナチ・ドイツによって行われた犯罪行為に対して責任はないが、しかしスイス政府とスイス経済界の一部にも、1945年以降、ナチズムの犯罪を目の前にして正しい振る舞いをしたのかどうか、あるいは多少とも賠償しなければならないようなことがあったのかどうか、様々な形で問われてきた。それ以来スイスの経済と政治は賠償に加わり、場合によっては過ちを謝罪したが、しかし法的な意味で不法な行為への関与を認めようとはしなかった。1990年代には、戦時中の振る舞いについてのこれまでの議論は十分でなかったことが明らかにされた。116〜139ページでは、今日では過去の不法な行為に対する賠償がこれまでとはまったく別の観点で議論されていることを学ぶ。1980年代はじめ以来、過去の不法な行為とのかかわり方は、国際的な国家連合にとって異論の余地ある重大な問題であり、そしてそれゆえに激しい議論を呼ぶ問題となっている。

● 見つめて問い直すことは「道」である

　『見つめて問い直そう』は1つの風景である。それは同一の事態を様々な視点から観察し、繰り返し新たに問いかけ、それぞれの立場に応じて新たな回答を出すようにと促す。1つの風景にただ1つの道があるわけではないのと同様に、ここにある「風景」にもいくつもの道がある。認識に達するために、この本をはじめから終わりまで読み通す必要はない。例えば歴史的事件に興味があるのであれば、第2章から読みはじめればよいだろう。「賠償問題」に興味があれば、第5章に限ってもよいだろう。この章はもちろん読みやすくはない。第二次世界大戦中のスイスの人々について書かれた第1章のほうが読みやすいだろう。つまり重要なのは、読む順番や完璧さではなく、自ら取り組む積極的な姿勢である。道や展望は歩くことで開かれるのである。

● 歴史は繰り返し新たに作られる

　見つめて問い直す者は、現在をいっそう的確に判断することができる。これによって必ずしも全員が同じように多くのことを認識するわけではないし、歴史に取り組むことで全員が何かを学び取るわけではないし、また全員が歴史に同じ関心を持つわけでもない。このように必ずしも全員が歴史に対して同じように大きな要求を持つことはない。もちろん、現在を盲目的にさまよい歩くことのないよう、最低限の基本的知識や基本的能力は必要であろう。『見つめて問い直そう』はナチ時代のスイスの歴史について、決定的な真実を用意しているのではない。この本は資料と解釈を提供するものである。私たちは、訴える力の強い資料を選び出し、誠実な解釈を行うよう努めた。もし『見つめて問い直そう』によって読者が見つめて問い直す気になってくれたなら、私たちは重要な目的を達成したことになるだろう。

　　　　　　バルバラ・ボンハーゲ（Barbara Bonhage）
　　　　　　ペーター・ガウチ（Peter Gautschi）
　　　　　　ヤン・ホーデル（Jan Hodel）
　　　　　　グレーゴル・シュプーラー（Gregor Spuhler）

第1章
第二次世界大戦時のスイスの人々

動員命令の日の若いカップル。 1939年9月2日、ベルンのヴィクトリア広場にて。政治家たちが力強い言葉で演説をしていたとき、戦争開始はほとんどのスイス人にとっては、日常生活から大きく切り離され、不確かさと不安へ変わることでしかなかった。

●目 次

はじめに	10
レポート課題	11
順応と抵抗	12
日常生活	14
政治と経済	16
警 察	18
外 交	20
文 化	22
難民支援	24
金 融	26
｢アーリア化｣	28
限界までのアンガージュマン	30
難民たち	32

●学習目標

- 第二次世界大戦のときにスイスで生活していた人6人から、当時の体験を聞いて数行にまとめるか、どのような活動をしたかを記述する。
- 異なる生活環境や職業分野を3つ選び、それぞれの特徴を書く。似たような環境にあっても人々の体験や行動が異なることを、これらの例を使って示す。
- 第二次世界大戦のときにスイスで生きていた人の短いポートレートを記述する。
- 歴史学では、関心を持つ他の人々も追体験できるように、情報や知識の出典を明らかにすることに注意する。

はじめに

　人は歴史を作り、歴史は人を作る。歴史は過去に人々がしたこと、人々に思いがけず起こったことを扱う。それぞれの人の影響や行動の可能性は様々だ。それは個人の能力や生き方や意思によるだけではない。社会的立場や社会の基盤となる諸条件によっても決まるのだ。特に、変革と暴力と不安の時代、第二次世界大戦の時代に生きていた人々にとっては、それらは決定的だった。人々が体験したことは、それぞれ非常に異なっていた。人々はそれぞれの可能性や価値観や利害にしたがって、様々な行動をした。現時点から振り返って考えると、彼らに他の選択の余地はなかったのだろうか、という疑問が生じる。人々は他の行動はできなかったのだろうか。なぜ人々はあのように行動したのだろうか。

　利害や行動の余地が様々であったことは、個人だけでなくスイスという国にとっても同じである。スイス軍隊の将軍は、連邦大統領とは異なる観点を考慮しなければならなかった（「順応と抵抗」12ページ参照）。また、連邦大統領にしても、一兵卒や一般の主婦とは違う責任を負っていたし、異なる活動の余地範囲を持っていた（「日常生活」14ページ参照）。難民局責任者は難民に関する諸問題について、難民家族とも（「難民たち」32ページ参照）、難民支援活動をしていた人々とも違う見方をしていた（「難民支援」24ページ参照）。銀行の頭取は、一般の銀行口座所有者とは異なる活動の可能性を与えられていた（「金融」26ページ参照）。他の人の助けなしには生きられなかった人々もいた。職権上、他の人々を助けることができた人々もいるし、何もせず、手をこまねいていた者もあった（「外交」20ページ参照）。スイスの人々はナチズムに対して、また、その加害者と被害者に対してどのように対応するか決定できたし、決定しなければならなかった。ナチズムに熱狂した人もいるし、あらゆる手段を使ってナチズムと闘おうとした人々もいた（「限界までのアンガージュマン」30ページ、「文化」22ページ参照）。さらに、迫害された人々の苦難と、そこから生じた強制や可能性とどのように向き合うかは、人々の判断にゆだねられた（「『アーリア化』」28ページ参照）。経済的、個人的、政治的、軍事的、家族的、さらに法的な考え方や世界観、社会観が混じり合っていた。政治家は経済界にも影響を及ぼしたし、経済界の指導者たちは政治にも影響を与えた（「政治と経済」16ページ参照）。

　第1章では、個々の人間を取り上げ、彼らの人生と行動を見つめる。彼らは第二次世界大戦のとき、スイスで生活していたか、またはスイスと接触を持った人々だ。ある1つの社会環境、または影響力を持つ分野、またはある1つの生活環境からそれぞれ2人の人物を選んで対比している。ここで紹介されている人々は、それぞれの分野で異なった彼らなりの考え方、行動できる権限、利害を持っていた。彼らを対比することにより、当時彼らが生きていた様々な条件が明確になるだろう。ここではまた、人々の希望や不安や確信がいかに多様であったかを示している。

　この章では、人々の過去の認識がいかに様々であったか、それぞれの個人の視角と世界の歴史との大きな関係の認識がいかに異なっていたか、についての理解を促す。この章では歴史へ目を向け、ディスカッションのきっかけとするだけでなく、読者すべてに好奇心を引き起こすことを望んでいる。

　この章で扱う分野と人々は、本書の内容的重要性にしたがって選ばれている。この選択は十分なものでもないし、最終決定でもない。これらの他にもたくさんの分野があるし、第二次世界大戦当時のスイスの歴史を示す無数の人々の生活や活動があった。レポート作成によって、様々な環境や人生を補足的に示し、この時代の歴史像をさらに広げるための手引きとする。

レポート課題

スイスの歴史の流れの中には、特別な影響を与えた人々や、人生で特別なことを成し遂げた人々がいつもいた。

第1章では、そのような人々のうちの数人を紹介している。第二次世界大戦のころ、公にはそれほど大きな痕跡を残さなかった人々もいるが、それでも彼らの人生にもこの時代の出来事は反映されている。レポートを作成するときには、自分が興味を持った人、または自分と特別な関係にある人を選んで、その人のポートレートを記述すること。例えば、あなたの親類の中にも、あの時代に生きていて、記録や写真が残っている人がいるかもしれない。または、現在あなたが暮らしている地域に第二次世界大戦のときに住んでいた人を選んでもよいだろう。それらの人々のポートレートを書くことで、私たちが現在生きている時代、私たちが暮らしている地域が、私たちの人生に決定的な影響を与えていることを理解してほしい。

▶学習の進め方

①はじめに、この章で示されているポートレートを学習する。
②親類や知人に、第二次世界大戦のときに生きていた人か、または、何か資料を持っている人を知らないか、質問する。
③人物を選んだら、その人についての資料をさらに探す。本やインターネットで見つけられるかもしれない。運がよければ、その時代を実際に体験した人にインタビューできるかもしれない。
④短いポートレートを作成する。その際、以下のことに注意する。

▶注意点

短いポートレートをどのように仕上げるかは、あなたの自由だ。この本や事典、インターネットなどで、多くの人々の情報が内容的にも得られるし、表現の仕方も様々な可能性があることがわかるだろう。ただし、以下の点は守ること。

- その人の名前や生年月日、主要な日付のほかに、図版や写真なども添える。
- もちろん、その人の行動や体験を書く。特別に重要なこと、驚くべきこと、感動的なことに興味を持つのは当然だ。しかし、一見たいしたことではないようなことでも、ただ事件を並べるよりはずっと興味深いポートレートになる。
- あなたがなぜその人物を選んだのか、というあなたの個人的な理由説明がレポートの重要な点だ。
- 記述した情報をどこから得たか、を正確に書く。インターネットからとった場合は、アドレスを明記し、カッコの中にそのサイトで情報を得た日付を書く。本から情報を得た場合は、著者名、本のタイトル、出版された場所、出版年、必要に応じて掲載ページも書かなくてはならない。

【その他のレポート課題】

第1章で紹介されている人物については、本書で書かれていること以外にもたくさんの情報がある。あなたが興味を持った人物を1人選びなさい。最初に、本書に出ている以外の写真を1枚か2枚探し、次にその人物が話した言葉を長短2つ書きなさい。さらに、この人物について誰か他の人が話している言葉を長短2つ書きなさい。情報を見つけることが難しい人々もいるが、その場合はその人物が生きた生活分野についての写真や文章を探しなさい。

順応と抵抗

　スイスの政治と代表的政治家たちは戦争中、順応と抵抗の間の解決の道を探し続けた。どちらの立場も、戦争終結後も長くその代表者像を残した。ギザン将軍は、ドイツに対する抵抗のシンボルと見なされた。一方、連邦政府閣僚のピレ＝ゴラは、ドイツに順応する態度をとった、と言われた。しかし、この2人に対する評価は偏っており、部分的にしか正当ではない。

●アンリ・ギザン

　アンリ・ギザン（Henri Guisan）は1874年、ヴォー州のメジエで医師の息子として生まれた。大学で農学を専攻し、1897年からローザンヌ近郊で農場を経営した。新兵教育を受けた後、彼は軍隊で急速に出世した。1939年8月30日、連邦議会は彼をスイス軍の将軍に選出した。

　ギザン将軍はフランス語地域の出身だが、ドイツ語も非常に堪能で、兵士たちにも、スイス全土で一般の人々にも、とても人気があった。1939年晩秋、ザンクト・ガレン州政府を訪れたとき、彼が食事をしたレストランの前には1万人以上の人々がつめかけた。ギザンがバルコニーに姿を現すと、人々は拍手と歓声を送った。彼は人々とすぐに打ち解け、好感をもって受け入れられた。彼には人々に安心感を与える力があった。

　1940年7月の、ギザン将軍によるいわゆるリュトリ報告は、彼が一般大衆に受け入れられた大きな要因として、重要な意味がある。この中で彼はスイス軍将校や指導的立場にある人々に、ドイツが侵略してきた場合、スイスは断固として抵抗する、と呼びかけた。さらに、彼は重要な戦略を告げた。侵略軍に対しスイス軍は国土中央部のアルプス山中深くまで退却し、スイスの独立を守るために徹底抗戦する、というものだ。ギザンは退却戦略の具体案をほとんど示さなかった。この戦略は、住民の多くを無防備に敵にさらす可能性があったが、絶対抵抗の意志を明確に伝えていた。これが後にギザンが国民に非常に愛される原因になった（54ページ参照）。

　1940年夏、ギザンはスイス連邦内閣に、ドイツと交渉し、ドイツの要求に理解を示すことを繰り返し要求したが、成功しなかった。1940年秋、ドイツ軍はフランスの資料の中に、ギザンがスイス連邦内閣の承認を得ずにフランス軍指揮官と交渉を行った証拠書類を発見した。ギザンのこの行為はスイスの中立権に違反し、枢軸国〔ドイツとイタリア〕に包囲されているスイスの立場を、ドイツとの関係で危うくする恐れがあった。

　1945年8月20日、戦役動員解除と同時に連邦議会はアンリ・ギザンの将軍職を罷免した。しかし一般大衆に

チューリヒ州で開催されたスイス博覧会を訪れたギザン将軍。1939年10月20日。この博覧会は1939年5月6日から10月29日まで開かれた。

> **資料**
>
> 　この件〔閣僚のフォン・シュタイガーとの話し合い〕に関連して、私は将軍にまつわる神話を他の人々と作り上げる気持ちはこれ以上ないことを強調した。弱腰政府の手から祖国を救った、と将軍を誉めたたえる神話だ。こんな神話は、まさしく歴史の歪曲だ。

1945年5月26日付けのマルクス・フェルトマンの日記からの抜粋。 マルクス・フェルトマン（Markus Feldmann, 1897-1958）は当時国民議会議員で、ベルン州政府の農工市民連合党（ＢＧＢ、後のＳＶＰ）の担当大臣として新任したばかりだった。1951年、彼はエードゥアルト・フォン・シュタイガーの後任として連邦閣僚に選出された。

とって、彼はその後も「ギザン将軍」であり続けた。ギザンの人気は変わらず続き、彼の行動の問題点は広く一般に知られることはなかった。1960年に彼が死亡したとき、30万人もの人々が葬儀に参列した。

● マルセル・ピレ゠ゴラ

マルセル・ピレ゠ゴラ（Marcel Pilet-Golaz）はギザンと同じ、フランス語地域のヴォー州出身である。彼は1889年、コソネで生まれた。弁護士資格をとって間もなく、政界に転じた。1928年、まだ比較的若かったが、ピレ゠ゴラは連邦閣僚に選任された。1940年3月、彼は困難な政治部局（現在の外務省ＥＤＡ）の責任者になった。この結果、彼は第二次世界大戦中、スイスの外交政策と外交交渉の最高責任者になった。

ピレ゠ゴラは、ギザン将軍のような人気者になることはなかった。彼はずばぬけて知性的だったが、虚栄心が強くて尊大だ、と言われた。仲間たちの感情を害することもよくあった。例えば、公の軍隊訪問で、セーターとサングラス姿で将軍と会見した。当時はこのような機会に、こうした気軽な服装をすることは、非常に無礼なことだ、とされていたのだ。

1940年、ピレ゠ゴラは二度目のスイス連邦大統領に就任した。1940年6月25日、予想外のフランス軍崩壊のニュースにショックを受けたスイス国民を安心させるために、彼は連邦大統領としてラジオで民衆に呼びかけた。彼は母語のフランス語で話したので、連邦閣僚のエッター（Etter）がドイツ語に通訳した。しかしこの演説は、言い回しが奇妙ではっきりしない点が多かった。多くの人々の耳には、ピレ゠ゴラが強権的な民主主義を導入し、スイスをドイツの手に渡そうとしているかのように響いた。

1940年9月、ナチ・ドイツとの協調路線を公言し、ドイツとの緊密関係強化を要求していた極右前線派の代表者3名と、ピレ゠ゴラは面会した。この事件が一般に知られると、彼に対し大きな怒りがわきあがった。風刺喜劇役者のツァーリ・カリギエ（Zarli Carigiet）は、演劇集団キャバレー・コルニション（Cabarets Cornichon）で、『ピレ゠ゴラを追っ払え』（Me sött de Pilet goh-lah.）という風刺作品を上演した（22、54ページ参照）。

ピレ゠ゴラはソビエト連邦と外交関係を構築しようとしたが失敗し、1944年11月、辞任した。彼の辞任を惜しむ者は、ほとんどいなかった。1940年のあの演説以来、スイス国民の信頼を取り戻すことはもうできなかった。生涯、彼には非スイス的順応者、というレッテルが貼られた。彼は農村ロルの所有地にひきこもって、孤独な人生の夕暮れを過ごした。死亡したのは1958年である。

連邦大統領ピレ゠ゴラ（サングラス姿）が軍隊を訪問。1940年ごろ撮影。

資料

「ヨーロッパが再び上昇する前に、疑いもなくこれまでとはまったく異なり、新しい基盤の上に構築された、新しいバランスを見いださなくてはならない。［……］あらゆるところ、あらゆる地域で［……］不可欠のヨーロッパ再生に巨大な努力が要求される。時代遅れの制度とは関係なく、効果的に活動できるための努力である。［……］内部的再生の時が来た。我々はみな、古い人間たちと決別しなければならない。［……］同志諸君、君たちは今、必ずしもその決意を表明したり説明や根拠を示すことのできない確実で献身的な1人の指導者にではなく、我が政府に従うのだ」

連邦大統領ピレ゠ゴラのスイス国民へ向けたラジオ演説。1940年6月25日。

日常生活

　第二次世界大戦の間、大多数の一般スイス人の日常生活は、どのようなものだったのだろうか。次の2例は、その実情を垣間見せてくれる。

　アニー・シュテックリ＝ロースは、多くの女性たちと同じように、1人で家計を支えなくてはならなかった。ローベルト・ベヒトルトは兵士として徴集され、家族や仕事から長い間離れて過ごさなくてはならなかった。

●アニー・シュテックリ＝ロース

　アニー・シュテックリ＝ロース（Anny Stöckli-Roos）は1917年にリギ鉄道職員の娘として生まれ、ヴィッツナウで成長した。1931年、彼女はトノン・ル・バンの女子修道院寄宿学校に進んだ。両親には支払い能力がなかったので、彼女は修道院の清掃をして自分の寄宿代と生活費をまかなった。彼女は商業科の資格を得て卒業した。1934年、事務系の就職口が見つけられなかったので、ホテルのウェイトレス実習を修了した。

　1939年8月26日、アニー・シュテックリは結婚した。チューリヒ郊外への新婚旅行の途中、2人は兵役総動員通知を受けた。夫は左官工だったが、徴兵された。夫からの仕送りはなく、妊娠していたアニー・シュテックリには、生きてゆく金が足りなかった。彼女はカイザーアウグストに住んでいた義理の両親の家に移った。1947年までに、彼女は6人の子どもを産んだ〔スイスでは兵役中も休日には帰宅できる〕。彼女の日々の労働は厳しいものだった。ほとんど毎日、早朝5時半から真夜中まで働き通しだった。彼女は大きな農園を2つ、耕していた。野菜とジャガイモで家族を養った。卵は月に1個がやっとだった。肉を買うには金が足りなかった。冬の備蓄食糧を作るために、彼女は他の農家の果樹のこぼれた果実を拾い集めた。夏には収穫が終わった後の穀作農家の畑の落ち穂拾いをして、粉に挽いてもらった。

　軍隊退却戦略が発令されていた間ずっと、彼女はとても不安だった。ライン河沿いのドイツとの国境のすぐ近くで暮らしていたからだ。カイザーアウグストの上空を、ときどき敵機が飛行していた。特に戦争末期には多かった。彼女は子どもたちとは戦争の話はしなかった。悲惨なことに触れさせたくなかったからだ。他の大人たちとも戦争について話すことはなかった。彼女は1人ぼっちだったし、働かなくてはならなかったから。

　戦時中の人々の苦しみを、彼女も自身の家族内で味わった。いとこがフランスからスイスへ逃れたが、国外強制退去になり、ドイツ人に射殺された。もう1人のいとこは、ダッハウの強制収容所を生き延びたが、生涯、その過酷な経験を話すことができなかった。

　1947年、アニー・シュテックリは家族といっしょにル

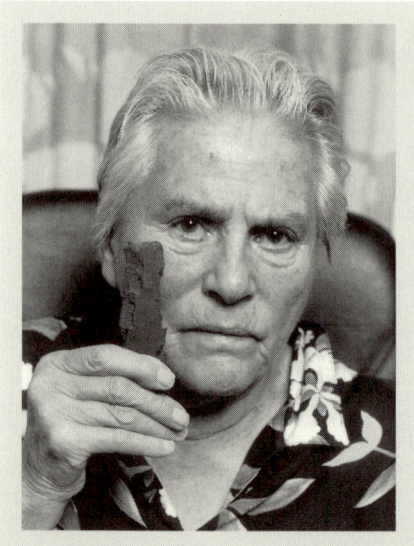

爆弾のかけらを持つアニー・シュテックリ＝ロース。第二次世界大戦末期、アウグスト付近にアメリカ機の誤射によって落とされた爆弾の破片。2000年撮影。

資料

「夫が私や子どもたちと同じくらいしか収入がないのを、ときどき変だな、と思っていました。彼は月に60フランの給料で、私は85フランだったのです。夫は自分の給料を全部自分のために使ってしまって、私にはまったく何もくれませんでした。それどころじゃありません。私は二度、彼に20フラン送らなくてはいけませんでした。まるきり文無しになったから、というのです。ずっと長い間、私は彼の給金が倍もあったことを知りませんでした。正しいことではない、と思いました。でも、どうしようもなかったのです」

アニー・シュテックリ＝ロースの言葉。2000年7月7日、ズルゼーで資料収集をするタニヤ・ヴィルツ（Tanja Wirz）のインタビューに答えて。

ツェルンに引っ越した。再び飲食店で働くためだった。1959年、白血病に冒され、薬害で視力をほとんど失った。

●ローベルト・ベヒトルト

ローベルト・ベヒトルト（Robert Bächtold）は1916年、シャフハウゼンのシュライトハイムに生まれた。彼には4人の男兄弟がいた。シャフハウゼン州立高校に進学し、学校でシャフハウゼンの極右前線派の台頭を知った。1935年、父親が死亡。孤児手当では学校の費用に足りなかったので、退学した。

彼はチューリヒで植字工の職業訓練を受けた。初年兵教育はアンデルマットで機材運搬兵の訓練を受けた。この部隊は山地を馬で技術機材を運搬するのが任務だった。新兵教育が終わってチューリヒに戻ったとき、彼は社会主義青年派の政治活動に参加した。『ターゲス・アンツァイガー』（*Tages-Anzeiger*）紙やベルンの印刷所で働いたが、そのころ極秘裏にパンの配給資料の印刷にかかわっていた。

兵役総動員の指令があったとき、彼はちょうど結婚の準備中だった。結婚は延期になり、彼はベリンツォーナに徴集された。結婚式のために、2日間の休暇がもらえた。兵役は厳しかったが、建設的な仕事でもあった。例えば、ゴットハルト峠に電話網を敷設した。彼は任務を誇りに思っていた。「私たちは有益な仕事をした。無駄に給料をもらっていたわけじゃない」。彼の部隊はティチーノの小さな村、モンテ・カラッソに駐留していた。兵士たちは農家に分宿し、すぐに農民の家族と親しくなった。連れていた馬を使って、厳しい農作業を手伝ったりした。

戦況については、ほとんど情報がなかった。しかたなく部隊はラジオを借りて、ニュースを聞いた。彼の所属部隊には、抑留者監視や、国境警備兵と一緒にパトロールする任務もあった。これらの任務の際に、彼は悲惨な状態の亡命者たちが国境から追い返されるのを何度も目撃し、心を動かされた。1943年、兵役義務を終え、ローベルト・ベヒトルトはまたチューリヒの印刷所で働いた。1944年、彼はハイデンに向かった。そこからボーデン湖対岸のドイツの町、フリードリッヒスハーフェンが爆撃されるのをじっくり見ることができたからだ。戦争終結後、彼は難民の孤児たちを引きとって養育し、他の多くの人々がしたように、彼も戦場になった町の市民たちのために衣服を集めた。

兵役仲間が贈ってくれた絵を持つローベルト・ベヒトルト。兵士のための食器、飯ごうが描かれている。2000年撮影。

資料

「正直言うと、子どものころ、ドイツ映画館でナチスの週刊ニュースを見ると、男の子はみんな興奮したよ。私ら子どもたちは、第一次世界大戦後ドイツ人たちはひどい目にあった、と教え込まれていた。だから、今度こそドイツ人たちがあいつらの鼻っぱしをたっぷり殴りつけてやればいい、と復讐心を持っていたんだ。それに、もう1つ、別のこともあった。共産主義だ。みんな、ロシアのことをひどく恐れていた。それで、共産主義者に一発かますためには、どんな手段も正当化されるように思えた。共産主義は悪魔だ、と叫ぶヒトラーに感動したんだ。［……］私が通っていたギムナジウムの先生で、リベラルな考えの人がいた。クラス全員でよく議論した。同級生には前線派の人々の息子たちもいた。だから私は、ナチズムがいったいどういうものなのか、気がついたよ。それで、社会主義青年派グループに参加したんだ」

ローベルト・ベヒトルトの言葉。2002年2月28日、ブリュッティゼレンで資料収集をするトーマス・シェーラー（Thomas Schärer）のインタビューに答えて。

政治と経済

　第二次世界大戦の間、経済は強力な国家統制の下にあった。ハインリヒ・ホムベルガーはスイス経済の最高指導的機関、スイス商工会議所の事務総長として、経済政策の代表者だった。彼は連邦評議会の委任を受けて、ドイツとの二国間通商の条件について交渉した。ローベルト・グリムは社会民主主義者だった。彼は経済政策的にはまったく別の立場の代表者だった。大戦の間、彼はスイスの国家による石炭供給の責任者だった。この２人は、政治的立場は異なっていたが、ともにスイスの経済的エネルギー供給確保に尽力した。

●ハインリヒ・ホムベルガー

　ハインリヒ・ホムベルガー（Heinrich Homberger）は1896年、チューリヒに生まれた。彼は商業専門校の教員になったが、授業をした期間は短かった。1922年、彼はスイス商工会議所の議長団、いわゆる指導部の職に就いた。スイス商工会議所（エコノミースイス economiesuisse の前身）は、スイス全土の商工連合の要として、政治的にも非常に重要な機関だった。1934年、ホムベルガーは指導部の第一書記になり、1939年には指導部最高責任者になった。

　ホムベルガーは1934年にスイス経済代表団の常任メンバーにもなった。この代表団には、行政当局の経済専門家や閣僚が集結して、経済政策問題に対処した。ホムベルガーは交渉に巧みで、特に外国との交渉に優れた能力を発揮した。

　ホムベルガーは、スイス連邦国民経済省の商業部門代表のジャン・ホッツ（Jean Hotz）とともに、ドイツとの経済関係の交渉代表団の一員だった。２人は古い知り合いだった。ホッツはホムベルガーと商業科教員養成課程でも一緒だったし、その後も1922年まで同じ学校で教えていた。

　ホッツとホムベルガーは、1940年と1941年、スイスとドイツの商業関係の様々な取り決めのために、ドイツ政府代表者たちと非常に困難な交渉にあたった。スイスはドイツに対し、高い借款を供与した。いわゆるクリアリングクレジットだ。これによってドイツは、工業製品、特に軍備武装に必要な工業製品をスイスから輸入できた。

ハインリヒ・ホムベルガー

資料

　ドイツへの輸出は、我々にとっては計り知れないほど重要な労働の職場確保を意味している。さらに、クリアリングクレジットによって我々に石炭と鉄が供給される。我々はドイツ政府に対し、独立主権国家としての我が国の価値を高めねばならない。スイスは相手に隷属しないために、対等の成果を要求しなければならないが、それと同時に正当な限度を超してはならない。我々はドイツにとって有益な存在なのだから、彼らにひれ伏す必要はない。ドイツ帝国が占領した諸地域の工業能力は、ドイツの要望を満たしていないように見える。このことはすなわち我が国の価値を高めるものだ。

ハインリヒ・ホムベルガーの言葉。スイス連邦政府に提出したドイツとの交渉結果報告書記録。1941年１月13日付け指導部資料より。

見返りとしてスイスは、ドイツから国の生命源ともいえる資源、特に鉄鋼と石炭を受けた。ホムベルガーは何よりもスイス経済の利益の代弁者だった。彼はスイスの工業界のために十分な受注と、製造のための資源の十分な確保に努めた。この政策はスイスの経営者たちに歓迎された。ホムベルガーとホッツは戦争の間、このようにしてスイスの経済と政治の利益の代表者として共同で交渉にあたった（56、84ページ参照）。

　ホムベルガーは1965年まで指導部の職にあり、その手腕を発揮した。1962年から1976年まで、彼はスイス生命・年金保険会社の代表者を務めた。彼は1985年、チューリヒで死亡した。

● ローベルト・グリム

　ローベルト・グリム（Robert Grimm）は1881年、チューリヒ州のヴァルトで生まれた。彼は印刷工の職業訓練を受けた。まもなく政治活動に参加し、スイスの社会主義運動の指導的代表者の1人になった。1911年、彼はスイス社会民主党（ＳＰ）の党首となり、国民議会議員に選出された。1918年、彼はスイス全国一斉ストを組織した。

　当時、スイス全土の労働者がストを決行し、社会的不正に抗議し、政治的共同決定権の増強を要求した。ストをしている労働者たちに対し、連邦政府は軍隊を投入した。ローベルト・グリムは軍事法廷で、政治活動に対し6ヶ月の拘束刑の判決を受けた（41ページ参照）。

　ローベルト・グリムはスイスの政治的・経済的状況改革のために闘った。鋭い言葉でブルジョワ民主主義や経済、軍事の代表者たちを攻撃した。これらの人々は逆に、グリムと仲間たちは暴力的に社会主義的国家形態を導入しようとしている、と非難した。

　ファシストたちやナチスが台頭してきたとき、スイスの社会主義者たち、なかでもローベルト・グリムは劇的に意見を変えた。1935年、彼はＳＰの決定的方向転換を主導した。ＳＰは1848年来のスイスデモクラシーを承認した。ナチスが強固になっていく現実に直面し、スイス軍隊は外国からの脅威に対する防護として必要だ、と認めたのだ（48ページ参照）。

　1938年、ローベルト・グリムはＳＰ党首として初のベルン州政府閣僚に選出された。担当は建設・鉄道省だった。1939年、ローベルト・グリムは連邦内閣の要請を受けて、新設されたエネルギーと熱源庁の最高責任者になった。連邦行政のこの部局は戦争中、スイスの全エネルギーと熱資源を統制管轄した。グリムはこの職務にあって、スイス連邦代表団がドイツと石炭の供給について交渉するのを見守った。

　グリム自身がこの交渉に直接参加したとは考えにくい。スイス経済界の代表者たちは、階級闘争の理念を持っている確信的マルクス主義者のグリムを信用していなかったし、そのうえグリム自身は、ナチスを拒絶する信念を隠そうともしていなかった。ＳＰの党機関紙『ベルナー・タークヴァハト』（Berner Tagwacht）でグリムは、スイス連邦政府はドイツの要求に断固たる態度をとるべきだ、と繰り返し主張していた。この発言はドイツ政府には不快なものだった。

　1946年、グリムは閣僚の任を辞し、1953年までベルン・レッチュベルク・シンプロン鉄道（ＢＬＳ）代表になった。彼は1958年にベルンで死亡した。

ローベルト・グリム。妻イェニー（Jenny、左）と娘ウルズラ（Ursula）とともに。1940年代に撮影。

資料

　社会民主主義は意識的に基本理念を独裁制に引き渡したのだ。社会民主主義は、自由な国家の基盤の上でしか平和的手段で社会を一歩一歩高め、発展させることができないことを認めざるをえなかった。我々は軍備に関する見解を転換し、国土防衛に基盤を置くことにした。しかしだからといって、我々が平和主義の偉大な倫理的価値を捨てた、ということでは決してない。［……］だからこそ我々スイスの社会主義者は主張する。奴隷状態とファシズムの腐敗の中に没落する前に、スイス国民は自由のために闘わなくてはならない。

『戦時下の労働者』（Die Arbeiterschaft in der Kriegszeit）より抜粋。1940年2月18日、ベルン州での社会民主党の党大会でのローベルト・グリムの演説。

警察

　第二次世界大戦中、連邦当局はスイスに入国する許可を誰に与え、誰に与えないかを決定した。しかし、この法令を実行するのは、国境沿いにある各州の警察に委任された。このため、それぞれの国境警察隊長には亡命者に対する処置に、ある程度の自由裁量の余地があった。しかし、パウル・グリュニンガーの例で見るように、人間的に対処すると違法行為になってしまうことも多かった。エルンスト・ハウデンシルトは法令に忠実に従った。彼は亡命者たちに心を動かされることはなかった。

● エルンスト・ハウデンシルト

　エルンスト・ハウデンシルト（Ernst Haudenschild）は1892年、ベルン州のアールベルクに生まれた。商業科の実習の後、第一次世界大戦中にシャフハウゼンの警察に就職した。1923年、トゥールガウ州の警察指揮官に就任、1958年の定年までこの職にあった。エルンスト・ハウデンシルトの私生活については、あまり知られていない。彼は登山愛好家で、動物保護にも熱心だった。警察隊長として警察官養成制度と警察隊組織を改善し、軍隊的規律を重んじ、警官の体力増強にも尽力した。第二次世界大戦中は、軍事的スパイ行為防止で活躍した。1962年に死亡。

　警察隊長だったハウデンシルトは、外国人や難民たちに州内の滞在許可を与える権限も持っていた。例えば、ハイム（Heim）家の人々が滞在申請を提出したときも、彼は冷徹だった。1938年、ハイム家の人々はナチスの追跡を逃れて、スイスのクロイツリンゲンに到着した（24、32ページ参照）。ハウデンシルトは上司のトゥールガウ州政府閣僚パウル・アルトヴェック（Paul Altwegg）とともに、ドイツから逃れてスイスで庇護を求めたすべての難民たちを厳しい政策で迫害した。ユダヤ人難民にだけでなく、スイス当局が公式に難民と認定した人々に対しても同じだった。ほとんどの人々はハウデンシルトの命令でトゥールガウ州から出て行った。多くの難民たちは他の州（例えばザンクト・ガレン州）で受け入れられた。しかしそれ以外はスイスから出て行かなくてはならなかった。

トゥールガウ州警察指揮官エルンスト・ハウデンシルト。スイス連邦陸軍中佐の制服を着用。1940年代に撮影。

ドイツからの民間亡命者リスト。1944年、トゥールガウ州で滞在申請をした亡命者のリスト。エルンスト・ハウデンシルト指揮下の同州警察作成。作成者およびリスト作成指示者名は不詳。

● パウル・グリュニンガー

　パウル・グリュニンガー（Paul Grüninger）は1892年、壁紙張り親方の息子として、ザンクト・ガレン州に生まれた。学校を卒業後彼はロルシャッハで教員養成教育を受けた。1919年、主に経済的理由からザンクト・ガレン州警察少尉に就任した。数年後には、州警察指揮官の地位を得た。ユダヤ人難民の運命に心を動かされて、彼は人間的な寛大さを示した。1938年3月、ドイツによるいわゆるオーストリア併合を機に、スイスとオーストリアの国境の状態は劇的に悪化した。1938年8月、スイス連邦政府は、国境で難民を追い返すように指令した。しかし彼らの惨状を目にしてパウル・グリュニンガーは、上司と協議して、連邦法規を自分の考えに従ってねじ曲げて適用した。彼は国境を越える禁止令を犯した亡命者たちを見逃し、ドイツへ送り返されないように計らった。さらに難民たちのスイス入国期日を1938年8月以前ということにさせて、入国禁止令以前に入国したように見せかけた。そのうえグリュニンガーは、連邦警察局にだけ権限があった身分証明書を発行した。パウル・グリュニンガーがこのような方法でいったいどれだけの人の命を救ったのか、今日ではもう確定できない。おそらく数百人にはなるだろう、と推測されている（109ページ参照）。

　管轄上層当局がグリュニンガーの行為を確認すると、1939年春、ザンクト・ガレン州政府は彼を罷免し、その後すぐに無期停職の処分を下した。州政府はグリュニンガーの行為に刑事捜査を行った。ザンクト・ガレン州裁判所は1941年、職務違反と公文書偽造で罰金刑の判決を下した。人間的行為をしただけだったが、グリュニンガーは法律違反者の烙印を押された。彼の名誉は傷つき、州は年金支払いも拒絶した。グリュニンガーがナチスから逃れた難民たちから賄賂を受けた、とか、ナチスのシンパだ、などという噂話がその後何年も繰り返された。しかし、厳密な捜査をしても、何の証拠も出なかった。

　罷免された後グリュニンガーは、様々なアルバイトで生活費を得た。1950年代には再び小学校教員の職に就くことができたが、ただし代用教員だった。彼は妻とともに貧困のうちにその後の人生を送った。パウル・グリュニンガーは1972年に死亡した。彼の死後20年以上過ぎた1995年、ザンクト・ガレン州裁判所は彼の事件の再審を行い、彼の行為の正当性をついに認めた。

パウル・グリュニンガーと皇太子時代の昭和天皇。パウル・グリュニンガーは国賓来訪の際には、安全警備の任にもあたった。オーストリアとの国境のザンクト・マルグレーテン駅での写真。パウル・グリュニンガー（右から3人目）、日本の裕仁皇太子（右から2人目）。裕仁皇太子は1930年代、スイスを訪問した1)。

資料

「難民たちを追い返すことは、人間性ということを考えれば、とてもできません。我々は多くの難民を受け入れるべきです。これらの人々をできるだけまとめておくことが重要です。コントロールしやすいですし、衛生上の観点からもそうです。いくら追い返しても、彼らは『闇で』再び入国を試みます。そうなると、チェックは不可能です。国境を完全に封鎖することは、不可能です」

パウル・グリュニンガーの発言。1938年8月17日。ベルンで開かれた全国州警察署長会議の記録から。

外　交

　外交官は外国における自国の利益を代表する。同時に、自国の国民の利益や事件にも関与する。スイスの外務活動は、他国の市民の利害を代理することもある。例えば、カール・ルッツは外交官の立場を使って、終戦直前にハンガリーの首都ブダペストで、数万人のユダヤ教徒の命をナチ強制収容所送りから救うことができた。スイス人のレオポルト・オーバーマイアーは、ナチ秘密警察ゲシュタポによる拘束に抵抗したとき、スイスの外交的支援を必要とした。しかし、スイス外務省は消極的態度しかとらなかった。外交責任者たちが、オーバーマイアーの個人的な行状に偏見を持っていたからである。

●カール・ルッツ

　カール・ルッツ（Carl Lutz）は1895年、アッペンツェル・アウサーローデン準州のヴァルツェンハウゼンで生まれた。彼は商業科を修了し、1913年、アメリカ合衆国に移住した。その地で牧師になる教育を受けるつもりだった。しかし1920年、彼はワシントンのスイス大使館で職を得ることができた。それ以後彼は外交官としてキャリアを積んだ。

　1942年、ルッツは副領事としてブダペストに派遣された。当時スイスは、戦争当事国間の外交関係を委任されていた。ハンガリーがアメリカと英国に対し宣戦布告をしたため、アメリカと英国は在ハンガリー公使館を閉鎖した。このためカール・ルッツはハンガリーに居住する英国人とアメリカ人の利益代理を委任された。この職務に関連してルッツは、ユダヤ人たちをハンガリーから英国統治下のパレスチナへ移住させていた、ブダペストのパレスチナ局と接触した。彼は英国代理として、移住に必要な法的に有効な書類、いわゆる保護状を交付した。

　1944年、ドイツ軍はハンガリーを占領し、すべてのユダヤ人を拘束、絶滅収容所送りにしはじた。カール・ルッツはドイツとハンガリーの当局者たちと交渉した。それまでに彼のもとへ移住申請をしていた7000人のユダヤ人が収容所へ強制送致されない保証を得ようとしたのだ。これらの人々はスイスの保護状を取得しているのだから、スイス国籍者と同じ扱いを受けるべきだ、と彼は主張した。ルッツが長く困難な交渉のすえ、保証を獲得したことが知れわたると、何万ものユダヤ系ハンガリー人がスイス事務所に押し寄せた。彼らは保護状を手に入れて、死から逃れようと望んでいた。

　ルッツはこれらの人々を運命のままにさせておくことはできなかった。上司の許可はなかったが、彼はさらに保護状を発行し続けた。わずか数週間のうちにブダペストに居住していたユダヤ人のうち2、3万人が保護状を受け取った。その後ソビエト軍がブダペストを占領し、ユダヤ人に対する直接的脅威は回避された（130ページ参照）。

　スイスの公的機関は、カール・ルッツの功績を認めなかった。職務権限を越えて保護状を交付した、と上司たちはルッツを叱責した。ようやく1958年になって連邦閣僚のマルクス・フェルトマン（Markus Feldmann）がカール・ルッツの行動を公式に称賛した。スイスではカール・ルッツの功績はほとんど認められず、ルッツは生涯このために苦しんだ。1964年、イスラエルのホロコースト記念館ヤド・ヴァシェムはルッツを「諸国民の

イギリス公使館の廃墟の中のカール・ルッツ。1945年2月23日、ソビエト軍によるブダペスト占領直後に撮影。イギリス公使館はルッツ家の居宅を公館として使用していた。邸宅は1945年1月、焼夷弾によって完全に崩壊した。

中の正義の人」に認証し、彼の行為を顕彰した。カール・ルッツは1975年に死亡した。

● **レオポルト・オーバーマイアー**

レオポルト・オーバーマイアー（Leopold Obermayer）は1892年生まれ。父も彼もユダヤ人だった。父親は1868年、ドイツのバイエルンからスイスに移住し、シャフハウゼン州のジプリンゲンに居住してスイス国籍を取得した。レオポルト・オーバーマイアーはドイツのヴュルツブルク大学で法律を専攻した。1920年代、その地でワイン経営を遺産相続し、以後ワイン販売業を営んだ。数年後にナチスが政権を取得したが、法学士の彼はその後も法体系を信用していた。1934年、彼はヴュルツブルクの警察に郵便物がチェックされている、と訴えた。秘密警察ゲシュタポは、彼を保護検束にし、彼の財産を捜索した。銀行の金庫の中に、警察官は裸の若い男たちの写真を見つけた。レオポルト・オーバーマイアーはホモセクシュアルだったのだ。彼は反自然的な淫行の罪で起訴され、ダッハウの強制収容所送りになった（56ページ参照）。

オーバーマイアーはこの逮捕に抵抗した。彼はスイス大使館に助けを求めた。彼はユダヤ人だったから、ナチ政権下のドイツでは特に危険にさらされていた。しかしスイス国籍を持っていたので、ある程度は保護を受けることができた。ヴュルツブルクのゲシュタポ隊長は彼に言った。「おまえがドイツ人なら、おれが射殺してやれるんだが」。

オーバーマイアーは、在ベルリンのスイス公使パウル・ディニヒェルト（Paul Dinichert）の支援を受けることができた。ディニヒェルトはベルンで、オーバーマイアーの件に取り組んだ。彼は、中立国スイスの市民を保護検束にし、強制収容所に拘束を続け、裁判の可能性さえ与えないのは国際法違反だ、と指摘した。しかしスイス連邦閣僚のジュゼッペ・モッタ（Giuseppe Motta）はディニヒェルトに、スイスはドイツでのオーバーマイアーの件に介入しない、と返答した。そうしないとドイツ当局は「取るに足りない口実をつけるか、または密告でこの厄介なスイス人を国外追放にするだろう」。こういうのはほとんどの場合、「スイスに居住されるのは非常に望ましくない連中なのだ」。もしスイス当局が公的に精力的に取り組んでいれば、たぶんオーバーマイアーを救うことができただろう。しかし公的立場のスイス当局は、スイス国籍を持ってはいても、淫行で拘束されているホモセクシャルのユダヤ人救助のために、ドイツ帝国と対決することを恐れた。

非公開裁判でオーバーマイアーは1936年12月、10年の懲役刑の判決を受けた。彼の弁護士は裁判に同席を許されなかった。この裁判にスイス政府が異議を唱えることはなかった。オーバーマイアーは服役中に病気になり、1943年2月22日、マウトハウゼンの強制収容所で死亡した。

資料

1935年1月12日。13時ごろ、［……］ダッハウ強制収容所へ向けて出発。ここで上官ドイベル（Deubel）に会う。彼は強制収容所指揮官だ。ドイベルは言った。「どんな形であれ抵抗する者は射殺する」［……］スイス当局と接触することも、祈禱書を監房内に持ち込むことも許されなかった。［……］1月中ごろ、私は毎朝早く（監房の戸が開けられるのは1日1度だけ、水も1日1度だけ）歯茎の潰瘍がひどく痛むので歯医者に行きたい、と頼んだ。許可されなかった！　このため、下あごの真ん中の歯が抜け落ちた。［……］私は7月17日までずっと歯科治療を頼み続けたが許可されなかった。収容所内には歯科医もいる治療設備があったのに、だ。［……］私はドイベルに、医者にも歯医者にも行かせてくれないのは非人間的扱いだ、と苦情を言った。［……］すると窓際に立っていたＳＳ〔ナチ親衛隊〕の隊長が言った。「お前は人間じゃない。動物だ！」「あのフリードリッヒ大王も」と私が王の艦隊員の歯痛のエピソードを話し始めようとすると、後を続ける間もなく、隊長は私の顔面にげんこつをくらわした。上あごの真ん中の歯がぐらぐらになり、口と鼻から出血した。ラング（Lang）も私を殴り続けた。「ユダヤ豚め！　フリードリッヒ大王と自分を比べようってか！」。私はひとこと言おうとしたが、収容所所長が命じた。「連れ出せ！」。監房へ戻る途中、私が鼻と口の出血をぬぐおうとしたとき、ハンカチをしまわないとまた殴るぞ、とラングは私を脅した。

レオポルト・オーバーマイアーが弁護士に宛てた勾留状況報告書。1935年10月10日付け。この17ページに及ぶ報告書は秘密警察ゲシュタポに押収された。

文 化

　ファシズムへの嫌悪をあらわにするスイス人は多かった。彼らのうちの幾人かは、武器や政治的行動でそれを行うのではなく、そのために言葉を用いた。彼らは、スイスへの攻撃に際し、ナチ党員やファシストたちによって投獄されることを覚悟しなければならなかった。エルジー・アッテンホーファーは、非常にはっきりと政治性を帯びた表現を行うキャバレー・コルニションのメンバーだった。ジャン・ルドルフ・フォン・ザーリスは、党派に左右されない立場から現実に起きている数々の事件を報告するという使命に身を捧げていた。

●エルジー・アッテンホーファー

　エルジー・アッテンホーファー（Elsie Attenhofer）は、1909年、ティチーノ州ルガーノに生まれた。女子高等学校を卒業後、彼女はある精神科医のもとで秘書として働いていた。それと同時に、彼女は絵画の講座とフェンシングの講座を受講していた。彼女は若いころから、政治参加への姿勢と自己の主張を押し通そうとする意志を示していた。彼女はいわゆる男たちの稜堡を打ち破り、すでに1931年、航空機操縦免許証を取得した最初のスイス人女性の１人だった。

　1930年代と40年代に、エルジー・アッテンホーファーは映画女優としてだけではなく、とりわけキャバレー・コルニションにおけるカバレッティストとして名を成していた。彼女は1934年の創立以来のアンサンブルメンバーで、アンサンブルはその後、反ファシズム的劇場としての地位を確立した。メンバーたちは全員、ゲシュタポのブラックリストに載っていた。エルジー・アッテンホーファーはキャバレー・コルニションの他のメンバーたちとともに、自分の身にいかなる結果が待ち受けているかということを恐れもせず、ナチズムの理念と闘った。自己の信念を主張する勇気とジョークで、コルニションは歯に衣着せず率直に語り続けた。

　エルジー・アッテンホーファーは、『狙撃兵ヴィプフ』（Füsilier Wipf, 1938）や『ハイジ』（Heidi, 1952）などのスイス映画にも出演していた。これに加えて、彼女は何冊かの本を書き、戯曲を執筆した。特にアッテンホーファーが心をこめたのは、最初の戯曲だった。パリのユダヤ人たちに対する警察の手入れを伝える新聞報道に揺り動かされ、彼女は1943年、『最初の石を投げるのは誰だ』（Wer wirft den ersten Stein?）を執筆した。この中で彼女は、スイスにおける日常的なユダヤ人排斥を取り上

『グランドホテル・グロリア・ヴィクトリア』のワンシーン。1934年、エルジー・アッテンホーファー（左から３人目）が出演するキャバレー・コルニションのプログラム。

資料

ナツェドニア、ナツェドニアに住んでいた、
アーリア人のそのまたそのまた祖先が住んでいた。
そこの千年の帝国、純血種の帝国じゃ、
１人の指導者が見張っているのさ、偉そうにしっかりと、
バターも血もチーズもさ。
［……］
そして総統が、にらみを利かせて監視する。
たちの悪い暗殺者を、
疑う余地はまったくない。
すべてのやっかいごとは誰かの責任。
そしてもちろん、ほらね、
もうそこに見つけちまった。
堕落する一方のイージドール、
これも彼が仕組んだこと。
憎しみに対する罰として、
総統は彼から金とパスポートを取り上げた。
そして民衆は、たとえ脂を抜かれちまおうと、
とにもかくにも救われた気分。
そして歴史の教訓は、
簡潔にまとめりゃこういうこと。
たちの悪いユダヤ人がいなかったら、
やれやれ、統治するのはやっかいだ。

「手回しオルガンの歌」。プログラム『B.W.!』より。キャバレー・コルニション、1938年。

げた。

　第二次世界大戦の間、彼女は赤十字の運転手として働いていた。彼女は、自身の映画の撮影時に知り合った、ドイツ文学者で連邦工科大学教授のカール・シュミット（Karl Schmidt）と結婚した。彼女は2人の子どもをもうけたが、職業に従事し続けた。それは当時、市民階級出身の女性としては異例のことだった。彼女は、家庭とキャリアを両立させることに成功したのであった。

　一生の間ずっと、彼女は観客の前に登場せずにはいられなかった。70歳のとき、彼女はもう一度、「砂時計」（die Sanduhr）という名のキャバレーを作った。しかし、彼女はもはや、かつてのような成功を収めることはできなかった。それでも、彼女のコルニションの再演は、相変わらず熱狂を呼び起こした。

　1998年、彼女の死の1年前、チューリヒ州議会は、彼女の芸術的業績および民主主義と人間性への取り組みに対し、チューリヒ州の顕彰金メダルで彼女をたたえた。

● ジャン・ルドルフ・フォン・ザーリス

　ジャン・ルドルフ・フォン・ザーリス（Jean Rudolf von Salis）は、1901年、ベルンに生まれた。父親は医師だった。フォン・ザーリスは2ヶ国語で育った。彼は、ベルン大学でドイツ文学とロマンス語文学を学んだ。1925年から1935年まで彼はパリに住み、その地の大学で学んでいる間、『ブント』（Bund）紙および『ヴェルトヴォッヘ』（Weltwoche）紙の通信員として働いていた。彼はパリ大学ソルボンヌで博士号を取得した。1935年から彼は、チューリヒの連邦工科大学において、ドイツ語とフランス語による歴史概論の教授となった。1940年、彼はエルジー・フーバー（Elsie Huber）と結婚し、その後はチューリヒで暮らした。

　第二次世界大戦中、彼は『ヴェルトクローニク』（Weltchronik）で有名になった。1940年、連邦大統領マルセル・ピレ＝ゴラは、ラジオで世界の出来事をコメントするよう彼に委託した。週に一度、現在のラジオＤＲＳの前身であるラジオ・ベロミュンスター（Radio Beromünster）は、世界の出来事について彼の15分間のコメントを放送した。外国においても、数え切れぬほど多くの人々が、あらゆるプロパガンダ放送局に囲まれながらも客観性と真実を代弁してくれるスイスの声にじっと耳を傾けた。フォン・ザーリスは、ジャーナリスティックな素晴らしい仕事を成し遂げた。彼の判断は冷静で、何物にもとらわれることがなく、しかも綿密だった。ただし、検閲の基準だけは守らなければならず、これが唯一の妨げとなっていた。というのも、交戦国の一方あるいは他方に味方して、あまりにも一義的に態度を決定してしまうことは、彼には禁じられていたからであった。しかし、番組に対するリスナーたちの反響から、彼は行間においても理解されているということを推し量ることができた。彼はナチズムに対する嫌悪を隠し立てしなかった。それゆえ、ドイツ政府は三度、フォン・ザーリスを別のコメンテーターに代えるように要求した。しかし、当局は圧力に屈することはなかった。

　戦後、フォン・ザーリスは連邦工科大学の教授として、および時事評論家として活躍した。彼は、スイス文化振興財団であるプロ・ヘルヴェティア（Pro Hervetia）の理事長であった。彼は、多くの作家、芸術家、政治家たちと交流があった。フォン・ザーリスの代表作である『現代の世界史』（Weltgeschichte der neuesten Zeit）は、伝統的な手法で偉大な男性たちの歴史を語っている。

　母親の死後、フォン・ザーリスは家族とともに、アールガウにある住居として整えられた中世の古城ブルンエッグ城で暮らした。1996年に没するまで、彼は休むことなく書き続け、歴史の内的関係性を追い求め続けた。

新聞を読むジャン・ルドルフ・フォン・ザーリス。1940年代に撮影。

資料
「賢さとは、知っていることや考えていることをすべて口にせよと求めたりはしないものであるかのように思われた。しかし、所与の状況下において、かなり多くのことを口にできたということを認めようとしないのは、不公平なことであろう。検閲とは、言語を洗練するものであり、物事をある種の用心深さとともに、しかし、それにもかかわらず筋の通ったものとして表現せよとの励ましでもある。情報の正確さに対して、客観的な報道に対して、出来事の意味に即した分析に対して、ベルンでは何ら異論を唱えなかった」

検閲に関するジャン・ルドルフ・フォン・ザーリスのコメント。1960年代、フォン・ザーリスは第二次世界大戦中のスイス当局による検閲規定を振り返りながら評価を下す。

難民支援

多くのスイス人が、スイスへとたどり着いた難民たちを助けた。彼らの動機や支援の方法は様々であった。1943年までスイス・イスラエル同盟（SIG）の会長を務めたザリー・マイアーは、大きな困難にもかかわらず、できる限り多くのユダヤ人難民を助けようと努力した。ゲルトルート・クルツが多くの難民たちのために勇敢に身を乗り出したのは、彼女の信仰の表現であった。

● ザリー・マイアー

ザリー・マイアー（Saly Mayer）は1882年、ザンクト・ガレンに生まれた。彼の両親は紡績業界で働いていた。紡績商人になるための訓練を終えた後、彼は刺繍製品を輸出する会社を設立した。彼は、伝統的なユダヤ人家庭に生まれ、厳格に信仰を守るユダヤ人として生きた。1936年、彼は1904年に設立されたスイス・イスラエル同盟（SIG）の会長となった。

マイアーは、スイス連邦司法警察省の難民問題担当主任官吏であるハインリヒ・ロートムント（Heinrich Rothmund）に、オーストリアからのユダヤ人難民を容認してくれるよう、交渉した。当局は、スイスのユダヤ人組織に対し、ユダヤ人難民のスイス滞在費を持つように義務づけた。このことは、ユダヤ人組織を甚大で組織的かつ経済的な苦境へと陥れた。スイスには約1万9000人のユダヤ人が住んでいたが、彼らはすでに1938年の時点で、3000人のユダヤ人難民の面倒を見てやらねばならなかった。さらに難民が殺到するとなれば、ユダヤ人の救援機関は崩壊しかねなかった。それゆえ、ザリー・マイアーは、SIG会長として、およびユダヤ人共同社会の代表として、スイスの難民政策を支持するより他に可能性はないと見ていた。この政策とは、スイスにやって来るユダヤ人難民の数を制限しようとするものであった（18、108ページ参照）。

1942年の夏、ユダヤ人の計画的大量殺害に関する最初の情報があった。同時に、スイス当局は、国境を閉鎖し、もうそれ以上の難民を国内へ入れないようにした（32、111、124ページ参照）。スイスにおけるユダヤ人社会の空気は大きく揺らいだ。国境から追い返された難民たちの切迫した生命の危機を目の当たりにしては、難民支援の組織や資金調達に関する以前の議論など、意味のないものであると思われた。ユダヤ人社会のメンバーたちは、スイスの難民政策に激昂した。ザリー・マイアーと他の最高代表者たちは、自分たちがこの政策に加担していたという非難にさらされていることを見てとっていた。彼らは無力であり、選択肢も不足していたため、実際にこの政策に甘んじることとなった。彼らは、このやり方が信仰を同じくする仲間たちを救うためには最良のものであると確信していた。スイス当局を通じてほとんど確定的な死へと難民たちを追い返すことも、ナチ政府による大量殺戮も、彼らには予見できないものだった。SIG内では彼の政策に対する非難が増大し、1943年3月、ザリー・マイアーは会長としての役職を罷免された。

1950年に没するまで、ザリー・マイアーに対しては、ユダヤ人側から再三にわたり、彼がユダヤ人救出のために行ったことはあまりにも少なかったという非難が生じた。しかし、ザリー・マイアーの業績を評価するためには、彼にはきわめて限られた手段しかなかったことと、彼の活動に狭い限界をもたらしていた前例のない事態を考慮しなければならない。

ザリー・マイアー（最前列、一番左）、「シオン賢者の議定書」を配布していた戦線メンバーに対するスイスでの公判にて。このいわゆる議定書は、反ユダヤ的グループにおいては、ユダヤ人たちの世界規模での謀略に関する証拠であると見なされていた。判決は国際的な注目を集めた。裁判所は、この世界的に広められた反ユダヤ主義的文書は偽造であることをはっきりと認めた。1935年から1937年の間に撮影。

ゲルトルート・クルツと娘のアンナ゠バルバラ (Anna-Barbara)。娘は難民たちに関する母の仕事を精力的に支援した。1946年ごろ撮影。

● ゲルトルート・クルツ

　ゲルトルート・クルツ（Gertrud Kurz）は、1890年、アッペンツェル・アウサーローデン準州のルツェンベルクに生まれた。彼女は1912年に自然科学者のアルベルト・クルツ（Albert Kurz）と結婚し、ベルンへと移った。その後の数年間、彼女はすべてを家族のために捧げた。1930年、彼女は十字軍騎士の宗教的平和運動と出会った。彼女は、第一次世界大戦後に民族融和を目指して設立されたこの運動に、積極的活動家として参加した。彼女が難民たちのために政治参加を始めたのは、いわゆる「水晶の夜」をめぐる事件後の1938年のことであった。彼女は、ベルンにて、あらゆる信仰や政治的信条を持った難民たちの面倒を見た。彼女は、困っている人々を助けることが、自分のキリスト教的義務であると考えていた。戦争勃発とともに、難民たちの状況は悪化した。ゲルトルート・クルツは新たに到着する難民たちの面倒を見るとともに、出国する者たちへの支度を調えてやった。資金は常にぎりぎりであり、それゆえ仕事には大きな即興の才が必要だった。ゲルトルート・クルツは、たゆまぬ努力を続け、多くのボランティアたちに支えられていた。私欲を持たず己の身を捧げたことから、彼女はやがて「難民の母」として知られるようになった。

　彼女のもっとも困難な課題に数えられるのが、役所においての調停、とりわけ外国人警察においての調停であった。勇敢に、そして当意即妙に、彼女は役人たちの人間性に訴えかけ、非常にたくさんの人命を救った。彼女は1942年、ユダヤ人銀行家のポール・ドレフュス゠ド・ガンズビュール（Paul Dreyfus-de Gunzburg）とともに、休暇地にいる連邦閣僚のフォン・シュタイガー（von Steiger）を訪れ、国境封鎖をゆるめるよう彼を動か

資料

ベルンにて　1942年8月30日

親愛なる友たちよ！
　あなた方に1つお願いをしてもいいかしら。非合法的な入国者への嵐が少しおさまった後、私は全力で（まだ私に残っている力で！）合法的な人々を得るために努めています。つまり、妻をフランスに残している男たちとその逆のケース。
　すでに私はかなりの数のビザを得て、幾人かの人々を救ってもきました！　彼らの家族たちの名状しがたい喜びときたら。仕事がうまくいくよう、各州はすぐさま約束してくれなければなりません。バーゼル、チューリヒ、ティチーノは、私たちに立派な態度で接してくれ、すぐさま電話か速達で返答をくれました。今や私が抱えている唯一のケースはトゥールガウ州におけるもので、これが私を不安にするのです。かつて一度、正常な時代に、ハイム（Heim）夫人とその子どもの入国をお願いしたハウデンシルト氏は、私を厳しくはねつけたのです。私は昨日、フラウエンフェルトまで電話をしました。ベンツィガー（Bänziger）氏は私にこう言ったのです。自分は何もできないので、ハウデンシルト氏の帰還を待たねばならないのだ。ハウデンシルト中佐殿は水曜日に戻っていらっしゃる、と。しかし、それまでに、気の毒なハイム夫人は国外へ追放されかねません！　でも私には、壁を壊すことはできませんから、あなた方に切にお願いしたいのです。ハウデンシルト氏が州の同意を出すよう、彼を動かすのです。普通ではない、恐ろしい時代ですし、彼もきっと1人の女性とかわいらしい子どもを死の危険に引き渡す責任を引き受けたりはしないでしょう。彼はおそらく、1通のビザで彼女たちをまだ救うことが可能なのですから。

あなた方の
（署名）ゲルトルート・クルツ

フリッツ・ヴァルテンヴァイラー（Fritz Wartenweiler）に宛てたゲルトルート・クルツの手紙。ヴァルテンヴァイラーは、作家にして、成人教育のパイオニアであり、彼も第二次世界大戦中、難民たちに対して尽力した（18、32ページ参照）。

そうとした。しかし彼らは、特別なひどい損害を受けているケースに対する特例のみを手に入れたにすぎなかった（111ページ参照）。

　ゲルトルート・クルツは、難民たちをできる限り官僚主義的ではない形で助けたいと思っていたが、しかし役所の命令を避けて通るつもりはなかった。きわめて制限的な難民政策にもかかわらず、彼女は政治的システムに疑問を投げかけるのではなく、役所に対し、理解に満ちたところを示した。

　戦後、彼女の難民救援組織から、キリスト教平和奉仕団が成立した。その功績に対し、彼女は1962年、連邦内閣よりノーベル平和賞に推薦された。ゲルトルート・クルツは1972年に亡くなった。

金融

　金融といえば、銀行と保険会社がこれに属するわけだが、20世紀前半において金融はスイス経済の重要な構成要素となった。スイスの銀行は、とりわけ国内において活動していた。しかし、それらは、外国企業の株の一部を所有していたり、外国人の財産を管理したりもしていた。戦中戦後、このことは銀行と保険会社にとっては、政治的圧力、自己利益、顧客の利益の間の均衡を保たせることを意味していた。

●ペーター・フィエリ

　ペーター・フィエリ（Peter Vieli）は、1890年、グラウビュンデン州クールに生まれた。彼は大学で法律を学び、連邦国民経済省（EVD）通商局に職を得た。1920年代に彼は、ローマとケルンにあるスイスの在外通商代表部にて、イタリアやドイツとの貿易関係を調える折衝を行った。1930年代にはスイスに戻り、さらにEVDで働いた。1937年、彼は総裁として、スイス信用銀行（SKA）の経営を引き受けた。

　1940年、彼は、外国との経済折衝のために連邦内閣より任命された常任代表団のメンバーとなった。この代表団は、ドイツ側の代表者たちとともに、ドイツとスイスの間に結ばれる経済協定の詳細を討議し、決定した。代表団には、ハインリヒ・ホムベルガーや、通商局長であるジャン・ホッツも所属していた。通商局は戦時中、全スイスの物資の輸出入を管理していた。ペーター・フィエリはスイスの銀行の利害関係を代表し、通貨問題と財産貿易の専門家として、折衝に参加した（16、19ページ参照）。

　ペーター・フィエリは、1940年11月のいわゆる「200の請願」の連署人だった。これは、政治、科学、経済、軍事の分野の右翼著名市民たち173名による請願書であった。彼らは、請願書の中で連邦内閣に対し、ドイツに批判的な『ブント』『新チューリヒ新聞』（Neue Zürcher Zeitung）『バーゼル・ニュース』（Basler Nachrichten）『ヴェルトヴォッヘ』（Weltwoche）などの新聞を発禁にするように要求した。請願はこの時代に合致したものであった。フランスの降伏後は、過激右派の、しかしまた穏健右派の政治家たちから、ヨーロッパで優勢なドイツに順応せよとの要請がより大きくなった（54ページ参照）。戦後、連邦内閣は、請願書に署名していた人物たちの名前を公的な印刷物上に発表した。多くの人物たちにとってこのことは、政治的に、あるいは職業上、重大な結果をもたらした。しかし、ペーター・フィエリにとってはそうではなかった。

　1942年、ペーター・フィエリは、短期間、再び国務に

資料

チューリヒにて、1940年11月15日

　理性的な人はみな知っている。我々の小さな国が、我々を取り巻いている大きな強国の環の中、まったく特別な地位を占めているということを［……］。この所与の事実は、外国に対する我々のすべての態度に関し、我々に中立という道を唯一進みうる道として示してくれる。［……］

　ここに報道機関の責任というものが始まる。我々の小さな、文化および言語のうえで多彩に構成された国家機構にとって、近隣民族との間を友好的に取り持つという唯一有益な任務に身を捧げることをせぬまま、影響力の大きい機関紙は、1つの陣営に対する盲目的偏見と他の陣営に対する際限のない嫌悪により、我々の国を深刻な危機に陥れたのだ。［……］

　こうした動向の特徴を示すものとして、ここで国民議会議員ローベルト・グリム氏がこの夏に発行したパンフレットからほんのいくつかの箇所を引用しておこう。

　「これらの独裁制国家は、その総体において、野蛮への逆戻りを具現している。それらは人間の基本的権利を無に帰せしめ、市民の自由と権利を破壊し、社会的かつ国家間的関係の基盤としての誠実さと信頼を打ち砕いてしまう」

［……］

　このような国際的亡命者たちの言葉から借用された外国政府の悪口雑言と、近隣友好関係およびあらゆる近隣民族との伝統的で文化的な関係を支持してきた多くのスイス国民たちが持つ計画的なテロへの疑惑は、久しい以前から結びついている。［……］

　そこから次のような要請が生まれている。［……］
2）その広報活動で責任ある立場にいる人々——国の繁栄と威信を破滅させるような舵取りを行った人物たちの排除を要求する。　3）紛れもなく外国の政治的思想のために働いており、それに外交政策上の態度表明を従属させる諸機関紙を消し去ること。［……］

200の請願。173名の右翼著名市民たちが連邦評議会に宛て、スイスの報道機関の検閲厳格化を求めた請願書からの抜粋（言及されているローベルト・グリムについては17ページ参照）。ペーター・フィエリは連署人に属している。

就き、イタリア駐在大使となった。彼は、イタリアのファシズム政権の重要人物たちと良好なコネクションを持っていたからだ。イタリアの独裁者ベニート・ムッソリーニ（Benito Mussolini）が1943年7月に失脚した後、フィエリは1944年、スイス信用銀行へと戻り、そこで彼は1952年まで再び総裁職を引き受けた。第二次世界大戦中の彼の政治的立場や彼の行動は決して公的に議論されることはなかった。1965年、ペーター・フィエリは年金生活に入った。彼は1972年に亡くなった。

● アルトゥーア・D

アルトゥーア・D（Arthur D.）は1893年に生まれた。彼の生涯についてはほんのわずかしか知られていない。彼はおそらくユダヤ人であり、プラハで生活していた。1936年に彼は、自分の財産を——あるいは少なくともその一部を、2つのスイスの銀行に預金するために、スイスへと旅行した。彼は、スイス銀行コーポレーションのツォフィンゲン支店で口座を開いた。1956年、そこにはまだ2560USドルが入っていた。チューリヒにあるスイス信用銀行にも、彼は同様に金を預けていた。1963年、彼の財産はそこで11万280スイス・フランに達していた。

1939年、スイス銀行コーポレーションの担当者は、アルトゥーア・Dの最後の消息を得た。後には、アルトゥーア・Dの妻であるアニー・D（Anny D.）が、クリスマスの時期にはいつもカードで消息を伝えてきた。戦後、彼女は、夫が強制収容所で亡くなったと知らせてきた。彼女は、アメリカ合衆国で生き延びている親族——Dの娘と義兄弟——のことにも触れていた。彼女は、これらの親族のもとへと移住するつもりであった。1948年12月22日、アニー・Dは最後の便りをよこした。それから連絡はすっかり途切れてしまった。預金は銀行に残ったままだった。この口座に関しても、あるいはまた外国人たちの非常に多くの他の口座に関しても、スイスの銀行は、戦後、口座の所有者たちに何が起こったか、はっきりとはわからなかった。スイスの銀行は、ナチスによる大量殺戮のことは知っていたものの、どの顧客が殺されたのか、そしてどの顧客が他の理由からそれまで連絡がなかったのか、ということはわからなかった。銀行はそうした口座を所有者消息不明としたが、さらなる策を講じるということはめったになかった。

当局は1962年になってようやく、これらの金を正当な相続人に支払うために、いわゆる申告所を設立した。口座所有者が戦争終結の前に——より正確に言うならば1945年5月9日より前に亡くなったということがわかったり、推測できたりする財産は、連絡が途切れていたとしても申告しなければならなかった。顧客がそれ以後に亡くなっていたという場合には、口座は所有者消息不明とは見なされなかった。

アルトゥーア・Dのケースにおいては、彼が1945年5月13日に亡くなったことが判明した。彼は、戦争終結時、ダッハウの強制収容所から解放され、その直後、飢えのため衰弱死した。申告所はこの悲劇的なケースについて承知してはいたが、資格なしと宣告した。銀行は、その時点ではDに娘が1人いることを知りながらも、守秘義務のため相続人を探すことができない、と表明した。この娘がまだ生きているのかどうか、あるいは彼女にさらなる子孫がいるのかどうか、ということを銀行は重要だとは見なしていなかった。その後、娘に関する事柄を探し出せた者は誰もいなかった。スイス信用銀行の後継であるクレディ・スイス・グループには、1998年、アルトゥーア・Dの財産が50万フラン以上あった。スイス銀行コーポレーションの後継であるUBSには、優に1000フランがあった。両銀行ともに、それ以来、相続人を探した。しかし、2005年までに正当な権利を持つ人物を見つけ出すことができなかった。それゆえ、この財産が今後どうなるかは不確かな状態である。

> **資料**
>
> プラハにて　1946年2月4日
>
> Gxxx様
>
> 　何度もあなたに感謝を申し上げます。私は、非常に、非常に体の具合が悪かったですが、私のこの手紙は今大丈夫です。自由に書いてくだされば、私はあなたをすべて理解します。私の夫はとてもいい人でした。あなたは今日、私のよいお友達です、私はここでとても孤独、ただ小さな娘と一緒にいるだけです。
>
> 　私の義兄のことは本当でした、私の夫の兄、アメリカ人、でも彼はアメリカで死んで3年です。
>
> 　今日、私はとても貧しいです。あなたはいい人で、私のために何かいいことをしてくれます。すべてを私はあなたの手に委ねています。私もアメリカへ行きます。私にできることを言ってください。私は、心の中で思っていることを上手にドイツ語で書けません。
>
> 　どうか手紙を書いてください、私はあなたのことがわかります。
>
> 　お知らせを楽しみに待ち、心からのご挨拶とともにあなたに感謝します。
>
> 　　　　　　　　　　　　　　　かしこ
> 　　　　　　　　　　　　　　アニー・Dxxxx
>
> アルトゥーア・Dの妻アニー・Dがツォフィンゲンの銀行協会担当者へ宛てた手紙、1946年2月4日。

「アーリア化」

　ナチスの法律に基づいて、ユダヤ人の企業家が自分の会社の所有権を「アーリア人の」手に引き渡し、経営の職務から退かなければならなかったというこの出来事を「アーリア化」と呼ぶ。この際、非ユダヤ人である商売相手は、しばしば、価値ある所有物を格安で手に入れた。多くの人々が、私腹を肥やすために、ユダヤ人の苦境を利用しつくした。ホフマン゠ラ・ロシュの取締役であったエーミール・バレルは、「アーリア化された」企業を買うことを放棄した。他方でユダヤ人の企業家たちは、強制亡命を前に、できるだけ迅速に自分の所有権を売ろうと努めていた。売却代が亡命の際に売却者たちを部分的には助けたかもしれない。売却は常に強制的状況において成立した。それゆえ、戦後、購入者たちは苦境を食いものにしていたのではないかという問いが発せられた。例えば、ウィーンの製靴工場の経営者フーゴー・ゲンスラーとスイスの製靴コンツェルンのバリーにおけるケースがそうであった。

●エーミール・バレル

　エーミール・バレル（Emil Barell）は、1874年、シャフハウゼンに生まれた。彼の父親はドイツ人だった。バレルはベルン大学で化学を専攻した。1896年、彼はロシュ社に職を得、スイス国籍を取得し、結婚した。彼はほどなくして工場での管理職に就いた。彼は、非常に厳しい上司として通っていた。会社設立者であるフリッツ・ホフマン（Fritz Hoffmann）の死後、バレルは1921年にホフマン゠ラ・ロシュ社の経営を引き継いだ。1940年、スイスの状況は戦争のために非常に不確かなものであると彼には思われた。バレルはアメリカ合衆国へ渡り、そこから会社を運営した。1946年に帰国し、1953年に亡くなるまで、バーゼル本社での事業を率いた。

　1930年代、ユダヤ人を経済から追い出そうとドイツが骨を折っていたのに対し、バレルの経営下にあったロシュ社は非常に慎重な反応を見せていた。他のスイスの化学産業会社とは反対に、ロシュ社は、ドイツの営業所において長い間、監査役会や全従業員の中のユダヤ人代表者たちをそのままにしていた（95ページ参照）。1937年、ドイツ当局は、ロシュ社をユダヤ人の会社として認定すると脅してきた。そうなると、営業活動に深刻な制限が加えられる結果になってしまう。ロシュ社は圧力に屈し、ドイツにおけるユダヤ人の従業員を解雇した。ロシュ社の経営陣は、彼らの運命を気にかけ、彼らのうちの幾人かの出国を手助けした。長年の従業員であるゲオルク・ファイエル（Georg Veiel, 1891-1974）の場合は特殊なケー

資料

カンヌ、カールトン・ホテルにて、1939年3月22日

尊敬するロートムント博士

　ファイエルの件の判断に関する決定的な見解は、私があなたを、はっきりと、そして意図的に惑わしたのであろうというあなたの推測に由来するものであるということを、私は報道から読みとっております、しかも、ファイエルの就業許可を与えるために重要なある事実、つまり彼のユダヤ人妻のことをお伝えしなかったことによって。

　［……］私自身は、光を裏側へと導くようなことと結びついたすべてを嫌悪しております。［……］あなたのお人柄や高い官庁ポストを重んじておりますので、それ自体として、私にそのような行動様式を禁じているように思われます。

　私は、商売上の雇用認可を判断する際に妻の人種が重要な要因であるとみなされようとは、まったく考えにも及びませんでした。私自身にとっては、いつでもどこでも、私の大きな組織全体において、ただ従業員の性格と業績が重要なのです。それで私は、ファイエルのケースにおいても、ただこれらのことだけを念頭においておりました。［……］

　あなたが絶えずユダヤ人の入植問題とかかわりを持っておられるという事情を鑑み、熟考してみますと、私はこの状況を顧慮すべきであったと納得しております。［……］そうしなかったことを、心から遺憾に思っております。

　あなたにもう1つ申し上げたいと思います。ファイエルを失うことは、ロシュ・バーゼルにとっても私個人にとっても、それはまさに破滅的なことでありましょう。［……］

　それゆえ、私はあなたに、もう一度ファイエルの件を御検討していただくようお願いいたす所存です。
敬具

E・C・バレル

ハインリヒ・ロートムントに宛てたエーミール・バレルの手紙。ロートムントがファイエルに対する滞在許可を拒否した後のもの。ロートムント（33ページ参照）はバレルに対し、ファイエルの妻がユダヤ人であることを知りながらも黙っていたのではないかとの疑いを抱いていた。

アメリカ合衆国でのエーミール・バレル。1928年、ナトリー（アメリカ合衆国）のロシュ工場。鍬入れ式の際のバレル（中央、シャベルを持っている）。

スであった。ファイエルは、ベルリンにあるロシュ社のドイツ営業所の責任者だった。彼は——バレルもまたそうであったのだが——当時のドイツの法律ではユダヤ人とされていた女性と結婚していた。1938年、バレルはファイエルをバーゼル本社に呼び寄せた。スイス警察外国人局ともめごとは何度かあったが、ファイエルは家族とともにスイスへ移ってきた。

バレルとファイエルも、ドイツにおける「アーリア化」の流れに沿って1933年から1938年までにロシュ社から売却の申し出があった化学企業を買い上げることを放棄した。彼らが放棄した背景には、経済的な熟慮と政治的な熟慮が働いていた。ロシュ社は一方ではこれらの会社を興味深いものとは見ていなかったし、他方でバレルとファイエルはユダヤ人所有者たちの苦境から利益を得ようとは思わなかったからである。

● フーゴー・ゲンスラー

フーゴー・ゲンスラー（Hugo Gänsler）は、19世紀末、ウィーンに生まれた。1914年、彼は製靴工場を設立した。1924年、彼は自分の事業の大半をスイスの会社バリーに売却した。120名の従業員を持つゲンスラーの会社から株式会社バリー・ウィーン製靴社が誕生した。その後もゲンスラーは株式の25％を所有し、経営評議会の副会長であり主任管理者であった。

1938年3月12日、ドイツ軍がオーストリアに侵攻した。ナチスは、ドイツへのオーストリア併合を宣言した。侵攻の直後、ユダヤ人への迫害と没収が始まった。すぐさまゲンスラーは持ち株をバリー社に売却し、自らのポストを放棄すると、1938年3月17日、まずはスイスへ、それからアメリカ合衆国へと逃避した(87ページ参照)。

売却や逃避の詳しい状況は知られていない。確かにゲンスラーは自分の持ち株を売却した金を受け取りはしたが、しかしバリー社はオーストリアの口座へと金を振り込んでおり、オーストリアではこの金が新たなる権力者によって没収されている。ゲンスラーは数年の間、バリー社のアメリカ支店で働いた。にもかかわらず、彼は1946年、自分の持ち株売却に対しまったく金を得られなかったとして、バリー社を告訴した。彼はかつてのパートナー会社に対する激しい非難を口にし、明らかに会社の態度に失望していた。バリー社における責任者と彼らの弁護士は、彼らがゲンスラーのアメリカ合衆国への逃亡を手助けしたと反論した。和解協議において、バリー社とゲンスラーは、最終的に1938年の株式売却の補償として3万2500ドルを支払うことで合意した。バリー社がこれを行ったのは、会社がユダヤ人実業家の苦境を食い物にし、「アーリア化」で利益を得ていたという、評判を落とすような非難を避けるためであった。フーゴー・ゲンスラーは、1951年、和解締結後間もなく亡くなった。

資料

顧客の皆様方。いつも違ったものへ変わりゆく噂や主張に立ち向かうために、署名者は確言いたします。株式会社バリー・ウィーン製靴社は、その株式資本を親会社であるチューリヒC・F・バリー株式会社が完全に所有しております。C・F・バリー株式会社は、つい先ごろまで株式の75％を所有しておりました。すでに行われた残部引き渡しに関しましては、当局の認可が申請されております。経営評議会と管理部におきましては、非アーリア人の諸氏は退陣となりました。経営評議会の残りの構成員は全員がアーリア人でございます。管理部はヴィルトボルツ・ブッシュ（Wildbolz Busch）氏とグスタフ・ブッシュ（Gustav Busch）氏の手に託されました。両氏はアーリア人でございます。チューリヒC・F・バリー株式会社は、とりわけ同族経営の株式会社でございます。この一族、経営評議会と管理部は徹頭徹尾アーリア人からなっております。

バリー社の一般公開文書、1938年。フーゴー・ゲンスラーが株式売却の直後、ゾロトゥルンの全州議会議員でバリー評議会長イーヴァン・バリー（Iwan Bally）により署名されている。

限界までのアンガージュマン

1930年代および第二次世界大戦中の政治状況は、強い感情と信念により形成されていた。スイスの人々もまた、激しい拒絶と熱狂的な賛同が引き起こす緊張の場にあった。モーリス・バヴォーは、ヒトラー暗殺を試みた。それゆえ彼は、ドイツで死刑に処せられた。アルフレート・ツァンダーは熱狂的なヒトラー信奉者だった。彼はSS〔ナチ親衛隊〕に入隊し、永久にスイスを離れた。

●モーリス・バヴォー

1916年、ヌシャテルに生まれたバヴォー（Maurice Bavaud）は、製図工になるための専門教育を受けた。1935年、19歳のとき、カトリックの宣教師になるために、ブルターニュのサン・イランにある神学校に入学した。3年後、彼は再びそこを離れた。そのすぐ後で、バヴォーは、1938年11月9日にヒトラーを至近距離からピストルで射殺しようと計画した。この日、ヒトラーは、1923年の一揆を思い起こさせるミュンヘンでの記念パレードに参加することになっていた。バヴォーは、熱狂的なナチ党員を自称していたために、貴賓用桟敷に席を得ていた。しかし、彼は暗殺を実行することができなかった。ヒトラーはあまりにも遠く離れており、またバヴォーの周囲の人々がヒトラー敬礼のために腕をぐっと伸ばしていたためである。バヴォーは失意のうちにミュンヘンを発った。彼は金を使い果たしていたために、列車に無銭乗車し、車内で捕らえられた。警察とさらにゲシュタポによる尋問を受けて、彼はヒトラーを暗殺しようとしていたことを自白した。彼は投獄され、死刑を宣告された。ヌシャテルの郵便局員であったバヴォーの父親は、息子の救出のために働きかけてくれるようスイス当局を動かそうとたくさんの手紙を送ったが、無駄だった。スイス当局は、バヴォーの行為を嫌悪すべきものと見なしていた。モーリス・バヴォーは、1941年5月14日、ベルリン・プレッツェンゼー刑務所で処刑された。

1955年、スイスは訴訟の再審を要求した。この新たな訴訟手続において、ドイツ連邦共和国の裁判所は、亡くなった後のバヴォーに対し、10年の禁固刑を下した。判決文には次のように書かれている。「ヒトラーの生命は、他のすべての人間の生命と同様に、保護法益と見なされる」。1年後、ドイツの上級裁判所はこの判決を無効とし、バヴォーに無罪の判決を下すとともに、バヴォーの家族に4万スイス・フランの賠償金を認めた。

バヴォーの犯行動機については、依然として憶測の域を出ていない。裁判審理において彼は、ヒトラーがドイツのカトリック教会を抑圧しており、ヒトラーは人類にとって、そしてスイスの独立にとって危険であるからだと動機を述べた。しかし、最初の尋問において彼は、かつての神学校の同級生が彼に暗殺をそそのかしたと供述していた。バヴォーは、ロシアではユダヤ人と共産主義が殲滅されねばならないというのに、「平和の政治家」（Friedenspolitiker）ヒトラーはロシアに対してあまりにも寛容さを示しすぎている、と話していた。神学校の同級生は、ゲシュタポに捕らえられたとき、バヴォーのこの発言が正しいと認めた。彼もまた死刑を宣告され、処刑された。しかし家族は、バヴォーが反ユダヤ的理由や反共産主義的理由からヒトラーを殺そうと思うなどあり

サン・イランでのモーリス・バヴォー。サン・イランの神学校にてクラスメートたちと一緒のモーリス・バヴォー（中段、司祭の後ろ）。1936年撮影。

えないことだと主張した。

●アルフレート・ツァンダー

アルフレート・ツァンダー（Alfred Zander）は、1905年、シュヴィーツ州ブルンネンのゴットハルト鉄道会社職員の息子として生まれた。高校卒業資格試験の後、彼は4年間、小学校の教師として働いた。彼はチューリヒ大学でドイツ文学を専攻し、博士号を取得して研究をしめくくった。その後、彼は、とりわけ作家やジャーナリストとして働いた。1931年、彼は熱狂的なナチズム信奉者となった。彼は1932年、国民戦線に加わった。1938年には新しい戦線組織、「国民社会主義的世界観を抱く忠実なるスイス国民同盟」（ＢＴＥ）を創設した。ツァンダーは同盟の会長であり、『スイスの勇者たち』（Der Schweizerdegen）紙を発行した。ＢＴＥは1940年、「スイス愛国運動」の中に吸収され、1940年9月にはピレ＝ゴラ連邦大統領との面会を許された。この接見は、ほぼすべての政党の間に大きな怒りを呼び起こした（12、48、54ページ参照）。ツァンダーは1930年代末、スイスの未来の国民社会主義的政府が有益な情報を得られるようにするため、政治的諜報機関の設立に関与していた。関与していた者たちには、刑事訴訟手続きがとられた。連邦刑事裁判所は、ツァンダーに対し、スパイ活動のかどで1年半の懲役刑を言い渡した。

刑期を終えて、彼は1940年にドイツへと移った。そこで彼は、「大ドイツ国におけるスイス人同盟」（ＢＳＧ）の創立に加わった。ＢＳＧは、「大ゲルマン的統一国家」を支持するものであり、ドイツ語圏スイスをドイツに併合しようとするものであった。ツァンダーは、ＢＳＧメンバーの教育リーダーだった。彼は、アードルフ・ヒトラーを賛美し、神の意志が総統をもって無比なる天才を世界にお贈りくださった、と説いた。1943年、彼はナチ親衛隊に加わって教育部で働き、上級突撃隊長となった。同年、スイス当局は、彼の諸活動を理由に、ツァンダーからスイス市民権を剥奪した。

戦後、ツァンダーおよびドイツでナチ親衛隊に所属していたさらに36名のスイス人に対し、連邦刑事訴訟手続きが始まった。ツァンダーは地下に潜伏した。彼は不在だったが、懲役8年の刑が言い渡された。連邦刑事裁判所は、ツァンダーがＢＳＧの共同創立に加わり、ＢＳＧの精神的父親の1人であったということ、そして彼の演説や回状の中でスイスの独立性を激しく攻撃していたと

いうことをもって、判決の理由とした。アルフレート・ツァンダーは、刑に服す必要がなかった。彼は長い間、見つからなかったのだ。その後、彼は1997年に死を迎えるまでドイツで暮らした。スイス当局がもはや彼の引き渡しを求めなかったのか、あるいはドイツが彼を引き渡そうとしなかったのかは、わかっていない。

アルフレート・ツァンダー（中央、ひげを生やした人物）。国民社会主義的世界観を抱く忠実なるスイス国民同盟（ＢＴＥ）の行事にて。1938年（ＢＴＥの創立）から1940年（ツァンダーがドイツへと転居）の間に撮影。

資料

　スイス連邦の労働者、総統とともにあるドイツの労働者は、金の奴隷から自由になるために、偉大なる成果をあげた。ライン川北岸の君の同志は、君に見せてくれた。恐ろしいほどの生命財産を犠牲にしながら、金の鎖からいかにして身をもぎはなすかということを。［……］君の先祖たちの自由の戦いから、スイス国民の力が生まれたように、ドイツ人による自由の戦いから、今、ドイツの力が生まれる。［……］内的な変化なくして、そして新たなヨーロッパ精神という意味において我々の状況を開放的で誠実な形で再編成することなくして、今日、固有の内的変化を通じて勝利者となり権力者となった人々から承認を得ようなどと我々は決して望むべきではないのだ。［……］

スイス国民運動のアピール。スイス連邦共和国の愛国的かつ社会的再編成を呼びかけている。1940年、チューリヒにて（フランスに対するドイツの勝利の後に出されたもの）。

難民たち

　第二次世界大戦前、大戦中、大戦後、多くの人々が逃亡中の身であった。スイスに庇護を求めた人々もあった。ハインリヒ・ロートムントは、スイス当局の難民政策を決定した。スイス当局は、すべての難民がスイスで受け入れられるわけではないとの見解だった。個々の難民を受け入れるか拒否するかについての決定には、先入観が混じっていた。このことは、例えばハイム一家のように難民となった当事者たちにとっては、自分たちの運命がさらに不確実になることを意味していた。

●ハイム一家

　マルクス・ハイム（Markus Heim）はユダヤ人の商人であり、機械や工具などを取り扱っていた。彼は1892年、南ドイツのミュルハイムに生まれ、家族とともにコンスタンツで暮らしていた。彼は、トゥールガウ州のクロイツリンゲンにある店で働いており、彼はこの店を1932年に引き継ぐことができた。その後、ハイムは幾度も自分と家族のトゥールガウ州定住許可を申請したが、成果は得られなかった。1938年11月10日のいわゆる水晶の夜における迫害の後、マルクス・ハイムと彼の妻ゼルマ（Selma）は、8歳の娘マルゴット（Margot）を連れて、コンスタンツからクロイツリンゲンの店へと逃げ込んだ。マルクス・ハイムは、連邦外国人警察に対し、家族に滞在許可を与えてくれるよう、切願した。当局はユダヤ人たちが危険にさらされていることを知りながらも、家族をドイツ国境へと送り返してしまった。ハイム一家は、フランスのディジョンにいる親戚のもとへと逃げた。

　1939年8月、マルクス・ハイムは、自分の会社をたたむためにスイスに滞在していた。戦争が勃発したとき、彼はすぐさまフランスへと出国するつもりだった。しかし、フランスの国境係官たちは、彼を敵対関係にあるドイツの国籍を持つ者として、入国させなかった。彼はクロイツリンゲンに戻った。自らの力を役立たせるために、彼はスイス軍当局に志願兵として申し出た。彼は、会社の解体とスイスからの出国を準備する許可を受け取った。彼は、様々な国々で入国許可を申請したが受け入れられなかった。1940年11月、彼はティチーノ州にある難民と亡命者のための労働収容所へ入れられ、そこで彼は1944

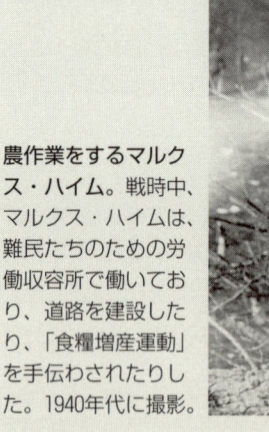

農作業をするマルクス・ハイム。 戦時中、マルクス・ハイムは、難民たちのための労働収容所で働いており、道路を建設したり、「食糧増産運動」を手伝わされたりした。1940年代に撮影。

資料

　占領されたフランスをくぐり抜け、数週間にわたる危険な逃避行の後、母と私は1942年10月のはじめにスイスに到達しました。夜中に数時間も歩き続けて、私たちはスイスの国境へ到着したのですが、そこで私たちはすぐに逮捕されてしまいました。私たちはジュネーブ近くのヴァランベ仮収容所に入れられました。そこで私たちは、クロイツリンゲンへ移住することが許可されるまで、待たねばなりませんでした。収容所生活は苦痛そのものでした。収容所は難民たちであふれ、場所もなければ食べるものも十分にありませんでした。私たちは飢えきっていました。しかし、母と私は、幸運なことに入国許可を得、とにもかくにも、もう二度とドイツ人たちに引き渡されることはないだろうということがわかったのです！

　収容所にいた多くの人々にとって、このようなケースはありませんでした！

　ついに私たちはクロイツリンゲンにやって来ました。ここで私たちは、つらい貧困の中を生きていきました。すべての財産を使い果たしてしまったからです。亡命者や難民たちには、給料をもらう仕事が禁じられていました。以前、私たちは、クロイツリンゲンに店を持っていました。今や私たちはすべてを失っており、スイス・ユダヤ人難民支援による施し物や補助金に頼らざるをえませんでした。

娘のマルゴット・ドライフス＝ハイム（Margot Dreifuss-Heim, 1930～）が、母とともに1942年、どのようにしてスイスへとやってきたかを回想する。2005年6月16日記す。

年3月まで労働奉仕を行わなければならなかった。

彼の妻と娘は、フランスで大いなる危険の中を生きていた。彼女たちは、常に強制収容所へと送られる恐れがあった。マルクス・ハイムは、再三にわたり、家族のために入国許可を求めて骨を折った。1942年9月、連邦外国人警察は、ついに申請を認めた。妻と娘はスイスへ入国することができた（24ページ参照）。一家は、戦争終結までクロイツリンゲンに滞在することを許された。1945年6月、マルクス・ハイムはトゥールガウ州当局にスイス定住許可と労働許可を申請したが、この申請は却下された。さらにトゥールガウ州議会は、ハイム一家をトゥールガウ州から追放し、彼らに州領域への立ち入りを禁じた（18ページ参照）。一家は、最終的に、比較的リベラルなバーゼル・シュタット準州に受け入れられた。その地でマルクスは1966年に亡くなった。

●ハインリヒ・ロートムント

ハインリヒ・ロートムント（Heinrich Rothmund）は、1888年、チューリヒ州ウースターに生まれた。彼は大学で法律を学び、1916年、連邦行政官庁で職を得た。1919年、彼は連邦外国人警察長官となった。彼は、いわゆる外国人人口過剰との戦いに専念し、新しい人口政策を開始した。彼は、移民があまりにも多いことはスイスの不利益につながるという確信を持っていた。彼は、とりわけ東ヨーロッパからユダヤ人たちが移住することに反対しており、スイスの「ユダヤ化」を恐れていた。1929年、彼が連邦司法・警察省警察局長に任命されたとき、彼はこの政策をさらに決然と実行した。ナチスによるユダヤ人迫害に関して非常に正確な情報を得たときもまた同様であった。連邦閣僚ヨハネス・バウマン（Johannes Baumann）は指導力が弱かったこともあって、ロートムントは強い力を持つ高級官僚へと昇進した。彼は、スイスが誰に亡命を許すかについて、決定を下すことができた。国家社会主義的な大量殺戮の時代においては、彼の決定が、難民たちにとって、生か死かを意味しうるのだった。

ロートムントは、功名心の強い高級官僚だった。彼が自分の偏見を帯びた決定がもたらした結果と向き合うことはめったになかった。このことは様々な矛盾を導いた。1942年の夏のあるできごとがそれを明らかにした。国境への視察旅行中、ロートムントはスイスへ入りたいという難民たちと出会った。ある難民一家の窮状を目の当たりにし、彼らを国境ではねつけることが彼にはどうしてもできなかったのである。しかし、そのすぐ後、彼はベルンの役所デスクに戻ると、難民たちに対する完全な国境封鎖を命じた。

1954年、『スイス・オブザーバー』（*Der Schweizerische Beobachter*）紙は、ドイツが〈J〉スタンプ（109ページ参照）を1938年にまずスイスの働きかけによって導入したことの証拠を公表した。ロートムントは当時、ドイツ側の代表者たちとの交渉を行っていた。彼は、自分が〈J〉スタンプの考案者という非難にさらされることを見て取っていた。彼は当時、この具体的な提案を拒否していたが、連邦内閣は、彼の懸念を無視していたのだ。

1954年、66歳のロートムントは年金生活に入った。1961年、かつては大きな権力を握っていた男は、長い病気の後、孤独のうちに亡くなった。

ハインリヒ・ロートムント（帽子を被った人物）、ティチーノ州ゴルドラにて。共産主義亡命者のための労働収容所を訪れたときのもの、1940年代に撮影。

第2章
世界大戦の時代におけるスイス

荒れ狂う海の中の島としてのスイス連邦議会議事堂。1914年の絵葉書。

「スイスは戦争による周囲の混乱の最中、
うねる海の中の島のように、平和に横たわっている。
万人は、いかなる国家も戦争によってスイスを荒らさないようにと、
誓願を立てた」（絵葉書の中の言葉）

　第二次世界大戦中のスイスに影響を与えた国民的な自画像は、1914年の第一次世界大戦のときに形成された。1914年の絵葉書は、海の島にあるスイス連邦議会議事堂を示している。この絵は、スイスが戦争による破壊と苦悩から守られ、自らの人道的な課題に忠実にとどまったことを明らかにしている。しかしスイスは、島として生き延びることはできなかったであろう。スイスは原材料や食料を調達し、その輸出品を売るために、隣国へ頼らざるをえなかった。こうした孤立と国際的な絡み合いとの緊張は、世界大戦の時代を通して存続した。

●目次

はじめに	36
レポート課題	37
第一次世界大戦	38
革命と全国規模のストライキ	41
国際連盟	43
経済恐慌	45
民主主義とファシズム	48
戦争への備え	52
戦争開始	54
包囲されたスイス	56
戦争終結	59

●学習目標

- 第一次世界大戦と第二次世界大戦がスイスへ及ぼした影響を知る。
- 極右の運動がスイスでほとんど成功を収めなかった理由を挙げられるようにする。
- 第二次世界大戦中におけるスイスの軍事的・経済的な状況と、その反応を知る。
- 第二次世界大戦中のスイスにおける難民政策の基本的な特徴を描き出せるようにする。
- 世界大戦の時代にスイスに住んだ人の生活についての情報を、自分で収集する。
- 1914年から1945年にかけてのスイスに関する、インパクトの強い3つの写真について記述する。
- 「世界大戦の時代におけるスイス」というテーマについて図表でわかりやすく示し、またはマインドマップ（図解表現技法）を展開する。

はじめに

　1914年から1945年にかけての時代は、人間がもたらした破局の時代として記述することができる。この時代は第一次世界大戦とともに始まり、第二次世界大戦とともに終わった。その間、革命、経済恐慌、全体主義的な独裁政権、大量殺戮は、何百万人もの人間に苦悩と死をもたらした。スイスはこの時代、民主主義の政体にとどまった。革命は起きず、他国と比べてそれほどひどい経済恐慌には見舞われなかった。しかし、それにもかかわらずスイスは、ヨーロッパの中心にある国家として歴史の一部であった。スイスは世界史的な出来事に見舞われ、この歴史を同時にともに形成した。第一次世界大戦（1914～18年）は、ヨーロッパをその根底において揺るがした。スイスは中立国で、戦争の成り行きから守られたにもかかわらず、戦争はスイス人の生活に影響を与えた。国土は戦争を行う国家によって取り囲まれ、外国に経済的に依存し、国内政治において分裂していた（38～40ページ参照）。

　第一次世界大戦の末期、多くの国において社会的な不安と政治的な危機が起きた。1917年のロシア革命は、ロシアを越えて広い作用を及ぼした。1918年、スイスも社会的な騒乱による動揺を被った。労働者の劣悪な状況から、全国規模のストライキが行われた（41～42ページ参照）。

　第一次世界大戦末期に戦勝国が国際連盟を創設した。これは、将来もろもろの紛争を交渉テーブルで解決し、戦争を防ぐのに貢献する予定だった。スイスはその国際連盟に1920年、自らの中立を守るという条件の下で、加盟した。1930年以後、国際連盟は信用を失った。第二次世界大戦末期には国際連合と入れ替わった（43～44ページ参照）。

　2つの世界大戦の間の経済は不安定だった。第一次世界大戦後の危機状態の後、1924年から29年まで一時的な好況が続いた。それは、大々的な失業という結果を生んだ世界経済恐慌とともに、急激に終わった。1930年代の危機はスイスを他の国家より遅れて襲ったが、より長く続いた（45～47ページ参照）。

　経済恐慌は権威主義的およびファシズム的な政治運動と党派の躍進を容易にした。これらは諸問題の迅速な解決を約束した。他方、議会制民主主義は多くの同時代人の目にはそのための能力がないように映った。スイスではファシズム的党派は周辺的な現象のままだった。これに対し政治的に右寄りのグループが、スイスを独裁国家に改造しようとしたが、それは失敗した。引き続き社会民主主義とリベラルな市民階級の歩み寄りで、民主主義諸勢力の団結が生まれた（48～51ページ参照）。

　社会民主主義と市民階級間の合意が、ドイツの攻撃的な外交政策に対する答えであった。このドイツが次の戦争を準備した。スイスにおいては軍備がいわゆる「精神的国土防衛」（Geistige Landesverteidigung）によって補足された（52～53ページ参照）。

　1939年9月1日ポーランドに対するドイツの奇襲で第二次世界大戦が始まったとき、スイスは1914年のときと比較すれば十分準備ができていた。軍隊が動員された。戦時経済上の措置は国内の社会的緊張を阻止するはずであった。フランスに対するドイツ国防軍の電撃的な勝利は1940年の夏に〔スイスにおいて〕危機を招来した。多数派が〔ドイツに対する〕無条件の抵抗に固執した一方、少数派は新しい状況への順応を要求した。スイスの反応は、予想され後に証明されたドイツとイタリアによるスイス攻撃のプランによっても影響を与えられていた。しかし攻撃は実現しなかった（54～55ページ参照）。

　1941年、ヨーロッパの戦争は世界大戦に拡大した。ナチスは、もはやユダヤ人をドイツの勢力範囲から追い払うのではなく、東ヨーロッパへ追放して殺害することを決定した。スイスは政治的な独立を守ったが、ドイツに多大な譲歩をした。スイスの決定はドイツが優勢であるという印象の下に行われたが、必ずしもドイツ帝国によって強制されたわけではなかった（56～58ページ参照）。

　1943年、枢軸国側の敗北が明らかになって、連合国側は戦争後の時代の準備を始めた。スイスは終戦時には困難な状況にいた。ソビエト連邦とは外交関係がなかったし、アメリカ合衆国は〔スイスと〕ドイツ帝国との経済的協力を非難した。アメリカ合衆国の圧力で、スイスは1946年ワシントン協定を結び、2億5000万スイス・フランを支払った（59～61ページ参照）。

レポート課題

　第2章ではレポート課題として、1914年から1945年にかけてのスイスにとってインパクトの強い3つの写真を選び、記述する。写真は、最近の過去についての洞察を得るために、特に適している。写真は、以前どうであったか、という印象を一挙に成立させる。しかし写真は、実際に過去がそうあった通りに過去を示すわけではない。写真は常に瞬間の模写に過ぎず、しばしば〔意図的に〕場面配置を施されている。写真を見る人は、撮影の瞬間の前後に何が起きたのか、知らない。写真に写っている子どもたちは、何か食べたり飲んだりするものを貰っているのか。子どもたちはどこから来て、どこへ行き、どこで生きているのか。写真のトリミングの外には、いったい誰がいるのか。

　あなたの写真の選択は、世界大戦の時代におけるスイスへのあなたの個人的な眼差しを示している。あなたはこの章の中にある写真を選ぶことができる。あるいは、写真を他の本やインターネットの中から探すことができる。写真を解釈するためには、方法に則って取り組む必要がある。例えばすべての写真について、写真のうえに誰、あるいは何が見え、誰が、いつ、どこで写真撮影を行ったのか、知らなければならない。こうした補足的な情報の探求は、ときおり労苦を要するが、手に汗を握る場合もありうる。以下の5つの段階は、写真との取り組みにおいて深い意味を持つ。

子どもたちが公共の「無料給食所」（Suppenküche）の前で待っている。チューリヒ、アウサージールのケルン学校の地所において。1917年撮影。

▶学習の進め方

- 誰あるいは何が、写真に写っているのか。どのような人物や対象を認識することができるのか。細かい点に言及し、全体を構成要素へ分けることによって、写真について記述しなさい。
- 写真をながめて、何を感じるのか。写真は何を思い出させるのか。
- 写真は何を示しているのか。写真について何か想像するのか、あるいは説明文のおかげでより正確なことがわかるのか。写真のおかげで、過去について何を知るのか。
- 写真について、何を言うことができるのか。写真はそもそも、どのような目的に役立ったのか。
- 写真に基づいて、過去について何を知ろうとするのか。写真について、自ら何を知ろうとするのか。問いへの答えを与えることのできる情報資料を探しなさい。

▶注意点

　写真は他の像と同様、しかも二重の意味において、主観的である。第一にあらゆる観察者は、その頭の中で、像を自らの仕方で補足し、像に加わった色、物音、環境を思い描く。第二にあらゆる写真家は、彼らにとってまさに気に入った1コマを選んだ。写真はまったく異なったものを表現することができる。特に以下の3つのグループが、歴史から時代の1コマを性格づけるために適している。

- 人物の写真――それは個々の人物や、複数の人間を描き出す。彼らは、しばしば意識的に選ばれた態度や場において撮影される。
- 出来事の写真――こうした写真には、歴史上の1回限りの、まったく特別な出来事が記録されている。
- 日常の写真――それはプライベートな過去について回顧してみるのに適している。人々は何を着ていたのか、何を食べていたのか、休暇でどこへ行ったのか。

【その他のレポート課題】

　「世界大戦の時代におけるスイス」というテーマに関して図表でわかりやすく示し、あるいはマインドマップを展開させなさい。その際、本章における個々の節のタイトルに依拠しなさい。

第2章　世界大戦の時代におけるスイス　37

第一次世界大戦

　第一次世界大戦（1914〜18年）は、ヨーロッパをその根底において揺るがした。スイスは中立国で、戦争の成り行きから守られたにもかかわらず、戦争はスイス人の生活に影響を与えた。国土は戦争を行う国家によって取り囲まれ、外国に経済的に依存し、国内政治において分裂していた。

　1914年6月28日、オーストリア・ハンガリー＝ハプスブルク帝国の王位継承者であるフランツ・フェルディナント（Franz Ferdinand）大公と彼の妻がサラエボを訪問した際、セルビア・ボスニアのナショナリストが彼らを射殺した。続く4週間の間に、国際的な政治的危機が招来され、慌ただしい外交が繰り広げられた。オーストリア・ハンガリーはドイツに励まされ、1914年7月28日、セルビアに宣戦を布告した。8月の初旬、ドイツによるロシアとフランスへの宣戦布告と、ドイツによるベルギーとフランスへの攻撃が続いた。何週間も経たないうちに、多くの国家が交戦状態にあった。中欧諸国とその同盟国であるドイツ、オーストリア・ハンガリー、トルコ、ブルガリアに、フランス、イギリス、ロシアに率いられるいわゆる「協商国」（Entente）が対した。ドイツ陸軍が最初に成果をあげた後、フランス軍は攻撃側をパリのすぐ手前のマルヌで阻止することに成功した。ドイツとフランスの兵士は塹壕に身を潜め、戦争は陣地戦へと硬直し、敵対する部隊は非常に狭い地域で何年にもわたって戦った。同時に東部では、ドイツとロシアの部隊が消耗戦を展開していた。1917年のロシア革命は、ドイツの部隊が東部戦線で勝利を収める結果をもたらした。しかし同じ年にアメリカ合衆国が、ドイツの潜水艦戦争を理由にドイツとその提携国に対する戦いに参戦した。結局、中欧諸国はその圧倒的な敵に屈服しなければならず、1918年に戦争に敗北した。

　第一次世界大戦は、いわゆる長い19世紀、つまり「古き良き時代」（Belle Epoque）を終焉させ、20世紀の歴史に影響を与えた。この戦争の意義は、それが地域紛争からヨーロッパ的な戦争、最終的には2000万人の人命を犠牲にした世界大戦へと拡大したことのみに拠るわけではない。第一次世界大戦は、ヨーロッパを他の理由からも揺り動かした。飛行機、潜水艦、戦車、毒ガス、火炎放射器によって、産業化の技術的な成果がはじめて投入された。戦争はもはや、軍隊や地理的な領域に制限されていなかった。むしろ、ますます長引く、一般市民も強く巻き込まれた戦争が問題となったのである。戦局を決定する要因となったのは、もはや軍隊の強さや指導部の質

バーゼルの「公営給食所」（Volksküche）。支給所である「ドライローゼン」（Drei Rosen）の食堂。

ではなく、全国民経済の能力であった。戦場においては、いわゆる物量戦争に至り、消耗戦について語られはじめた。軍需品を十分に生産できず、国民をもはや養うことができなかった者は誰であれ、敗北した。こうした状況が戦争の末期に到来したとき、様々な国家で政治的な転覆が生じた。ロシアでは1917年にツァーの政権が転覆した。ドイツとハプスブルク帝国の皇帝は、1918年に退位しなければならなかった。経済的にもっとも能力があった民主主義国家であるアメリカ合衆国は、その世界的強国としての名声を確立した。しかし第一次世界大戦後、ヨーロッパを政治的かつ経済的に長期にわたって安定させる試みは、うまくいかなかった。それゆえ第一次世界大戦とそれに続く危機は、ヨーロッパの様々な国家における独裁政権の成立と第二次世界大戦の勃発の重要な原因なのである。

1915年の兵舎。 こうした一時しのぎのために作られた飲食施設は、第一次世界大戦の間、1000以上も存在した。これらの施設での仕事はエルゼ・シュピラー（Else Spiller、後に結婚してチューブリン Züblin と改姓）の発議に基づき、もっぱら女性の仕事であった。

●スイス軍の動員

スイスは第一次世界大戦の間、中立にとどまった。にもかかわらず戦争は、スイス人の生活に影響を与えた。1914年7月31日、国の政府は軍隊の戦時動員を指令した。22万人の兵士と8000人の将校が任務に就いた。当初この任務について、戦争はそれほど長くは続かないであろう、ということが想定された。スイスはかつて、これほど大きな軍隊を動員したことはなかった。最初に数多くの組織上の欠陥が、兵士の生活を困難にした。安い俸給は、長期的にますます苛酷な状況をもたらした。つまり兵士は日給として、3杯のビールと何本かのタバコに相当する対価を受け取ったのである。兵役のため、兵士が受け取ることのできなくなった労賃は、すべての会社によって補塡されたわけではなかった。軍の指導部は当初こそ、全面的な承認を〔国民から〕受けたが、特に戦争中の軍事訓練のゆえに、兵士と世論からますます多くの批判にさらされた。

●国内の地域間の溝

動員の直後、連邦議会はウルリヒ・ヴィレ（Ulrich Wille）を総司令官に任命した。彼の選任は、異論の余地があった。議会の少数派の多く、特にフランス語圏とスイス内奥部の代表者は、別の候補者を推した。ヴィレは彼らにとって、あまりにも「プロイセン的」であった。なぜなら、彼は軍事訓練を好み、ドイツに友好的な意見を持つことを公にしていたからである。その際に問題となったのは、単に議会における争いだけではなかった。スイス国境の外での戦争は、国内の気分に対しても影響を及ぼした。フランス語圏の大多数の人々はフランスに共感を寄せたのに対して、ドイツ語圏のスイスにおいて多くの人々はドイツに与した。緊張は非常に大きかったので、国内の地域間の溝について語られ、幾人かの同時代人[1]は、国家の統一が脅かされているのを見たほどであった。

●国際的な絡み合い

スイスは19世紀の後半、近代的で世界中と結びついた産業国家になった。ツーリズムは高揚を経験した。商品の交易と人々の交わりは、自由主義に基づいて規制されていた。戦争の勃発および戦争によって制限を被った経済封鎖のため、中立国は突然、自らが孤立しているのを見出した。貯蔵品の欠如と、エネルギー政策のうえで石炭に依存している事態に直面して、状況は非常に早く困難になったことであろう。しかし戦争を行う国々は、スイスが輸入と商品の輸出によって補給を行うことを認めた。通商貿易に関するスイス側のコントロールは戦争

第2章　世界大戦の時代におけるスイス　39

ドイツ語圏とフランス語圏の溝に関するカリカチュア。このカリカチュアは、第一次世界大戦におけるスイスの状況を誇張して描き、伝統的でステレオタイプなイメージを対立項の中に挿入している。フランス語圏の人々の多数は協商国に共感を寄せたのに対して、ドイツ語圏のスイスにおいて多くの人々は中欧諸国の側に立った[2]。

を行う国々にとって満足のいくものではなかった。それゆえ、こうした国々はスイス国内に自らの監視協会を作り、それによってスイスとその企業活動の自由裁量の余地を、厳しく制限した。

経済上の困難と内政上の緊張にもかかわらず、スイスは単に自らの事柄のみとかかわったわけではなかった。1915年に連邦内閣は、交戦国が重傷者と傷病兵を交換すべく、働きかけた。この課題を、「国際赤十字社」（ＩＫＲＫ）が引き受けた。国際赤十字社は国立の組織ではなく、ジュネーヴに本拠があり、私的なイニシアティブからのみ成立した。こうしたスイスの状況と政治的な中立は、国際赤十字社が両方の敵の間の戦場で活動することを可能にした。国際赤十字社は、戦争が続いている間ジュネーヴにおいて、行方不明者や捕虜となった兵士の発見を家族のために助ける案内所も設置した。

● 社会的な困窮

戦争中、社会的な対立関係は尖鋭化した。一方で幾千人という兵士は何ヶ月も給料をもらわず、家にいる彼らの家族には金がなかった。他方で食料費は絶え間なく高騰し、食料の輸入がますます困難になったことから、「配給パス」（Versorgungspässe）が導入された。多くの労働者の家族は、生活を維持するためにもっとも基本的な事柄をもはや行うことができなかった。俸給の購買力は、少なくとも4分の1、下落した。それゆえ労働組合と社会民主党は、住民を助けるよう国家に要求を行った。

しかし、当時のすべての人々が生活の維持を慮らなければならなかったわけではない。いくつかの企業は戦争の最中、かなりの利得を手中にし、国家は何ほどかの戦利税によって、この利得を少なくとも部分的に吸い上げようと試みた。それに対して、農民が食品価格の高騰を見て、うまくやりとりして手に入れた利益は、そのまま彼らのポケットに入った。連邦内閣は戦争の当初、議会から途方もない全権を手に入れた。しかし、労働者階級の状況の改善のために、ほとんど何も行わなかった。連邦内閣は、スイスにおける社会的な闘争が戦争の末期に尖鋭化したことに対する、共同責任があった。

▶課 題

❶なぜ第一次世界大戦が時代の区切りとなるのか、4つの理由を挙げなさい。

❷スイスに対する第一次世界大戦の影響を3つ挙げなさい。

❸37ページの写真の解釈のために提案された模範にしたがって、「公営給食所」と「兵舎」という2つの写真を比較し、答えを表にしてまとめなさい。

❹国際赤十字社についての情報を集めなさい。この組織はいつ、なぜ成立したのか。なぜジュネーヴがその本拠地として選ばれたのか。以前、誰が国際赤十字社を指導したのか、そして彼らはどこの出身だったのか。

革命と全国規模のストライキ

　第一次世界大戦の末期、多くの国において社会的な不安と政治的な危機が起きた。1917年のロシア革命は、ロシアを越えて広い作用を及ぼした。1918年、スイスも社会的な騒乱による動揺を被った。労働者の劣悪な状況から、全国規模のストライキが行われた。このストライキは軍隊の動員という圧力によって中断されたが、その後、政治的・社会的な改革が続いた。

　1917年ロシアにおいて兵士と農民が、劣悪な生活条件に対してストライキによって抗議していた労働者に合流した。3月にツァーは退位しなければならなかった。彼は捕まり、1918年に共産主義者によって射殺された。まず臨時政府が政権を握った。しかし社会主義を奉じる革命家は彼らのプログラムを描いて、さらなる支持者を得た。彼らは私有財産の廃止、土地の新たな分割、ドイツとの即時の休戦を望んだ。1917年にスイスへの亡命からロシアへ帰ったヴラディミール・イリイチ・レーニン（Wladimir Iljitsch Lenin）の指導の下、彼らは1917年11月に暴力を用いて政権を握った。その直後、内戦が始まった。革命家は、彼らの権力を固めることができた。彼らは社会主義に基づくソビエト連邦において、独裁政権を樹立した。この政権のため、続く何十年かの間に何百万もの人々が犠牲になった。

　1918年11月、ドイツにおいても革命が起きた。様々な大都市において、労働者と兵士の「レーテ（協議会）」（Räte）が結成された。11月9日、ヴィルヘルム2世（Wilhelm II.）が退位した。年明けにはベルリンにおいて大衆ストライキと街頭戦が起き、共産主義者による政権転覆の試みの鎮圧によって終わった。1919年2月、議会制民主主義、ヴァイマル共和国が成立した。

● スイスにおける影響

　1918年11月、チューリヒにおいて銀行労働者がストライキを行った。政治的な左派は、ロシア革命の1周年記念日を祝おうとした。それゆえ連邦内閣は11月7日、市内で軍隊を行進させた。それに対して労働者の指導者は、スイス全土におけるゼネストを呼びかけることを決議した。このゼネストは11月12日から14日まで続き、その後、挫折した。多くの都市で軍隊が投入されたにもかかわらず、このストライキはおおむね暴力なしに経過した。

　ゼネストが起きたのは不思議ではなかった。スイスにおいて労働者は1900年から1914年にかけて、年に平均して125回、ストライキを行った。戦争の勃発時、ストライキの数は減った。しかし労働者階級の社会的な状況が悪化したとき、「社会民主党」（Sozialdemokratische Partei）と「スイス労働組合連合」（der Schweizerische Gewerkschaftsbund）は1918年2月に「行動委員会」（Aktionsausschuss）、いわゆる「オルテン委員会」（Oltener Komitee）を結成した。オルテンにおいてローベルト・グリム（17ページ参照）は、政党と労働組合の指導者による共同の会議を開催させた。委員会は週の労働時間を48時間へ制限すること、食料供給の保証、国家による「高齢者と遺族への保険」（ＡＨＶ）の創設、有産者による国家債務の帳消し、比例代表制選挙による国民議会議員の即座の新たな選任、女性の政治的な平等権、軍隊の改革を要求した。オルテン委員会は1918年11月のゼネストで、こうした部分的には革命的な要求を特に強調した。なるほどオルテン委員会は、民主主義を信奉す

チューリヒにおけるゼネスト。軍隊の部隊がパラーデ広場と銀行への通路を封鎖している。

第2章　世界大戦の時代におけるスイス　41

資料

　以下、私は委託に従って、全国規模のストライキの拡大を阻止するいくつかの提案をさせていただきます。
　先週の日曜日、バーゼルにおいて全国規模のストライキが原則として決議されました。このストライキの目的は単に副次的にすぎず、〔本来の目的は〕ロシアのような状況をスイスへ導入する点にあります。ストライキはまず、ヨーロッパ革命の勃発への狼煙を上げなければならない、というのです。〔……〕
　革命家は、おおよそ次のような手順を踏むことが想定されます。
1　戦いの開始の前夜、あらゆる都市と地方は、電信機と電話の回線の切断によって互いに孤立させられることでしょう。導線は、やすりで簡単に削り取ることができます。
2　同じ夜に連邦閣僚、軍隊の総司令部の将校、州政府の幹部、上級将校が逮捕されます。
3　兵器庫と弾薬庫は、若者によって占領されます。
4　鉄道の運行は停止します。
5　地域間の交通を遮断するため、すべての都市の出口には若者の駐屯地が設置されます。
6　ベルン、ビール、オルテン、チューリヒ、ヴィンタートゥーア、ザンクト・ガレンなどの中心地には臨時の役所、ベルンまたはチューリヒには国の新政府が召集されるでしょう。〔……〕
　私は、行政当局が確固とした、いやそれどころかまさに野蛮な介入によって、今日の全国規模のストライキと内戦から我々を守ることができるのを確信しています。（中略）革命前の気弱な譲歩によって、我々の最高の国家当局はその権威の大部分を失いました。民衆の大多数は、強力な介入を望んでいます。

「副幕僚長」（Unterstabschef）のペロー（Perrot）が、1918年7月31日、ヴィレ総司令官の非常に密接な協力者である、幕僚長のフォン・シュプレッヒャー（von Sprecher）に宛てた手紙。

ると表明した。しかし同時にヨーロッパの多くの国家においては革命的な気分が支配しており、スイスの労働者の指導層は、共産主義による世界革命を目的としたドイツやロシアの革命家と、部分的に密接な接触を保った。それゆえ多くの市民は、多数の労働者が望んだこと、つまりゼネストは革命の引き金になるのではないか、ということを恐れた。政府と議会における多数派の市民階級は、部分的には革命に対する恐れから、部分的には労働者階級の力試しに対する怒りから、軍隊を送り込み、戒厳令を布告した。それによってストライキ参加者が屈服させられた。

● **全国規模のストライキの結果**

　全国規模のストライキは、一方で改革を招来した。新たな工場法は、週48労働時間を実現させた。新たな比例代表制選挙による1919年の国民議会議員選挙は、社会民主主義者の勢力を強め、他方で「自由民主党」（Freisinnigen）は議会において何十年も続いた絶対的な多数を失った。これに対してＡＨＶ、女性の政治的な平等権など他の要求は、何十年も後になってようやく実現した。

　他方で全国規模のストライキは、政治的な陣営の対決をいっそう厳しくした。ストライキの指導者は逮捕され、有罪判決を下された。左派の内部で、改革を目指した社会民主主義と、革命的な、ソビエト連邦へと方向づけられ自らの政党を創設した共産主義者との間に亀裂が生じた。市民政党である自由民主党（今日のFreisinnig Demokratische Partei、ＦＤＰ）、「カトリック保守派」（Katholisch-Konservative）（今日の「キリスト教民主党」Christlichdemokratische Volks-partei、ＣＶＰ）、「農工市民党」（Bauern-, Gewerbe- und Bürgerpartei）（今日の国民党Schweizerische Volkspartei、ＳＶＰ）は、いわゆる市民ブロックへと糾合した。全国規模のストライキの間、ストライキを行う人に対する戦闘部隊として形成され、左派に対する戦いに献身し、極右思想の土壌となった「市民軍」（Bürgerwehren）が、その右側にいた。

　リベラルな市民階級と、彼らが優位に立った国家運営は、こうした紛争から第一次世界大戦の末期、教訓を引き出した。似たようなことが起きるのを避けるために、彼らは第二次世界大戦のとき、社会民主主義とともに、労働者が戦争の状況下、苦しみ過ぎることがないよう配慮した。政府は戦争が始まると食料を配給し、適切な分配を保証した。兵士は給料の代替物を得たので、彼らの家族は労働の報酬がなかったにもかかわらず、空腹に悩む必要はなかった。

▶ **課　題**

❶オルテン委員会の5つの要求を列挙しなさい。

❷オルテンの行動委員会のどの要求が革命的な性格を持ち、連邦憲法と両立することができなかったのか。

❸1918年に掲げられたＡＨＶの導入と女性の政治的な平等権への要求は、スイスにおいていつ実現されたのか。

❹スイスにおいて第一次世界大戦の最後の2年間、どのグループがストライキを行い、彼らはどのような要求をストライキによって実現しようとしたのか。

国際連盟

第一次世界大戦末期に戦勝国が国際連盟を創設した。これは、将来もろもろの紛争を交渉テーブルで解決し、戦争を防ぐのに貢献する予定だった。スイスはその国際連盟に1920年に加盟した。その後数年スイスは重要会議に場所を提供し、国際政治に積極的に参加した。1930年以後、国際連盟は信用を失った。第二次世界大戦末期には国際連合と入れ替わった。

1918年1月に当時のアメリカ大統領トーマス・ウッドロウ・ウィルソン（Thomas Woodrow Wilson）が戦後計画を提唱した。その1つは平和保障を目指す国家同盟の創立だった。全国家がその同盟に加わるべきで、国境の相互承認を目的とした。国際連盟の創立は、戦後ヴェルサイユと他のパリ近郊の町で1919年から1920年に締結された平和条約の一部だった。アメリカ大統領は国際連盟を提案したが、アメリカが最初からこの組織の代表ではなかった。

●国際連盟におけるスイス

スイスにとっては、自国が国際連盟に加入すべきかどうか疑問視された。連邦内閣と国会は加入に賛成した。それらは、スイスが平和の侵害者に対して国際連盟によって布告される経済制裁には参加するが、軍事的中立は絶対に保持するという留保を申し立てた。加盟に関しては1920年に住民が国民投票で決定した。前段階では激論が戦わされた。フランス語圏とイタリア語圏のいくつかの地区の大多数とドイツ語圏のリベラルな市民階級の幅広いグループは新しい組織をチャンスと見た。彼らは、スイスは連帯しなければならず、平和確保の際に傍観してはならないと主張した。

多くの左派は、本来国際的志向ではあるが、加入を拒んだ。彼らは新組織が市民階級の道具であると感じた。しかし保守的なグループも加盟に反対して闘った。彼らは国際的義務に抵抗し、スイスの独自性を主張した。加盟は彼らの見解によれば中立と相容れなかった。投票の結果は極端に僅差だった。11.5州が賛成し、10.5州は加盟に反対した。

●和平政策

国際連盟への加盟でスイスはいっそう政治的に注目された。組織の本拠地はジュネーヴだった。様々な会議と作業グループが、政治的に安定し世界に開かれた国と見なされるスイスで開催された。ロカルノの会議が特に注目された。そこでは1925年にとりわけ以前の敵国同士のフランスとドイツが落ち合った。ドイツは西の国境を承認し、東の国境の強引な修正を放棄した。フランスによって依然軍事的に占領されていたラインラントは、武装解除されることになった。この戦後秩序の承認には、ドイツでは確かに異論があったが、それでドイツの国際連盟加盟の諸前提が生まれた。以前敵同士だった両国の外相、ドイツのグスターフ・シュトレーゼマン（Gustav

「ヴェルサイユの国際連盟に注意せよ」。スイスが国際連盟へ加入することに反対する人々は、オットー・バウムベルガー（Otto Baumberger）によるこのポスターによって、スイス人が1920年の国民投票を否決するよう働きかけた。

Stresemann）とフランスのアリスティード・ブリアン（Aristide Briand）が、彼らの和平政策が認められて1926年にノーベル平和賞を受賞した。

国際連盟は幅広い活動を展開した。多くの領域で──例えば難民の保護、国際的な職業安定所の設立、あるいは、いわゆる国際連盟による委任統治の枠内での異論の多い地域の管理を含む──それは少なくとも暫定的に成功した。もっとも新たな世界大戦を防ぐことはできなかった。

●無条件中立への復帰

国際連盟の力は当初から限られていた。アメリカ、ソビエト連邦、および1926年まで排除されていたドイツは国際連盟に所属していなかったからである。政治的左派は国際連盟を、対ソビエト連邦の市民的民主主義体制の道具と見なした。一方、敗戦国側はそれを戦勝国の権力手段と見なした。1930年代には国際連盟は、そのメンバーの軍事的攻撃に不十分にしか反応しなかったので、信頼性を失った。このことは、日本が1931年に中国領土の一部、満州を占領し、イタリアが1935年にアビシニア（今日のエチオピア）を襲ったときに見られた。

この出来事を通じてスイスの国際連盟政策は厄介な状況に陥った。つまり国際連盟はイタリアを攻撃者と見なし、経済制裁を行った。スイスは確かに制裁の一部、例えば武器の輸出禁止を支持したが、イタリアとの貿易禁止は拒否した。というのは、スイスは隣国との密接な関係に基づいて自らも貿易に頼っていたからである。さらにスイスは、1937年春、イタリアによるアビシニアの征服を承認した。ほぼ同時に、様々なグループが公然と国際連盟からの脱退を要求しはじめた。あるグループは、スイスが国際連盟での共同作業のため枢軸国から圧力を受けるのを恐れた。というのは、ドイツ、イタリア、日本は、すべて1933年以降国際連盟を脱退したからである。他のグループは、戦争阻止を果たさなかった国際連盟の無力ぶりを問題視した。1938年3月ドイツ軍がオーストリアに侵攻し、一方国際連盟が控えめな反応しか示さなかった後、国会ではすべての党が「スイスは自らの自由と独立を守ることを決意した」という同文の声明を出した。同時に無条件中立の回復への果敢な努力が続いた。スイスは自らの特別な情勢に基づいて経済制裁には加担できないと主張した。1938年5月に国際連盟は、スイスの無条件中立の回復に同意した。

「世界は発熱しているのだ！　国際連盟は失敗するのか？」
第一次世界大戦と第二次世界大戦の間に書かれたカリカチュア。

▶課題

❶1920年におけるスイスの国際連盟加盟にはどのような賛否が起こったか。
❷スイスはいつから国際連合のメンバーになったか。インターネットおよび新聞記事の検索により、どのような議論が採決に役立ったか、どの政党や人物が加盟の賛成者および反対者に属するかを調べてみなさい。
❸さらに国際連盟の成功や失敗に関する情報を探しなさい。

経済恐慌

2つの世界大戦の間の経済は不安定だった。第一次世界大戦後の危機状態の後、1924年から1929年まで一時的な好況が続いた。それは、大々的な失業という結果を生んだ世界経済恐慌とともに、急激に終わった。1930年代の危機は、スイスを他の国家より遅れて襲ったが、より長く続いた。どのように国家が経済に介入すべきか、激論が戦わされた。

第一次世界大戦の終焉から1923年までの時代は、危機に左右されていた。中心には、戦勝国が金銭支払いと物質提供を戦争被害の補償として要求したドイツが立っていた。ドイツが支払わなかったとき、フランスは1923年にルール地方を占領した。すでに前もって価値を失っていたライヒスマルク〔1924～48年のドイツ通貨単位〕は崩壊した。

1924年から1929年まで世界経済は好況を呈した。鉄道と家事の電化は進捗した。道路は自動車交通のため拡張された。工場ではベルトコンベアと規格化された大量生産が徹底した。新しいデパートで売りに出された消費財はそれによってより買得になった。映画館、ラジオ、モード、および建築・音楽・演劇・絵画・文学における新潮流は、この5年間が後に「黄金の20年代」と美化されるまでになった。平和と豊かさにおける未来への希望は不当ではなかった。ドイツとフランスの間には意思疎通がなされ、賠償金支払いの問題は解決可能に見えた。

1929年10月25日金曜日[3]にニューヨークの株式市場で株価の急激な落ち込みが生じた。このことがさらなる相場の暴落や銀行と工業会社の破産を招いた。恐慌は1930年にはヨーロッパ中に蔓延し、絶えずスイスのもっとも重要な貿易相手国だったドイツは特に打撃を受けた。アメリカはドイツ復興のために大規模な借款を認めてきて、今度はその返還を要求した。世界経済恐慌はいたるところで高い失業率や価格や賃金の崩壊を呼び起こした。1932年冬にはドイツでは約7000万の全人口のうち600万人以上の失業者がいた。それから間もなく経済が、多くの国家ではゆっくりとではあったが、持ち直しはじめた。それに対しドイツでは、経済が思いがけない速さで回復した。このドイツでは、ナチスが景気を、永続的に出資可能ではないけれども短期間に効果的な失業者雇用措置と軍備で支えたのである。

●世界経済におけるスイス

スイスは1900年ごろには高度に工業化され、財政豊かな、世界中とかかわりを持つ国だった。イギリスを除いては、どこにも産業界で、住民がこれほど高い割合で働く国はなかった。そして人口数に比べて、イギリスだけが莫大な資本を外国で投資した。スイスの対外経済的なかかわりについては、両世界大戦の間、もはや1913年に匹敵するほど強いことはなかった。ツーリズムにとっても第一次世界大戦はその崩壊を意味し、両世界大戦の間にも部分的にしか回復しなかった。それに対しスイス金

ベルンでの失業者による廃品回収。

融市場の興隆は第一次世界大戦後も続いた。スイスは経済的・政治的に安定していると見なされた。その中立と1934年のスイス銀行法において保証された銀行の守秘義務は、それで自国の国庫を回避できた外国の投資家には魅力的だった。その結果スイスは、1つの重要な財産管理の中枢にまでのし上がった。外国においてマーケットシェアをドイツの保険会社から受け継いだスイスの保険会社も、安定性があることを宣伝した。そのためスイスは、両世界大戦の間には世界的なかかわりが後退したけれども、大々的に世界市場に、開かれた交通路、極力自由な国際的な商品および資本の流通に頼らざるをえなかった。

● **危機におけるスイス**

世界経済恐慌はまずスイスの輸出産業とツーリズムに打撃を与えた。輸出額は3分の2後退した。それから建築部門と繊維産業は崩れた。1936年におよそ400万人以上の人口のうち約10万人が失業した。経済恐慌は農業にも及んだ。スイスの危機が比較的長く続いたということは、連邦内閣の通貨政策とも関連した。連邦内閣は強いスイス・フランに固執し、財政の場の利益を輸出産業のそれより優先した。1936年になってようやく連邦内閣は30%のスイス・フランの平価切下げをした。数多くの他国家ではすでにより早く通貨に関してはそれが実施されていた。それでスイス・フランとスイス商品は外国でより安くなり、輸出は再び増加した。それに対しツーリズムはゆっくりとしか回復しなかった。多くの客が他の休暇目標を探し、それに忠実なままだったからである。

経済恐慌に対するドイツの措置は、スイスには深刻な影響を及ぼした。ドイツはもっとも重要な貿易相手国であり、スイスの銀行と保険会社はドイツに多額の資金を投資していたからである。いまやドイツは、今後貸付金に利子をつけて返済するのを拒み、銀行は、いかに預金残高を保証できるかという問題を抱えた。ドイツは多くの他の国家と同様に国境をまたぐ支払い流通を制約したので、ドイツの買い手もスイス商品にもはや直接支払いはできなかった。商品輸出をさらに可能にするために、スイスは引き続き、数多くの国家とともにいわゆる「為替決済協定」(Verrechnungsabkommen) を締結した。

● **手形の交換決済**

いまや国際的な支払い流通は、もはや直接買い手と売

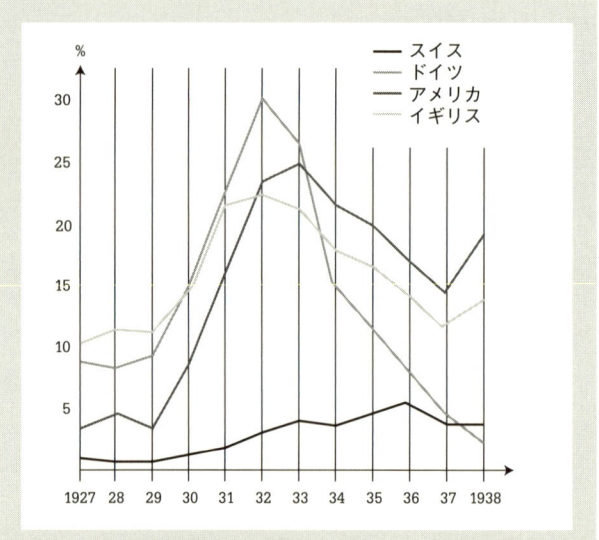

1927年から1938年までの失業率。スイスおよび他の国々での就業人口のうちの失業者のパーセント数。

り手の間ではなく、しかるべき手形交換所を作ったそのつどの国家の中央銀行や発券銀行を経て行われた。それゆえ、例えばスイスで商品をドイツから輸入した者は、購入価格をスイス手形交換所に払い込んだ。商品をドイツへ輸出した者は、その代金を同様に手形交換所から支払ってもらった。スイスがドイツへ輸出したのと価格的に同額のものを輸入するかぎり、それは問題ではなかった。スイスと貿易をしたドイツの人々に対しては、同じ方法でドイツ国立銀行が担当となった。スイス・ナショナル銀行とドイツ国立銀行はそのつど、差引勘定をした。国境を越えた物流の価値が相殺されなかったときには、その差額が相殺されなければならなかった。この過程は「手形の交換決済」(Clearing) と名づけられた。

● **異論のある危機政策**

世界経済恐慌に直面してリベラルな経済秩序が基本的に問題視された。世界規模で数百万の人々が仕事を失い、貧困化した。経済は崩壊し、市民的民主制は、その危機を克服できないように見えた。いかなる方法で国家が経済に介入すべきかで意見が分かれた。その際3つの基本姿勢が区別できた。

■ 19世紀の経済自由主義に恩恵を感じる者たちは、さらに自由主義的な政策に賭けた。国家は極力介入すべきではなかった。スイスではとりわけ大コンツェルン、輸出産業、ならびに、およそ1935年までは連邦内閣も

この立場を代表した。

- 他方には政治的左派が立っていた。共産主義者たちは土地と企業の完全な国有化に賭けた。社会民主主義はそれに対し1930年代には経済学者ジョン・メイナード・ケインズ（John Maynard Keynes）に指針を求めた。国家は社会的調停のために経済に介入すべきだった。スイスでは組合がしかるべき「民衆主導政策」（Volksinitiative）を打ち出した。それは国家的な雇用創出の措置を要求した。このいわゆる「危機主導政策」（Kriseninitiative）は1935年に国民投票において57%の反対票で否決された。
- 第三の立場をスイスでは農民と産業界、カトリック保守派ならびに、とりわけスイス市場のために生産するあの自由民主派が代表した。それらは原則的に経済的自由と資本主義を疑問視しないが、その行き過ぎを抑えようとした。彼らは活発な危機政策を拒絶し、それに対していくつか選んだ特定の物に対して国家的な保護措置を要請した。

スイスではこの３つの立場のいずれも徹底されなかったので、様々な陣営が相互に妨害し合った。その結果、連邦内閣と国会が経済領域においてますます権威的に支配した。連邦内閣と国会は緊急権を引き合いに出し、それで国民投票の決定を取り消した。さらにそれらはいっそう個別的な、主として中産階級の利益グループのために保護措置を発布した。

1913年から1945年までのスイス貿易の展開。重量（単位100万トン）および金額（単位10億スイス・フラン）による資材の輸出入量のグラフ。

▶課題

❶ 1924年から1929年までの時代がなぜ回顧的に「黄金の20年代」と呼ばれるのか、３つの理由を挙げなさい。

❷ ドイツとスイスにおける世界経済恐慌の経過を比較しなさい。

❸ 20世紀スイスにおける失業の実態はどうだったか、その展開を調べなさい。

❹ スイスの新聞から、1935年６月２日に採決された危機主導政策、あるいは1929年10月25日の「暗黒の金曜日」に関する記事を探しなさい。

❺ 国家的危機政策に関して記された３つの基本姿勢を比較しなさい。個々の立場があなたの視点から見ていかなる利点と欠点を持つかを議論しなさい。

第２章　世界大戦の時代におけるスイス

民主主義とファシズム

　経済恐慌は権威主義的およびファシズム的な運動と党派の躍進を容易にした。これらは諸問題の迅速な解決を約束した。他方、議会制民主主義は多くの同時代人の目にはそのための能力がないように映った。スイスではファシズム的党派は周縁的な現象のままだった。それに対し政治的に右寄りのグループが、スイスを独裁国家に改造しようとしたが、それは失敗した。引き続き社会民主主義とリベラルな市民階級の歩み寄りで民主主義諸勢力の団結が生まれた。

　両世界大戦の間に民主政体は厄介な状態にあった。世界人口の3分の1は植民地支配の下に生き、政治的権利を持たなかった。ヨーロッパでは、議会が解体したり無意味になったりした。つまり、ロシアでは1917年に共産主義革命、イタリアでは1922年にファシストによる、いわゆるローマへの行進、ドイツでは1933年に国民社会主義者の権力掌握によって。1920年には世界に35の民主的に選ばれた政府が存在したが、1938年には17、そして1944年には12が存在するにすぎなかった。市民的民主主義は共産主義とソビエト連邦に最大の危険を見て、右からの脅威を過小評価した。かくて共産主義的世界革命に対する市民階級の不安は、ファシズムの台頭に益した。多くの者はファシズムを共産主義に対する防波堤と見なし、ファシストが民主政体自体を撲滅するということを見逃した。他方、民主主義的左派にとって共産主義は、ファシズムを食い止める可能な手段に見えた。

●イタリアのファシズム

　ファシズムの概念はイタリア語から生まれた。古代ローマで権力の印としての官僚がささげ持って運んだ束桿は「ファッショ」(Fascio) と呼ばれる。1919年イタリアのベニート・ムッソリーニは元世界大戦参加者の戦闘同盟を結成し、束桿を彼の運動の象徴として選んだ。まもなく彼はその運動を右寄りの政党に改造した。その支持者は1922年にローマへの行進でクーデターを試みた。ムッソリーニは指導的なグループの支持を受けた。結局、ヴィクトール・エマヌエル3世王（Viktor Emanuel III.）は彼を首相に任命し、彼は教会と折り合うことができた。1925年に反対党派の組織的な弾圧が始まり、1926年にはムッソリーニがすべての他政党を禁止し、一党独裁国家を設立した。彼は総統崇拝を演出し、それは後の独裁者たちに模範として貢献した。確かに若年において社会主義的労働者のリーダーとして傑出した「指導者」(Duce) は、単純な男であることが判明した。しかし、彼の目的は控え目どころではなかった。イタリアは再びローマ帝国の偉大さを要求することになった。

●ファシズムのイデオロギー

　イタリアのファシズムは多くの国家に賛美者と模倣者を見出した。そのためファシズムという概念の下に、両大戦間の様々な政治的運動と政府組織が総括できる。

　ファシズム的な党派は共産主義と闘い、民主主義を拒否した。それらは極端なナショナリズムで目立った。個々の人間は国家に服従すべきだった。自国民は生物学的かつ文化的にいっそう価値が高いと見られた。よそ者

国民社会主義ドイツ労働者党（NSDAP）の支持者。1940年代初頭以降、チューリヒ・トーンハレで収穫祭を祝う。

> **資料**
>
> 我ら闘う……
> 抵当貸付利子の大幅引き下げのため
> 土地投機の禁止、不動産取引の統制のため
> 抵当利子負担を収益に正しく適合させるため
> 農業生産物の規制、販売と適正価格の保護のため
> 国家による銀行の監督（貸借対照表の真実性、借入政策など）のため
> 株式投機の排除のため
> これまで匿名の有価証券の個人化を意図する株式法の改正のため
> 準備基金の蓄積への諸団体の法的義務づけのため
> 利益配当の租税捕捉のため
> 国家間の貿易におけるバーター取引の厳格かつ計画的な実施（計画的交換取引）のため
> もっとも可能な国内需要充足のため
> 標準価格取引の禁止、デパートなどの制限やその徹底的な租税捕捉のため
> 一般的に有害な、過度の外国人の割合増大を遮断するため
> 外国人法のもとでのユダヤ人の位置づけのため
> 外国在住スイス人とある種の政治的権利承認による郷土との結びつきのため
> 全国民同胞の労働権のため
> 被雇用者のしかるべき労働条件のため
> マイホーム獲得への最も可能な援助のため
> 正当な理由がない限り、二重稼得者の阻止のため
> 一般的兵役義務の枠内での勤労奉仕義務導入のため
> すべて我らがスイス祖国のため！
> 我らがきわめて聖なる目標は民族共同体である！
>
> 国民戦線の要請。1933年の綱領宣言より。

——特にユダヤ人、ロマ（「ジプシー」）ならびに東欧、アフリカ、アジアの人々——は、劣等として社会から切り離され、迫害された。自己の優越観はしばしば、自己の国家領域が拡大されねばならない、という理念と並行して現れた。ファシズム運動やファシズム国家の先端に、総統として崇められ全員が絶対的服従を義務づけられた１人の人間が立っていた。ファシズム国家では拒否的な政治見解は強引に抑えられた。つまり、政治的な敵対者は監獄や強制収容所に拘束され、しばしば拷問されたり殺害されたりした。他の政治的党派は禁止され、統治するファシズム政党と国家がほとんど区別不可能な統一体へと融合した。ファシズムは資本主義を批判し、大規模な大衆失業の時代における若干の少数資本家たちの利益に歯向かった。それゆえファシズム政府も経済に介入した。その政府は組合を禁止し、新たな経済機構を創設し、経営者たちに、利益を追うのではなく民衆の福祉を重視するよう要求した。筋金入りのファシストたちは極端な男らしさと青春に敬意を払った。彼らは女性たちを主婦と母親としての伝統的な役割に縛りつけた。弱者、病人や老人は軽蔑され、同性愛者は迫害された。ファシズム的男子結社にとっての最高の価値は、強さ、健康、規律、闘争心、ヒロイズム、犠牲をいとわないことだった。

●ファシズムとナチズム

1920年以降、無数の作家たちがファシズムにかかわった。彼らは、ドイツやイタリアで権力を掌握し、他の諸国家においても少なくとも一時的に影響を与えたファシズム運動の魅力に関して、様々に解釈をしようとした。とりわけ政治的にはしばしば左寄りのファシズム敵対者は、様々な運動の共通点を強調し、ファシズムをナチズムをも含む上部概念として利用した。上記の一般的特徴および様々なファシズム運動がその初期の時代には互いに似ていて、イタリアのファシズムが模範だったという事実が、このような見方を代弁する。しかし政治運動ではなく、政府組織に目をやると、大きな差異が確認される。きわめて重要な点は、国民社会主義者が人種生物学的な基盤に基づいた世界帝国を建設しようとし、劣等あるいは生きる価値がないと定義された人々、つまり障害者、ユダヤ人、ロマ（「ジプシー」）、同性愛者を計画的

> **資料**
>
> 　ムッソリーニとヒトラーはそれぞれの国民に、自由主義的な体制が与えようと試みても与えることのできなかった価値を贈り、内的な豊かさをもたらした、と我々は確信する。また、それこそが我々スイスでも折り合わなければならない事実だと確信する。我が国の大多数の国民がいかなる変更も嫌がっているということは、これらの事態に何の変更も生まない。我々がヒトラーやムッソリーニに歯向かって死刑の宣告を受けたリベラルかつマルクス主義的な反動の権力と結合するのであれば、それは確かにヒトラー、ムッソリーニにとっては危険とならないが、たぶん我々自身にとっては危険となるだろう。
>
> カール・フォン・シューマッハー（Karl von Schumacher）編集長。1934年１月12日付け、市民向けの週刊新聞『ヴェルトヴォッヘ』（Weltwoche）の記事より。

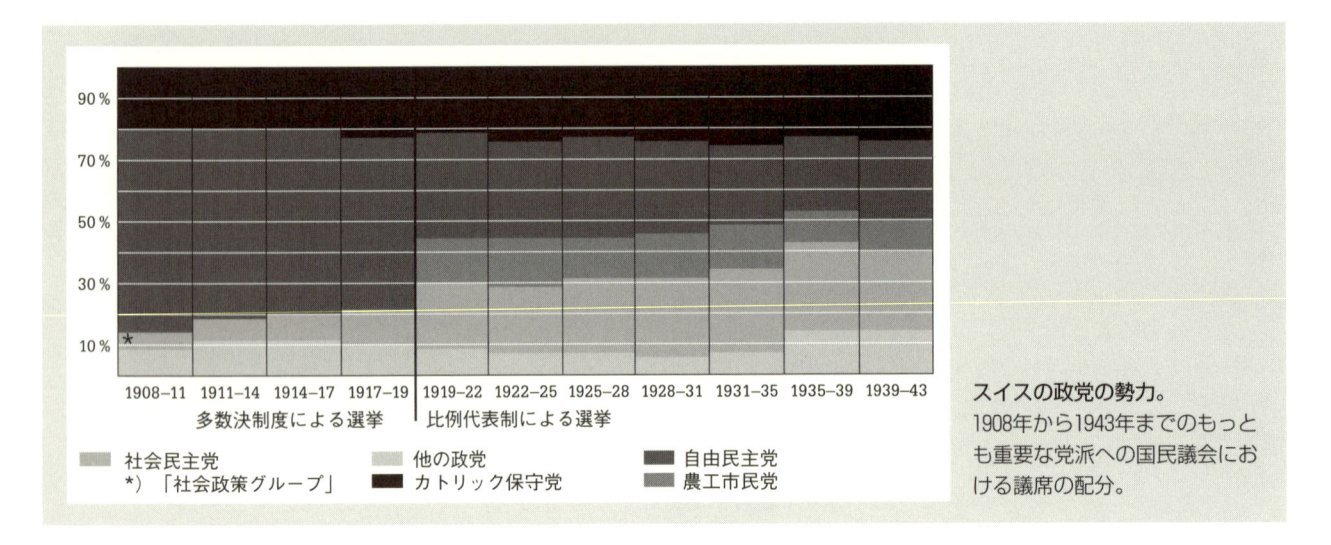

| 1908-11 | 1911-14 | 1914-17 | 1917-19 | 1919-22 | 1922-25 | 1925-28 | 1928-31 | 1931-35 | 1935-39 | 1939-43 |

多数決制度による選挙 / 比例代表制による選挙

- 社会民主党
- *）「社会政策グループ」
- 他の政党
- カトリック保守党
- 自由民主党
- 農工市民党

スイスの政党の勢力。
1908年から1943年までのもっとも重要な党派への国民議会における議席の配分。

に殺害したことである。それゆえ、ファシズムを上部概念として利用するのではなく、イタリアのファシズムとドイツのナチズムをその歴史的特徴づけにおいて双方ともに1回限りだった2つの政治的体系と見なす理由も存在する。

●全体主義の支配

第二次世界大戦後に、共産主義的ソビエト連邦と資本主義的アメリカとで、1つの独裁制と1つの民主制とが相対峙した。そのため冷戦下では、ファシズムやナチズムにばかりかかわっていた諸理論とともに、全体主義支配の構想が重要性を増すこととなった。この構想は、他の諸理論と同様、すでに両世界大戦間に生じていたが、しかしこれは民主主義と独裁制の対立を前面に出し、共産主義的独裁制とファシズム的独裁制の共通点を示している。こうしてソビエト連邦では、レーニンの死後ヨシフ・スターリン（Josef Stalin）が独裁者に昇進し、1929年には権力を掌握した。スターリンは指導者として崇められ、考え方の異なる意見を抑圧し、政治的な敵対者を公開裁判で断罪し、処刑した。数百万の人々が監獄や強制収容所に拘束され、拷問を受けたり殺害されたり、あるいは飢えや寒さで死んでいった。国家と党は共産主義において融合して統一された。スターリンは同様に彼の国家の拡張を志向した。それゆえスターリンの独裁制とヒトラーやムッソリーニの独裁制には共通点がある。

にもかかわらず、ファシズムと共産主義との間の相違点も無視できない。ファシズムとは違って共産主義において、土地や経済企業は国有化された。ヒトラーとムッソリーニは権力掌握に際して、人気取り政治風の大衆運動の先頭に立った。他方、レーニンは共産党にエリートの役割を与えた。結局、共産主義とファシズムは、相互に独裁制として似てはいても、異なる理念的な根底を持っていた。ファシズムは自身の民族の優越から出発し、他の民族の抑圧を肯定した。それに対し、共産主義は万人のための自由、公正、平等を要求した。そのため共産主義は——共産主義政体の恐怖政治と、その世界支配への主張にもかかわらず——西側の多くの知識人に、西欧の労働者階級の一部分に、そして第三世界の解放運動において、長期にわたり信望を集めた。共産主義的独裁制の下で生きなかった者は、共産主義諸国家を共産主義の理想で測り、その果たされなかった約束に基づいて批判できた。

●スイスにおける「前線の春」

ムッソリーニのファシズムはスイスでも共感を得た。ついにイタリアで秩序が支配する、と思った者がかなりいた。ローザンヌ大学はムッソリーニに、それどころか1937年に名誉博士号を授与した。この名誉はアードルフ・ヒトラーには与えられなかった。彼の人種主義的反ユダヤ的狂信、彼の攻撃的外交や教会蔑視はスイスでは拒否された。もっとも1933年のヒトラーの権力掌握の後、ファシストたちがスイスでも躍進した。この躍進は「前線の春」（Frontenfrühling）と称される。ファシズム政党がたいてい「前線」（Front）と自称したからである。1935年までその前線はいくつかの教区や州の選挙で成功したが、政治的大衆運動にはならなかった。

「前線の春」は、包括的な危機および躍進の気分の一部だった。いまや「若い」という表現を名前に掲げてい

た「青年保守派」「青年自由派」「若い農夫」などの結社が世間に現われた。たいてい彼らはドイツでの政治的大変革に感銘を受けていたが、スイスのために同一の措置は要求しなかった。彼らは様々な目標を追求した。スイスでもより強力な政治的指導部が必要だという見解を持つ者がかなりいた。

◉民主主義的諸勢力の提携

この躍進気分に乗って、前線は1934年に連邦憲法の全面的改定への主導権を世に知らせた。スイスを権威主義的な国家に改造する努力は、青年保守派や市民階級の一部によって支持された。1935年に有権者は70％以上の多数によって、この主導権を拒否した。この敗北の後、前線は政治的無力の中に沈んだ。1940年に、ドイツの軍事的成功と連携して、前線は改めて世に現われ、もう一度注目された。

ファシズム政党がスイスで結局成功しなかったのには、様々な理由がある。まず、第一次世界大戦末期と1930年代における政治的・経済的危機が、ドイツやオーストリアと同じ次元からは程遠かった。次に、スイスでは民主的伝統が他のヨーロッパ諸国より強力に根付いていた。連邦主義、多言語性、強い政治指導者に対する疑念が国家的な大衆運動の構築を補足的に難しくした。結局前線は、大ドイツ帝国という理念に対してスイスの国家的独立を擁護するということを信じさせられなかった。しかしまた、そのイデオロギー、国民社会主義的象徴や典礼への前線の依存が、多くのものに反発心を招く結果となった。

決定的意味を持ったのは、1933年と1934年の内政危機が、社会民主主義とリベラルな市民階級との接近によって克服されたということであった。ナチズム的独裁制による威嚇に直面して、社会民主党はプロレタリアートのいわゆる独裁制への要求を党綱領から削除し、以前拒絶していた軍隊と国土防衛を支持する態度を明らかにした。1937年に金属と時計部門で、組合と雇用者側がスト放棄（平和協定）へとまとまった。係争はそれ以来、交渉手続き過程で規制されることになった。こうして民主主義勢力の団結が生まれた。全スイスのレベルで確かに政治的影響力を持たなかったが、かなり多くの都市では強く根づいた共産主義者は、この社会的提携の流れでファシズムと同様に周辺に追いやられ、そしてその党派も戦時中には禁止された。

『霧裂き』
ついに我々は再びすてきな徴候を見る
人間的にもっとも気高い連帯の
なぜ人はリズミカルに歩調を合わせて同じ目標に到達すべきではないのか？
やはり２人ならもっと軽快だ
確かに黒人の子どもはたくましい赤騎士と比べると、やや内気で歩き方もぎこちない
でもああ誰が恋人たちを弾劾しようとするのか？
カップルはひょっとしたら気が合わないのか？
我々には２人はもうとっくに結婚が近いと見えた！

『霧裂き』からのカリカチュア。1934年11月。

▶課題

❶ムッソリーニのファシスト独裁制とスターリンのコミュニスト独裁制の３つの共通点と３つの相違点を挙げなさい。

❷スイスにおけるファシスト党派がなぜあまり成功しなかったのか、４つの理由を挙げなさい。

❸「前線の春」とは。

❹ベニート・ムッソリーニ、アードルフ・ヒトラー、ヨシフ・スターリンの人生と活動に関する情報を探しなさい。

戦争への備え

　社会民主主義と市民階級間の合意が、ドイツの攻撃的な外交政策に対する答えであった。このドイツが次の戦争を準備した。スイスにおいては軍備がいわゆる精神的国土防衛によって補足された。これはスイスの価値と伝統を回顧することにより社会的な連帯を要求するものであった。

　1921年アードルフ・ヒトラーが「国民社会主義ドイツ労働者党」（ＮＳＤＡＰ、ナチ党）の党首に選ばれた。少数の党員は様々に異なる政治目標を持っていた。しかしながらユダヤ的なものと共産主義に対して闘うという点においては一致していた。国家主義者としての彼らはヴェルサイユ平和条約を拒否して、ドイツの権力と偉大さを再現しようと努めていた（43、90ページ参照）。1928年にこの党はドイツ国議会選挙において得票数の2.6％を獲得した。1932年7月には37.3％で最強の党となった。ヒトラーを入れずに安定した政権を作ろうという試みは挫折した。そのためドイツ国大統領パウル・フォン・ヒンデンブルク（Paul von Hindenburg）は1933年1月にアードルフ・ヒトラーをドイツ国宰相に任命した。

　1933年3月末にナチスはその独裁制を樹立した。彼らは議会を排除し、他の政党を禁じて、異なる意見を持つ者たちに対するテロ行為を強化した。彼らは共産主義者、社会主義者、労働組合活動家たちを逮捕して強制収容所に監禁した。4月にはユダヤ人の商店の排斥を組織化し、ユダヤ人たちを国家公務員職から締め出した。

　ナチスの攻撃はまず第一に自国民に向けられたが、まもなく外国にも向かった。1936年にドイツはロカルノ条約（43ページ参照）を破棄し、ドイツ国防軍は非武装のラインラントを占領した。1938年3月にドイツ軍はオーストリアに進駐して、オーストリアはドイツに併合された。1938年秋のいわゆるミュンヘン協定でズデーテン地方はドイツの領土となり、すぐ続いてドイツはボヘミアとモラヴィアも軍事的に占領した。イギリスとフランスはヒトラーのなすがままにまかせた。

● **精神的国土防衛**

　第一次から第二次世界大戦に至る間にスイス連邦は軍

「多様性の中の統一」。1939年、チューリヒのスイス博覧会でスイスのすべての市町村の旗が飾られたヘーエン通り。

事用支出を増額し、軍備を整えはじめた。さらに兵役期間が延長された。軍事的措置は精神的国土防衛によって補完された。その創始者と見なされているのは、カトリック保守派の連邦閣僚のフイリップ・エッター（Philipp Etter）である。1937年に彼は、「我々自身の国民の意識のうちに、国家としての存在の精神的な基礎を防衛しよう」と呼びかけた。精神的国土防衛はファシズムに対して、政治的・文化的な抵抗力を強化するべきであった。それはまたスイス国民の協調を要求し、労働者階級と市民階級、都市と地方、言語の異なる地域間の対立の克服を要求した。

　精神的国土防衛は自然、山、農民気質を強調した。その中心にはゴットハルト（Gotthard）と1291年の盟約があった。自然と大地を賛美し、しかしまた同時に女性の役割をいかに理解するかという点において、ナチスの文化に類似するものがあった。だが精神的国土防衛とナチ

> 勤務に就かねばならないのは誰か？　すべてのスイス女性
> いかなる年齢の？　あらゆる年齢。なんぴとも年をとりすぎ、また若すぎることはない。
> どのような立場の？　あらゆる家事や職業において、祖国の義務を果たすための機会が与えられる。
> どこで勤務を申し出ることができるのか？　決まった義務の範囲を持つ人は誰であれ、自らの置かれた場で目を覚まし、援助の準備ができているようにせよ。時間と力が余っている人は、「女性救援活動サービス (FHD)」か、他の救援組織に名乗り出よ。
> **故郷は自由、名誉と人間性への我々の一致した意志を必要とする。**
> 故郷は今日、以下のものを必要とする。
> 不平を言わず、嘆かない女性。
> 不足を喜んで引き受ける女性。
> 強く、犠牲への用意ができている種族を育て上げる女性。
> 我々の日用品を誠実に管理する女性。
> 兵士を、その義務の遂行に際して支えることができる女性。
> 故郷の大地において種を蒔き植物を植える、強い腕を持つ女性。
> 疑い深い人、移り気な人に対して決然として処し、民族の統一を保つ女性。
> 自らの隣人の困窮を開いた目と暖かい心によって認識し、救いを必要とする人を援助する女性。
> **神の前では敬虔に、人の前では勇敢に、我々の国の未来のために尽力する女性。**

「故郷に忠実に」。スイス女性の日常のための服務日誌用小冊子。心がけの言葉。スイス民間女性救援活動サービス出版。

スの文化の間にはまったく決定的な相違があった。すなわち精神的国土防衛では血と人種はまったく重要ではなかった。そしてスイスはその創立の神話に関連して、ファシズムとははっきり境界を画し、自由を愛し原初民主制であると表現された。

● 他国のものをすべて拒否

精神的国土防衛はすべての他国の事柄を非スイス的であるとして拒否した。ファシズムと共産主義は外国から輸入されたものと見なされ、わきに押しのけられた。この姿勢はスイスにいる外国人にも向けられた。すでに第一次世界大戦以降、連邦当局は国土のいわゆる「外国人の割合の増大」(Überfremdung) と闘ってきていた。特に社会主義者、共産主義者、ユダヤ人は望まれなかった。その中でも東ヨーロッパ出身のユダヤ人は非常に強い偏見を受けた。外国人を敵視する政策は世界経済恐慌とともに活気づき、精神的国土防衛によってさらに強化された。

● 1939年のスイス博覧会

スイス的なものはきわめて漠然としていたので、非常に異なる世界観を持ち出身も異なってはいても、住民の大部分はそこにおいて自己を再認識できた。チューリヒで1939年に開催されたスイス博覧会は、精神的国土防衛の目に見える表現となった。それは近代スイスの優れた成果を見せるものとして計画された。すなわち、チューリヒ湖上を渡るロープウェイがその象徴となるはずだった。精神的国土防衛という印象のもとで、スイスの文化と民俗を表現することへ重点が移り、スイス博覧会はスイスの自意識を強めた。300万人の入場者を期待していたが、1000万人以上が訪れた。経済恐慌が克服され、労働者階級と市民階級の間に一定の政治的妥協が見出されたのちに、博覧会は団結と抵抗力の象徴となった。

▶ 課 題

❶ 1936年から1939年春までのドイツの外交政策に対して、イギリスとフランスの態度に影響を与えたのはどのような要因か。

❷ 精神的国土防衛はどのような中心思想で支えられたか。

❸ 1914年から1945年までの時代の中で女性の役割への指摘を探しなさい。今日「シュタウファッファーの女性[4]」の役割」ということで理解されているものを見つけ出すよう試みなさい。

❹ インターネットおよび新聞資料で1939年、1964年、2002年のスイス博覧会について調べ、それらの中心となる証言と象徴を比較しなさい。

第2章　世界大戦の時代におけるスイス

戦争開始

1939年9月1日ポーランドに対するドイツの奇襲で第二次世界大戦が始まったとき、スイスは1914年のときと比較すれば十分準備ができていた。軍隊が動員された。戦争経済上の措置は国内の社会的緊張を阻止するはずであった。フランスに対するドイツ国防軍の電撃的な勝利は1940年夏に〔スイスにおいて〕危機を招来した。多数派が無条件の抵抗に固執した一方、少数派は新しい状況への順応を要求した。スイスの反応は、予想され後に証明されたドイツとイタリアによるスイス攻撃のプランによっても影響を与えられていた。しかし、この攻撃は実現しなかった。

1939年9月1日にドイツ軍はポーランドを攻撃した。これは、ドイツとソビエト連邦が互いの不可侵条約で一致したことが公になった数日後に行われた。この条約は公には共産主義とナチズムの間の和解という意外な印象を与えた。ソビエト連邦はポーランドの東部に進駐した。その後間もなくバルト国家群を占領してフィンランドを攻撃した。ポーランド人とフィンランド人の抵抗はスイスで共感を呼んだ。そしてまもなく多くの人々は、同じように強大な敵に対抗して持ちこたえなければならなくなることを恐れた。イギリスとフランスは、ドイツ軍のポーランド攻撃後、形式的にはドイツに宣戦布告したが、その後の成り行きを静観していた。

●動員と待機

戦争が目前に迫っていたので、スイス連邦内閣は1939年8月29日に国境守備隊を召集した。翌日議会はヴォー州出身のアンリ・ギザンを総司令官に選出し、連邦内閣に特別全権を授与した。1939年9月2日には軍隊の総動員が行われた。スイスでは25年前のときより良好に戦争に対する準備が整えられていた。例えば戦争が始まってすぐに、バター、パン類、砂糖などの基本的食料品が配給制になった。多くの女性団体が祖国に奉仕するよう女性たちを召集した。女性たちは、例えば兵舎で、あるいは洗濯、裁縫仕事などあらゆる場所で支援を行うことになった。その他の点でも今や市民としての日常生活を女性だけで片付けなければならなかった。軍隊は軍備をしたが、特に戦車が不足していた。ギザン将軍はフランス軍の司令部とひそかに協定を結び、ドイツ軍が攻撃してきた場合には、フランス軍がスイスを援助することになった。

●戦争の危険

1940年4月ドイツはデンマークとノルウェーを奇襲し、5月にはオランダ、ベルギー、フランスを攻撃した。ドイツ軍は予想外に早く前進し、まもなくパリに迫った。6月10日にイタリアはドイツ側に与して参戦した。フランスは降伏し、1940年6月22日に休戦協定に署名した。いまやスイスは現実に完全に枢軸国に囲まれていた。ヨーロッパ大陸での戦争は終わった。唯一なお抵抗しているのはイギリスだった。

1940年5月初旬、スイス軍は最大限の出動準備態勢にあった。すべての状況からフランスに対するドイツの攻撃が予測された。ドイツ国防軍が再び北西方向から攻撃してくるか、あるいは今度はスイスを越えてフランスへの道を探すか不確実だった。多くの人々が後者のケースを恐れていたので、北部の数千の市民はスイスの中央部

1939年、戦争開始に向けて待機しているスイス人兵士。国境での陣地に移動する前にゲルターキンデン（バーゼル＝ラント準州）で。

女性たちが工場労働を引き受けた。第一次・第二次世界大戦間の時代に、女性の工場労働者たちは労働力の補助として役立っていた。経済状況が良好で、労働市場の労働力が不足しているときには、彼女たちは雇い入れられたが、また他方で賃金の高い優れた男性たちは安い賃金の女性に置き換えられた。第二次世界大戦中、女性は兵役に就いた男性の地位を引き受けることが多かった。

およびフランス語圏へ逃れた。実際に1940年6月から1944年まで、スイスを攻撃するドイツの様々な計画が展開されていたことが、戦後明らかになった。

●順応と抵抗

フランスの敗北後、ドイツ軍司令部はフランス-スイス協定を知った。スイスが中立の態度をとらなかったのは明らかだった。ドイツ政府はその不満を伝えてきたが、スイスに起こりうる結果についてははっきりしたことを知らせなかった。

1940年夏以降スイス軍は総人員の3分の2の動員を解除した。多くの人が兵士になっていたため、農家や企業で労働力不足になっていたのである。軍司令部は新防衛戦略を展開し、それを「レデュイ」(Réduit)すなわち後退稜堡、最後の砦と名づけた。軍と政府は攻撃を受けた際はアルプス山中へ後退することにした。アルプスはその後2、3年で要塞へと強化された。将軍と将校の多くは、はじめそのような後退に反対だった。なぜならこの新構想は、中央部の住民と工業施設を敵の軍隊の犠牲とするからであった。他方で経済および外交政策上の熟慮によれば、軍隊の部分的な動員解除はよしとされた。スイス軍はさらに、中央部の開けた土地では、ある戦闘で完全な強さを発揮しても、優勢なドイツ国防軍に対しては勝利を収めるチャンスがなかったであろう。山岳地域での闘いのほうが成果が見込めた。

1940年7月25日にギザン将軍は、新防衛構想を公表するために重立った指揮官全員をリュトリに呼び寄せた。彼はスイス連邦が生まれたという伝説のある場所を選んだ。同時にすべての敵に対して防御にあたるという、軍隊の不屈の意志を強調した。これをもって彼はレデュイを抵抗の象徴とした（12ページ参照）。

連邦内閣はそのころ以前より弱体化したと見なされていたので、このいわゆるリュトリ報告は特に効果的だった。1ヶ月前のフランスの敗北後、連邦大統領マルセル・ピレ=ゴラは、多くの人々が体制迎合的だと思うラジオ演説をしていた。「フランスはただいまドイツおよびイタリアと休戦協定を結びました。我が国にとっての三大隣国がいまや平和への道を歩むと知ることは、我々スイス人にとって非常に安堵すべきことです」。ピレ=ゴラはこれで何を言いたかったのか。なぜ彼は枢軸国の攻撃を非難せず、ナチスの優勢のもとでの平和秩序を賞賛したのか。その後まもなく彼が、好機到来と感じとった「戦線」の代表団と接見したとき、世人は決定的に彼に憤激した。

▶課 題

❶レデュイ計画に賛成、または反対する要因となったのは何か。

❷37ページの模範にしたがって、2つの写真を解釈しなさい。

❸現在スイス軍を率いているのは誰か。

❹第二次世界大戦中の、スイスに対するドイツ軍の攻撃計画の証拠書類と地図を探しなさい。

包囲されたスイス

　1941年ヨーロッパの戦争は世界大戦に拡大した。2月以降ドイツ軍は北アフリカで戦い、6月になるとドイツ国防軍はソビエト連邦を奇襲した。年末には日本が枢軸国側に、アメリカと中国が連合国側に与して参戦した。ナチスは、もはやユダヤ人をドイツの勢力範囲から追い払うのではなく、東ヨーロッパへ強制移送して殺害すると決定した。スイスは政治的な独立を守ったが、ドイツに多大な譲歩をした。スイスの決定はドイツが優勢であるという印象のもとで行われたが、必ずしもドイツによって強制されたわけではなかった。

　1941年6月22日ソビエト連邦に対しドイツの攻撃が行われた。ヒトラーは赤軍を冬が来るまでに征服し、共産主義を全滅させて、重要な工業地域と農業地域を獲得するつもりだった。1941年12月7日〔欧米では通例、日本のアメリカ合衆国に対する宣戦布告が行われた日本時間の12月8日ではなく、アメリカ時間の12月7日を以て太平洋戦争の勃発の日付としている〕日本の空軍が、ハワイの真珠湾にあるアメリカ太平洋艦隊の大部分を破壊した。アメリカ合衆国とイギリスは日本に宣戦布告し、これに対し日本との同盟国ドイツとイタリアはアメリカ合衆国に宣戦を布告した。

　こうしてヨーロッパの戦争は第二次世界大戦に拡大した。ドイツの攻撃が1941年末にモスクワ郊外で行き詰まったとき、この戦争は——このときスイスからははるかに離れていたが——長引くだろうと予測された。イギリスの場合以外には、その軍隊がいつも成功を収めていたドイツは、いまや世界の二大強国と戦闘状態になった。これらの国は人口においても、経済力においてもドイツをはるかに上回っていた。

　すでに戦争になる前からナチスは、政治的あるいは宗教的な理由で危険と思われる人々を「ドイツ民族共同体」から締め出していた。これには共産主義者、社会民主主義者、教会の勇気ある代表者、エホバの証人、そしてさらにナチスを批判した人々が含まれていた。また他のグループの人々も追放したが、それはその人たちが健康で強い「アーリア」民族というナチスの考えにふさわしくなかったからである。障害者、ユダヤ人、ロマ（「ジプシー」）、東ヨーロッパ出身者（「スラブ人」）を、彼らは生物学的に劣等と規定した。いわゆる労働嫌い、浮浪者、小悪党、同性愛者も同様に迫害した。すでに1930年代に、これら迫害された者の多くは強制収容所で命を落とした。

　いわば全世界を抗しがたい呪縛の中へ引き込む戦争の陰で、ナチスはこれらの人々を組織的に殺害しはじめた。最初に矛先が向けられたのは知能的および心理的な障害者だった。「行動T4」の偽名で、1939年の秋以降10万人以上の病人と障害者がドイツで殺害された。住民と教会が抗議したので、この行動は1941年に公には終結した。これを委嘱された医学および技術の専門家は東ヨーロッパに移され、その地の、特にポーランドの絶滅収容所で犯罪を続行した。カティンではソビエト軍が数千のポーランド人将校を、またそれに伴ってポーランド指導者の大部分を射殺した。ドイツ軍部隊は、その占領地域で、パルチザンだと考えたユダヤ人や一般市民の持ち物を強

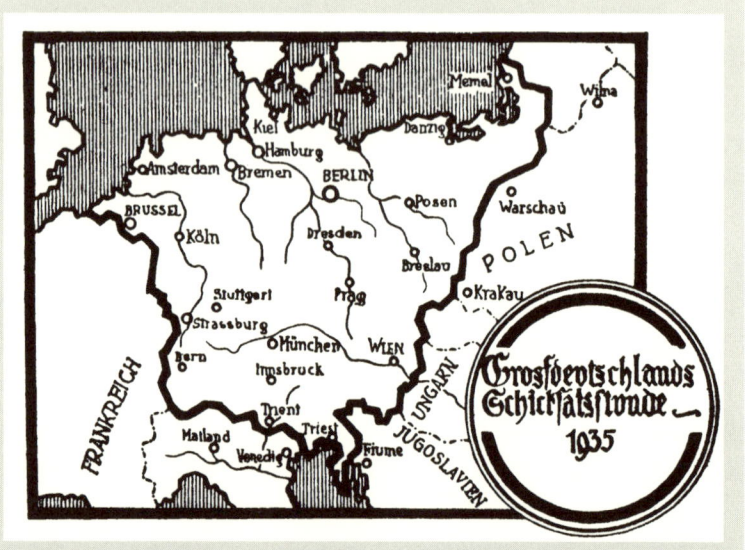

「大ドイツの運命の時」。1935年のあるドイツ側の叙述の中では、ドイツ語圏スイスは将来の「大ドイツ」の一部であると述べられた。その時々に重要な事実に対応し、1940年6月から1944年までスイスに対するドイツの攻撃計画が展開されたことが、戦後明らかになった。

食糧増産運動。男性たちは1942年にチューリヒのオペラハウス前の広場（ゼクセロイテ広場）でジャガイモを収穫した。それは第二次世界大戦中、スイス食糧増産運動という枠組みの中で、そこで栽培されたものである。この運動のためには多くの労働力が必要だった。そのため成人男女の他に青少年も投入された。

奪し殺害した。ソビエト連邦への奇襲とともに戦争は恐ろしい野蛮さを帯びた。すなわち1942年2月になるまでに、ドイツの戦争捕虜収容所の中だけでおよそ200万人の赤軍所属者が死んだ。ドイツが東方へ進軍するとともに、数百万のユダヤ人がドイツの支配下に陥った。するとナチスはその計画を変更して、かつてのポーランドにある絶滅収容所で、できるかぎりすべてのユダヤ人を殺害することに決めた。

●土地供給の確保

スイスにおける戦争経済の重要な目的の1つは、土地の供給と、それに伴い住民のために食物と労働を保障することにあった。外国からの食料に依存する度合いを減じるために、農業専門家フリードリヒ・トラウゴット・ヴァーレン（Friedrich Traugott Wahlen）は1940年11月に耕地面積を3倍にすることを提案した（「ヴァーレン計画」）。事実、1943年までに耕地は倍加した。都市の公園、校庭、ゴルフ場、アルプスの急斜面などは、もちろん必ずしもジャガイモ栽培に適しているとはいえなかった。というわけで、増産分の収穫はわずかであった。それにもかかわらず、このいわゆる「食糧増産運動」（Anbauschlacht）は大きな意味を持っていた。つまり、全国民が生き残るために何かをすることができたからである。そして肉と乳製品の代わりに植物性食品の消費が増えたので、食料自給率が実際明らかに増えたのである。

耕地が増え、原料のすべてを国家の統制にしたにもかかわらず、スイスは外国に依存していた。以前からもっとも重要な貿易相手であったドイツとの貿易は、戦争に入った直後の数ヶ月間、連合国側の経済封鎖の結果、後退した。イギリスはスイスに対し、ドイツへのスイス製品の輸出入を厳格に制限するよう要求していた。こうしてイギリスは、ドイツが戦争継続に必要な物資を入手するのを妨げようとした。連合国との貿易、特に軍需物資の輸出は、これに対して増大した。しかしフランスの降伏でこの事情は変わった。今度はドイツが重要な貿易相手となった。1940年8月にドイツとスイスは通商協定を締結し、これは数回にわたり延長された。ドイツは石炭、鉄、石油その他の原料を供給した。スイスは、ドイツの軍需産業用の製品および農産物を供給した。スイスは、1909年のいわゆるゴットハルト条約に従って、枢軸国ドイツとイタリア間のアルプスを通る鉄道の連絡を保障した。この条約はドイツとイタリアによる、ゴットハルト鉄道建設の共同出資に起因して、国民の間に激しい抵抗があったものである。スイスはドイツへ電気を供給した。連合国および中立国に対しては、戦時中を通して貿易関係が存続していたが、総体として見ると、スイスはドイツによって支配された経済圏に統合される度合いが強かった。

●人気のある金融市場

ドイツにとってスイスはまた金融の場としても非常に重要だった。これは特にスイス・フランが、すべての戦

難民施設ビーネンベルク（Bienenberg）での給食。バーゼル＝ラント準州で、1942年から1944年の間に撮影。

争当事国が支払い手段として受け入れる、唯一の通貨であったことと関係している。だからスイス・フランは連合国、中立国、枢軸国の国民経済間のいわば絆であった。例えば、もしドイツがポルトガルのような中立国で原料を買おうとした場合、ライヒスマルクでの支払いはできないけれども、スイス・フランでなら支払うことができただろう。それゆえドイツは、スイス・ナショナル銀行に関心を抱いていて、金を売ってスイス・フランを手に入れた。この金は一部は戦前からのドイツの手持ちのものだったが、大部分は征服した国々の国立銀行から、あるいは個人、特にユダヤ人から奪ったものである。これらの金の出所は、ドイツ国立銀行が隠蔽しようとかなりの努力をしたので、当然もうほとんど探知することはできなかった（102ページ参照）。

結局のところスイスの金融市場は、その中立性、安定した通貨、銀行の守秘義務のゆえに戦時中も引き続き広く好まれた。しかもそれは奪った財産を隠匿しようとする側にとっても、また自分たちの財産をナチスの押収から守ろうとする側にとっても同じだった。

● 人道的な政策

中立国として、スイスは戦争当事国にも外交上および人道的な職務の遂行を提供してきた。例えば外交関係を断絶した多くの敵対する国家の利益を擁護した。スイスは、兵士たちや民間の戦争犠牲者たちに有利になるように、人道的な政策を追求した。例えば戦時中、戦闘を避けてスイスに逃れてきていた総計10万人以上の外国人兵士に宿所を提供した。戦争地域出身の6万人の子どもたちに2、3ヶ月の保養のための滞在を可能にした。戦後、国家・経済界・国民はいわゆるスイス義損金として2億スイス・フランをヨーロッパ復興のために寄付した。

もちろんこの人道的な政策は、特に戦争犠牲者たちに有効であって、ナチスに迫害された人々にはほとんど役立たなかった。そこでスイスは1944年7月になってはじめて、ユダヤ人迫害を公的な保護理由と考えた。それ以前にはスイスは数千人に対して国境で入国を拒んでいた。1942年にユダヤ人の子どもたちは幼年者救援活動から明確に除外された。1933年から1945年までに総計644人だけが政治的保護を受けたにすぎない。それにもかかわらず戦争終結時には、約6万人の迫害を受けた者がスイス国内にいた。一方で難民のために尽くす多くの救済組織があり、個人がいた。また他方で連合国側の勝利が次第にはっきりしてきた1943年以降、スイスでは難民政策が次第に緩やかになったのである。

▶課題

❶ 1933年にナチスが権力を掌握したのち、迫害されたグループに属する国民にとって、戦争は何を意味したか。

❷ スイス・フランが第二次世界大戦中に需要の多い通貨だったのはなぜか。

❸ 第二次世界大戦時のスイスの人道的な政策は、その難民政策とどこに違いがあったか。

戦争終結

　1943年、枢軸国側の敗北が明らかになって、連合国側は戦争後の時代の準備を始めた。スイスは終戦時には困難な状況にいた。ソビエト連邦とは外交関係がなかったし、アメリカは〔スイスと〕ドイツとの経済的協力を非難した。アメリカの圧力で、スイスは1946年ワシントン協定を結び、2億5000万スイス・フランを支払った。連合国側はこの金額を、スイスが引き受けた略奪金の部分的返済と見なした。これに対してスイスはこの支払いをヨーロッパ復興のための自発的な分担金と称した。

　1943年ドイツ国防軍はスターリングラードを前にして決定的な戦いに敗れた。5月には「アフリカ軍集団」が降伏して、25万人のドイツ・イタリア軍兵士が捕虜になった。7月にはムッソリーニを失脚させるため、連合国軍がシチリア島に上陸した。ドイツの宣伝活動は死者を英雄へと美化し、「総力戦」へ切り替えた結果として「最終的な勝利」がまもないと予言していた。にもかかわらず、ドイツがもはや戦争に勝つことができないのは多くの人々に明らかだった。

　スイスの見地からいうと、戦争が再び近づいてきた。ドイツ軍は1942年11月にフランス南部を占領し、1943年9月にはイタリア中部および北部に進駐した。1944年6月6日に西側連合国がノルマンディーに上陸した。8月にパリを解放し、10月末にはアーヘンをドイツ最初の都市として征服した。東部ではソビエト連邦の赤軍が前進した。それを見て多数の民間人と兵士は西方に逃れた。1944年10月に赤軍ははじめて東プロイセンに入り、1945年1月に絶滅収容所アウシュヴィッツ－ビルケナウに到達した。1945年4月30日にアードルフ・ヒトラーが自殺し、5月8日にドイツは降伏した。ヨーロッパでの戦争は終わった。太平洋地域では、日本がアメリカの原子爆弾で広島・長崎の2都市を破壊されて降伏する1945年9月2日〔日本政府の代表がポツダム宣言の降伏文書に調印した日付。欧米では通例、この日を以て太平洋戦争の終結の日付としている〕まで、戦争が続いた。総計約5500万人が死んだ。ソビエト連邦だけでおよそ2000万人の死者を

ジュネーブでの戦争の終わり。1945年5月8日、ヨーロッパでの戦争は終わった。多くの人々がこれを自発的に大通りで祝った。商店は店を閉めたままだった。新聞は特別版を発行した。

第2章　世界大戦の時代におけるスイス　59

数えた。

● 連合国側の圧力

1943年に連合国側は戦後の計画を始めた。彼らは「国際連合」（UNO〔旧呼称。現在はUN〕）の創設を企て、戦争犯罪者を法廷に召喚することを決めた。すでに1942年末に連合国側はナチスの大量殺戮について世人に情報を伝え、ナチスを非難していた。1943年から1944年には繰り返し、ナチスによって略奪された財産は戦後返済されねばならないと表明した。ドイツと協力した国家および企業に対し、連合国側は強力な圧力を加えた。そしてそれらの国家および企業をいわゆるブラックリストに載せて排斥し、可能な限りその資産を封鎖した。

連合国のブラックリストに載らないようにすることに大きな関心を持っていた多数の企業とは反対に、スイス連邦はこの措置に無関心であった。スイスはナチスの大量殺戮を知っていたが、避難民の受け入れ基準を厳しくした。ドイツ国立銀行が、略奪した金を所有していることを、1941年以降スイス・ナショナル銀行は知っていた。それにもかかわらずドイツと最後まで取引をして、1945年4月13日に最後の金納入を引き受けた。連合国側が要求していたにもかかわらず、スイス連邦当局はそのほかにも、盗まれた財産の私的な売買を禁止する措置を何もとらなかった。

● 被告席上のスイス

スイス国民は戦争終結を期待し、連合国の勝利を望んでいた。しかしその通りになったとき、スイスは難しい状況にいた。もっとも重要なパートナー、すなわちドイツが潰れてしまった。さらに2つの新しい世界的強国、ソビエト連邦とアメリカ合衆国に対する関係は難しいものであった。すなわち外交関係を樹立しようというスイス政府の試みを、1944年11月にソビエト連邦はすげなく拒否した。連邦大統領マルセル・ピレ＝ゴラはその結果、辞職した。アメリカ合衆国は、すでに1941年6月に50億フラン以上の価値のあるスイス預金を封鎖して、スイスにあるドイツ資産の引き渡しを要求していた。1945年2月に、それはスイスをナチスの隠匿者として公然と非難する西側連合国との厳しい交渉になった。これに対しスイスは、法を超えて権力をふるい、スイスの中立に理解を持たない勝者の政策に苦情を述べた。

兵役の終わり。 1945年6月20日ベルンで。スイス軍は兵役の終わりを、ベルンの連邦広場で旗を掲げて慶祝した。すでに除隊済みの軍は、すべての大隊旗と連隊旗で代用した。

◉ワシントン交渉

　1946年ワシントンにおいて、スイスと連合国間の交渉が行われた。中心となったのは、1つはスイス・ナショナル銀行とドイツ国立銀行との金の大規模取引、もう1つはスイスに残されているドイツの資産価値に関する問題であった。アメリカの大きな圧力を受けて、スイスは1946年5月にいわゆるワシントン協定に同意し、2億5000万スイス・フランを支払った。連合国側は、この金額をスイスが引き受けた略奪した金の部分的返済と見なした。彼らは総額を8億スイス・フランと見積もっていた。これに対してスイスは、この支払いをヨーロッパ復興のための自発的分担金と宣言した。アメリカが敵国の財産と見なし、出すよう要求した、スイスに封鎖されていたドイツの資産の返還は1952年まで延引した。

　さらに1945年にスイスはすでに、ナチスによって略奪された個人財産を返還すると表明していた。1945年12月のいわゆる「略奪品決定」（Raubgutbeschluss）にしたがって、本来の所有者は、戦時中に占領地域で略奪され、スイスに運ばれ、なおそこに存在する貴重品を要求することができた。告訴は1947年末までに申請されねばならなかった。そしてローザンヌのスイス連邦最高裁判所で判定された。800件の告訴のうち785の有価証券が該当したが、大部分はオランダで奪われ、スイスで売却されていた。1952年までに100万スイス・フラン以下の有価証券は返還された。連邦行政府は、ナチスが略奪したか、あるいは強制力を適用して獲得しスイスで再売却した有価証券の額を、5000万ないし1億スイス・フランと見積もった。

　略奪された金の返済と有価証券の返還は、アメリカの強力な圧力のもとでのみ、そして当事者たるスイス人たちの激しい抵抗に抗して実現した。結局スイスに行きついた略奪品のうちのごく一部だけが返還されたということは、冷戦の初期ということにその理由が求められる。アメリカにとっては、ナチズムの時代に犯した不法な行為の賠償に関してこの新しい連合国側と争うより、西側に安定した同盟を作り上げるほうが、より重要だったのである。

ワシントンから帰国したスイス代表団。1946年5月30日、ジュネーブのコアントロン空港で。左から順に、マックス・シュヴァーブ（Max Schwab スイス手形交換所総務部長）、ダヴィト・スペン（David Spain 機長）、ヴァルター・シュトゥッキ（Walter Stucki 交渉代表団団長）、エーバーハルト・ラインハルト（Eberhard Reinhardt 連邦財務省財政管理長）、アルフレート・ヒルス（Alfred Hirs スイス・ナショナル銀行総裁）、ラインハルト・ホール（Reinhard Hohl 行政省法部門長）。

▶課　題

❶戦後の時代を顧慮して、1943年に連合国側が判断を下した3つの決定を挙げなさい。

❷スイスは不公平な取り扱いを受けていると感じたが、戦争終結時にアメリカはスイスを激しく批判した。両者の異なる見解に対して、さらに資料を探しなさい。あなたは2つの見解のどちらに説得力があると思うか。

第3章
議論の余地ある歴史

調査の現状と今後の研究の展望について報告するために開催された連邦公文書館および特別委員会のインフォメーションデー、1997年2月26日。ギゼラ・ヴァイスハウス（Gizella Weisshaus）はある記者会見で、当時のスイス銀行家協会会長ゲオルク・クライヤー（Georg Krayer）に、不意にカメラの前で、所有者消息不明資産に関するスイスの銀行の態度についての記録資料を差し出した。

人々が歴史に取り組むことを可能にする理由は数多くある。

- ある人たちにとっては個人的理由できわめて急を要するテーマというものがある。彼らはそのテーマについて話し合わなければならない切迫した状況にある。彼らは体験したことを自分自身の観点から語ろうとする。したがって、彼らは歴史に対して**個人的関心**を持っているといえる。
- 政治家は現在を説明するために、繰り返し何度も過去の出来事を引き合いに出す。政治家は過去の助けを借りて現在の自分たちの振る舞いを根拠づけ、そしてそれによって未来を形作っていこうとする。つまり、政治家は歴史に対して**政治的関心**を持っているのである。
- 裁判官は、誰を正しいと認め、誰に有罪判決を下すのかを決めなければならない。賠償金を支払ってもらわなければならない人、拘留されなければならない人、あるいは名誉回復しなければならない人がいるかどうか、こうしたことを根拠づけるために裁判官は過去の出来事を再検討しなければならない。つまり、裁判官は歴史に対して**法的関心**を持っているのである。
- ジャーナリストは新聞、ラジオ、テレビで過去の出来事についてレポートすることが多い。彼らは自分たちの歴史を売ろうとする。彼らはよく、巧みに過去と現在の間に興味をかき立てるような関連を持たせる。つまり、ジャーナリストは歴史に対して特に**仲介者的関心**を持っているのである。
- 歴史学者とは過去の出来事と展開の探求を職業にした人たちである。彼らは出来事と出来事の間の関連、展開の原因、決着の影響を気にかける。彼らは過去から知識を生み出し、この知識は人間が現在と未来においてよりよい指針を得ることに貢献する。歴史学者もまた歴史に対して**仲介者的**であり、また同時に、**学問的な関心**を持っているのである。

1997年2月、連邦公文書館の情報公開日に、こうした諸方面からの代表者が一堂に会した。彼らの共通テーマは「第二次世界大戦時のスイス」であったが、そのきっかけとなったのは、きわめて対立的な様々な関心であった。

● 目 次

はじめに	64
レポート課題	65
被告席のスイス	66
前史としての1980年代	68
1990年代における対応策	70
所有者消息不明資産はどのくらいあったのか	73
歴史学の役割	76
所有者消息不明資産と歴史学者	78

● 学習目標

- 3つの告発について学ぶ。スイスは1990年代に、第二次世界大戦時にスイスが果たした役割のことで、この告発に取り組まなければならなかった。
- 1990年代、告発に対応してスイスが行った6つの対応策について列挙できるようにする。
- 1980年以前に出版されたスイスの歴史教科書を見て、その中の第二次世界大戦時のスイスについての記述を分析する。
- 過去と歴史の違い、資料と記述の違いを説明できるようにする。
- 第二次世界大戦の時代に興味を持たせてくれる周囲の地域や人物についての資料を見つけ、ファイルを作成する。

はじめに

　そもそも歴史と過去は同一のものだろうか。多くの人たちがこの2つの語を同義語として使っている。しかし別の見方もできるだろう。過去とは、かつて起こったことのすべて、まさにすべてである。残っているのはそのうちのほんの少しだけであり、しかも持続性のあるものだけ。それは記録資料や写真や様々なものなのだが——部分的には記憶も残っている。学問はこうした残存物を手がかりに、起こったことを再構成しようと試みる。それは人々の個人的な記憶の場合には、テキストや写真や事物の場合より困難を伴う。記憶は時代とともに変化するからである。そのように現在という時もまた記憶に影響を与えるのだ。つまり歴史とは決して過去をそのまま完全な形で写し取るものではない。歴史は、現在という時代を背景にして、完全に限られた一定の観点に興味を持つ。

　この本のタイトルは『見つめて問い直そう』である。見つめることと問い直すこと、この2つはともに可能であり、現在を理解して将来の自分の態度を決定するためにともに重要なものである。第1章と第2章ではむしろ「見つめる」ことがテーマであった。第4章と第5章では「問い直す」ことが中心となる。この第3章では、なぜ「見つめる」だけでは十分ではなく「問い直す」ことが必要なのかが明らかにされる。歴史学は常に両方とも行っている。それゆえ歴史学は、ある国や市町村、政党、協会、企業、個々人の現在を分析するうえでも、また将来の態度を決めるうえでも、有益なものである。

　第二次世界大戦中にスイスが果たした役割についての議論は、歴史記述の意義を問うのに良い例となっている。1990年代には数多くの人々や諸機関が歴史の再検討に携わってきた。この章ではまず、当時スイスがどのような非難に直面していたか（66～69ページ参照）を見てみる。続いて、こうした告発に対抗するためにスイスでどのような対応策がとられたかが説明される（70～72ページ参照）。この章の後半部分では、歴史学そのものがテーマとなる。歴史学はどのようにして結論に達するのか、その際どのような問題に突き当たるのか、ということが示される（73～77ページ参照）。

レポート課題

　この章では、「見つめて問い直す」ことによって、どのように過去から歴史が成立するのかを見ていく。歴史学者たちは資料を探し、それを体系的に描写し解釈し、そこから、公に発表される表現を展開する。そのようにして歴史学者たちは過去の諸要素から歴史を再構成する。彼らはもちろん別の解釈も読み、ここでも正確に、過去のどのような要素からその歴史が展開されたのかを「見つめて問い直す」。彼らはそのようにして歴史を分析するのである。自分自身のレポート作成のために、1つか2つ同じようにやってみなさい。第二次世界大戦の時代に興味を持たせてくれるような地域や人物についての資料や記述を周囲に探し、正確に「見つめて問い直して」みなさい。

▶学習の進め方

①まず、第二次世界大戦の時代に興味を持たせてくれるような地域か人物を選ぶ。この計画の成功は本質的に、良いテーマを選択できるかどうかにかかっている。選択したテーマを詳細に書き、場合によってはメインタイトルとサブタイトルをつけてみる。

②次に、そのテーマについて質問文を作り、答えを推論してみる。面白そうな質問文が見つかって、自分自身で興味が持てて独自性のある推論を立てることができれば、資料収集は成果を得ることになる。

③自分のテーマに合う資料や記述を集める。たくさん見つかればそれだけ、この課題は実り多いものとなり、また成功が約束される。助言してくれる人物を見つけたなら、それもまた好都合だろう。おそらくその人は、選んだテーマのことをよく知っているだろうし、この課題をやり遂げるのを助けてくれるだろう。自分の課題がどのような性格のものなのかということも、よく考えてみよう。資料から独自の記述を再構成したものなのか、あるいは他人の記述を分析して、自分自身のレポートのためにコメントしたものなのか。

④この課題のためにどのくらい時間を使うのか、このレポート調査のための資料がどれほどの規模になるのかを明らかにする。このプロジェクトについてのイメージが明確であればあるほど、行き詰まる可能性も少なくなる。

⑤それから仕事に取りかかる。正確に「見つめて問い直す」者は、一般に知られていないことを見つけ出すことができる。新しい認識というものは、批判的読者や未来の研究者が検証可能なものでなくてはならない。引用部分の典拠を正確に示すことにも留意する。

⑥もしテーマに合う絵や写真を見つけて組み入れれば、資料は具体的でわかりやすくなる。そしてもしそれを、興味を示している他の人たちに示して彼らと議論すれば、その資料は価値あるものとなる。

▶注意点

- 引用文献は次のように明記する。著者『タイトル』刊行された場所、刊行年。
- どの自治体にもそれぞれ公文書館があり、そこにはその土地の行政機関の文書も含まれている。歴史的関心が本物であると示すことができれば、通常、公文書館を利用できる。そこでは、その村や街に関する新聞記事の切り抜きも集められていることが多い。
- 特に興味深い文献資料は、ときどき個人の手元にあることがある。それを見せてもらうには、二度以上頼まなくてはならないこともしばしばである。自分にかかわる記録資料やアルバムを喜んで他人に見せようという人ばかりではないからである。課題の目的を慎重に説明し、人々の信用を得ることができれば、折に触れ、興味深い発見によって十分に報われる。

【その他のレポート課題】

　1914年から現在までのスイスの歴史に関するカリカチュア〔風刺画〕を10点探し、それらを年代順に並べる。カリカチュア1点につき、作者が表現しようとしている内容を2つの文で書いてみる。それから、そのカリカチュアの表現内容に同意もしくは不同意である理由を、2つの文で述べてみる。

被告席のスイス

　1990年代にスイスの人々は、第二次世界大戦中に自らが果たした役割について集中的に考えることとなった。その誘因となったのは所有者消息不明資産をめぐる論争で、それは特に1997年1月に激しい議論を呼んだので、この時期に起こった様々な出来事は長いこと多くの人たちの記憶に残ることになった。その出来事について以下に大まかに説明し、そののち、スイスが自己弁護しなければならなかった告発について具体的な問題を扱う。

　スイスの銀行は1995年、ナチズム時代の所有者消息不明資産をまだ保有していることを認めた。この問題を解明するために銀行は研究チームを組織し、アメリカのユダヤ人の利益代表者たちと会見した。連邦議会でもこの問題は議論され、その論争は当初は比較的穏やかだったが、アメリカ側からの圧力が次第に強くなる中で、スイス銀行は1996年春、調査委員会を設置した。政府もまた積極的に動きはじめ、歴史学研究者による委員会を招集した。しかしこうしたことによって事態はただ一時的に沈静化しただけだった。すなわち1997年、スイスを震撼させた3つの出来事が続いて起こったのだ。

- まずはじめに連邦閣僚ジャン＝パスカル・ドゥラミュラ（Jean-Pascal Delamuraz）が、アメリカ側から要求された所有者消息不明資産の支払いを「身代金恐喝」と呼び、これに対し国内外のユダヤ人協会やイスラエルとアメリカの外務省、そしてまたスイスの諸政党やマスメディアも憤慨した。1997年1月14日、ドゥラミュラは発言に対し謝罪はしたものの、もちろん、このうねりを鎮めることはもはやできなかった。
- 同じく1997年1月14日、保安会社の警備員クリストフ・マイリ（Christoph Meili）が、スイス・ユニオン銀行は1920年代から1930年代にかけての文書を廃棄処分したと暴露した。これはその直前に法によって禁じられていたことだった。ユダヤ人の利益を代弁するアメリカの弁護士団は、マイリの勇気ある行動を称賛し、英雄として褒め讃えたが、しかしスイス国内で彼は職を失った。雇い主は、マイリが見つけた文書を公にし、世間に問うなどということはあってはならない、彼の行動は許されざるもので処罰に値すると考えたのである。
- ほぼ2週間後の1997年1月26日、『日曜新聞』（*SonntagsZeitung*）はワシントンのスイス大使カルロ・ジャクメティ（Carlo Jagmetti）の内部文書の引用を掲載した。ジャクメティはその中で、スイスは「戦時中」であると主張していた。スイスは「国外と国内の前線で戦い、戦争に勝利し」なければならないと。多くの人々はスイスの外交官のこのような好戦的な表現に憤慨した。戦争をしなければならないのではなく、

『日曜新聞』の議論の開始。スイスの銀行は1995年、ジャーナリストのビート・バルツリ（Beat Balzli）に対し、現在もなおナチズム時代の資産を保有していることを認めた。その後数年間、多くのメディア関係者がこのジャーナリストの貢献を繰り返し伝えた。これは多くの歴史学研究者にとっても、その後の研究のための出発点となった。〔紙面タイトル：「銀行は所有者のいない資産をしまい込む」1995年3月5日〕

不正を道徳的に認識しなくてはならないのだ、と彼らは言った。ジャクメティはその翌日、辞任を表明した。

● **なぜスイス？**

1997年1月、スイスは第二次世界大戦中にスイスが果たした役割についての激しい議論のまっただ中にあった。スイスは戦争に巻き込まれてはいなかったし、ナチスが行ったユダヤ人殺害の責任を負う必要もなかったのだが。スイス人の多くはさらに、すでにもうずっと以前の出来事なのに、これほど強い感情を引き起こしたことを不思議に思った。しかし戦後50年経って、具体的に痕跡をたどるとスイスに行き着いたのだ。ここにはナチスに殺された人々の資産があった。これを否定する者は誰もいなかった。しかしスイスでは、たいていはユダヤ人である犠牲者とその子孫にどうしたら返還できるかについて、その方法と法律のことで、依然として合意がなされてはいなかった。このような怠慢に対して、ユダヤ人組織の代表者たちやスイスの政治家たちは、特にスイスの銀行を非難した。

しかしこれはその他の多くの非難のうちの1つにすぎない。そのうちのいくつかの重要なものは、次の4つの領域に要約することができる。

①**所有者消息不明資産** スイスは虐殺されたユダヤ人の資産によって富を築いたという非難。スイスの銀行は、元の所有者のユダヤ人の子孫に返還すべき口座をいまだに持っている。戦後、スイスは犠牲者たちの遺産に対してもっと理解ある行動をすべきだったし、銀行の守秘義務をそこまで厳密に解釈すべきではなかった（78、100、126ページ参照）。

②**スイスの難民政策** スイスはもっと大勢の難民を受け入れることができたはずであるという非難。当時のスイスの難民政策は、ドイツの状況に照らし合わせると、あまりにも厳しいものだった。ユダヤ人迫害をもっと早い時期に保護の理由として認めることができたはずである。そうすれば大勢のユダヤ人が国境で入国拒否されて絶滅収容所に送られることはなかった（106ページ参照）。

③**略奪品の買取** スイス・ナショナル銀行は、略奪品だと知りつつドイツから金（きん）を買った。そのうえスイス連邦は、ナチスが略奪した財産の取引を阻止するために何ら有効な対応策を講じなかった。それによりスイス

カリカチュアに描かれた連邦閣僚ジャン＝パスカル・ドゥラミュラ。この閣僚は所有者消息不明資産に関する要求を「身代金恐喝」と呼んだ。上の挿絵で彼はこう言っている。「私は世界中に広がるユダヤ人の陰謀に誤解された」。彼は「世界ユダヤ人会議」（congrès juif mondial）を「世界ユダヤ人陰謀」（complot juif mondial）と取り替えたようである。世界ユダヤ人会議は、世界のユダヤ人の利益を代表する組織である。

はナチスの略奪の隠匿者となった（97ページ参照）。

④**経済的協力による戦争の長期化** 金の購入によってスイスはドイツのために重要な外貨を調達し、これによりドイツは国際市場で戦争に必要な物資を買うことができた。このことが、寛大な借款供与や軍需資源の供給とともに戦争の長期化を招き、また同時に大量殺戮の長期化をも招いた（84ページ参照）。

▶ **課題**

❶ 1997年、スイスは3つの出来事によって、第二次世界大戦中に果たした役割について国際的な議論に巻き込まれることになったが、この3つの出来事とはどのようなものか。

❷ 1990年代に第二次世界大戦中の役割のことでスイスが取り組まなければならなかった4つの告発を挙げなさい。

❸ どの告発がもっとも重要だと考えるか。またその理由を述べなさい。

❹ 1980年以前に出版され、第二次世界大戦を扱っているスイス史の教科書を手に入れて、第二次世界大戦中に果たした役割のことでスイスに対してなされた3つの告発に言及している箇所を探してコメントしなさい。

第3章 議論の余地ある歴史

前史としての1980年代

　第二次世界大戦中のスイスの役割についての議論では、賠償問題がテーマとなることが多い。このテーマは1990年代になって突然、雲ひとつなく晴れ上がった空からスイスの頭上に降りかかってきたわけではない。それはすでに1980年代、法廷、議会、メディアの各分野で議論されていることだった。この節では、こうした前史について情報を提供する。

　20世紀最後の10年間でスイスは（多くの人々にとってそれは青天の霹靂ではあったが）いわゆる賠償問題をめぐる国際的議論の中心地となった。第二次世界大戦中に行われた不法な行為〔正義・人道に反すること〕は象徴的に、すなわち罪を認めることによって、あるいは物理的に、すなわち犠牲者への賠償金支払いによって、いわば償われなければならない、ということである。身体的・精神的苦痛や人間的生存の喪失が実際には再び取り戻されることはありえない、ということは誰でも知っていた。にもかかわらずこの概念は、メディアや学問、私経済、司法の場で一般的に理解しうるパラフレーズとして市民権を得ていた。時間の経過とともに多くの人々がそれを決まり文句として使うようにさえなった。

●賠　償

　1990年代には、戦時中になされた不法な行為の責任あるいは共同責任は誰にあったのか、ということが広く公の場で議論になった。批評家たちは不法な行為の政治的、経済的、法的な再検討を求めた。アメリカでは様々なマイノリティが、すでに1980年代に法廷で賠償請求を行っていた。彼らはたいてい正しいと認められ、引き続き相当な額の補償金を受け取った。1988年には、アメリカ政府は日系アメリカ人マイノリティに125万ドルを支払った。日本は第二次世界大戦中、枢軸国に属し、それゆえアメリカの日本人は全員敵国人と見なされ、抑留された。1980年代に裁判所はこのような市民の集団処罰を不法な行為と認定した。のちにアメリカでは、ネイティブ・アメリカンや奴隷の子孫たちも、彼らが受けた不法な行為に対する総合的補償を要求した。彼らもまた部分的に権利を認められた。しかし他の国々でもまた、様々なマイノリティが賠償請求の権利を主張した。このようにして、例えばアボリジニは、オーストラリアの白人に賠償責任の履行を要求した。ナミビアのヘレロ（Herero）〔南アフリカに住むバントゥー族の一部族〕の子孫たちは、1904年から1907年にかけてドイツの植民地で多数のヘレロの人々が殺害されたことに対して、ドイツに多額の支払いを求めた。韓国の女性たちは日本に賠償を要求したが、それは日本軍兵士たちが彼女たちを、いわゆる従軍慰安婦として搾取したからであった。

　ドイツでは、1989年のベルリンの壁崩壊によって賠償請求が引き起こされることとなった。鉄のカーテンの向こうで社会主義国家が次々に倒壊し、それによって不動産、家屋、土地といった国有化された財産に対する国家の権利要求ももはや成立しなかった。多くの人たちが以前の所有物を思い出し、返還を要求した。上述の例と同じように、再統一されたドイツでも市民たちは賠償と国家の不法な行為の認知を要求した。

　1980年代以降、このように様々なグループが国家の賠償請求を行った（130～139ページ参照）。ユダヤ人の団体組織や個人が、まずはスイスの銀行に、そしてそれからスイス国家に向けた要求もまた、こうした関連の中で見なければならないだろう。

●メディアの役割——ホロコースト意識

　メディアもまた、これまで長期にわたって賠償問題と向き合い、該当するすべての国々で賠償請求と実現した支払いについて詳細に報じてきた。したがって、政府や法廷は単独で決定を下したわけではなく、他の人たちの行動によって方針を定めたのである。メディアは議論全体において重要な役割を担い、この問題の感情的な側面も強調した。メディアは国家の不法な行為の犠牲となった個人やグループの像を描き、これは大いに好評だった。しかしメディアはまた、実際には複雑な物事の連関を、単純にわかりやすく表現することができる人々の役割を担うこともしばしばであった。

　1978年、多くの人たちがアメリカのテレビシリーズ『ホロコースト』(Holocaust) を観た。このシリーズ番組は、ナチズム時代前とナチズム時代のあるユダヤ系ド

アウシュヴィッツ＝ビルケナウ強制収容所／絶滅収容所の入口の門。この光景は、クロード・ランズマン（Claude Lanzmann）がドキュメンタリー映画『ショアー』の中で何回か示したものである。この写真は、その二部構成の映画を観た多くの人たちにとって、ヨーロッパのユダヤ人になされた大量殺戮のシンボルとなった。

イツ人家族の人生と苦悩、のちの追放と殺害を衝撃的に描き出したもので、信じがたいほど高い視聴率を獲得して、はじめてナチズムの犯罪についての広汎な議論へとつながった。さらに、9時間にも及ぶドキュメント映画『ショアー』（Shoa）〔ナチスが行ったユダヤ人大虐殺〕は1974年から1985年にかけて撮影されたが、この映画ではじめて、あまり残されていない稀少な強制収容所のオリジナル写真やフィルム映像が公開された。終戦時にもまだ、多くのナチスが自分たちの痕跡を消し去り、恐ろしい残虐行為をもみ消すことができた。多くの人たちが、フィルム映像の中のインタビューで見聞きした不法な行為にショックを受けた。スイスでもこの映画はテレビ放映され、多くのスイス人がそれを観た。こうしたメディアによる仲介によって、しだいに広く民衆の間に本来のホロコースト意識が芽生えていった。これが、スイスで1990年代に行われた議論の重要な前提条件となった。

●「ホロコースト」と「ショアー」

この2本の映画によって「ホロコースト」と「ショアー」という2つの概念も一般的に使用されるようになった。この2つの概念はナチ・ドイツによる、ユダヤ人、障害者、ロマ、その他の迫害された人々の組織的殺人を言い表すものである。ヒトラー政権は戦争を遂行しただけでなく、ナチズムの人種概念のイデオロギーにそぐわない何百万もの人々をも迫害し、殺害した。全部で

およそ600万ものユダヤ人が、そのようにして命を奪われた。「ホロコースト」というのは聖書にある単語で、ここでは燔祭〔古代ユダヤ教におけるもっとも古く、かつ重要な儀式。いけにえの動物を祭壇上で焼き、神に捧げた〕を意味している。ナチズムの大量殺戮を宗教上の燔祭のイメージと結びつけることは、言語意識の高い多くの人々にとって問題をはらむものだった。そのため、特にユダヤの人々は、ドイツ語の「破滅」（Katastrophe）を意味するヘブライ語「ショアー」（Shoa）を用いている。

▶課 題

❶20世紀末ごろに賠償請求を行った5つのグループを挙げなさい。また彼らはなぜそうした賠償請求を行うことになったのか、その理由となった不法な行為について説明しなさい。

❷1980年以前に出版され、第二次世界大戦を扱っているスイス史の教科書を手に入れて、ホロコーストを示している写真を探しなさい。そしてそれを表にして、アウシュヴィッツ＝ビルケナウ強制収容所の写真と比較しなさい。例えば、そこに写っている物や人を挙げなさい。あるいは、その写真を見て感じたことを書いてみなさい。

1990年代における対応策

　スイスは当初、非難の沈静化を待つ方針をとった。批判がさらに強まり、アメリカにおいてスイス系銀行のボイコットを迫る動きが起こるようになって、当局は問題に対処する必要性を認識したのである。数々の非難に対しては、様々な対応策がとられた。この節では、1996年から1998年にかけて、スイスにおいてどのような対応策がとられたのか、その1つ1つはそれぞれ何を目的としていたのかを扱う。

　1996年夏、民間企業の代表者たちは半ば独自に組織を作り、一方で連邦当局も事態の解決を目指して行動を開始した。しかしながら、1996年10月、アメリカの弁護団はホロコースト犠牲者遺族の名において、スイスの銀行に対する3件の、いわゆる集団訴訟をアメリカの裁判所で起こした。この集団訴訟が世論に及ぼした影響は多大なものであった。1997年3月には、弁護団は関連問題を1つの集団訴訟へ一本化した。これが、1998年のいわゆる銀行和解で調停されることになったのである。

◉1996年の対応策

■ スイス銀行家協会（ＳＢＶｇ）は、1996年5月以降、資金を拠出し、いわゆる「独立賢人委員会」（ＩＣＥＰ）を設けた。これは銀行からは独立した委員会で、委員長は元アメリカ中央銀行総裁のポール・ヴォルカー（Paul Volcker）であった。委員会は膨大な費用をかけ、諸銀行において、ナチ時代に由来するすべての所有者消息不明資産を捜索した。合わせて、仲裁裁判所である賠償問題解決裁判所（ＣＲＴ）には、権利を有する人物を見つけ出し、発見された所有者消息不明資産に相応する額を支払うという課題が与えられた。

■ 1996年10月、スイス政府は外交官トーマス・ボーラー（Thomas Borer）を議長に、いわゆる特別委員会を設立した。この特別委員会の任務は、今後手続きを進めていくために、決定の根拠となりうる資料を作成すること、そして、外部に向けての公式メッセージをより円滑に発信していくことであった。

■ この直後、国民議会および全州議会は、国際的メンバーから構成される専門家委員会を設立することを全会一致で決定した。7名の男性歴史学者、1名の女性歴史学者、1名の男性法律学者の指導の下、第二次世界大戦時のスイス史からいくつかの重点領域が選び出され、歴史的、法的調査が行われることとなったのである。特別法規により、専門家およびその共同作業者は、連邦公文書館に加え、すべての私的、公的な資料室を、いかなる文書保護期間とも関係なく利用することが可能となった。こうして外国の研究者も5年間にわたって、これまで調査されることのなかった数多くの民間企業の保存資料を特別に参照することができるようになったのである。「独立専門家委員会（スイス―第二次世界大戦）」（ＵＥＫ）の委員長を務めたのは、

『バーゼル新聞』（Basler Zeitung）の視点から見るベルジェ報告書[1]。「独立専門家委員会（スイス―第二次世界大戦）」（ＵＥＫ）は2001～02年に総計26冊に及ぶ調査結果を刊行した。多くの人々は、この分量そのものにすでに圧倒されてしまい、この数千ページがはたしてスイスの核心を成すものであるのかどうか、確信が持てないでいた。この書物はどちらかといえば専門的読者に向けて書かれていた。分量のみならず、用いられている言葉の点でも、この書物全体を読んで理解するのは容易ではなかったのである。調査結果をより平易な形で知るには、数百ページにまとめられた要約を読むのがよいだろう。

> **Deutschland**
>
> ZEITGESCHICHTE
>
> # Der große Raubzug
>
> Gold und Silber, Schmuck und Geld nahmen die Nazis den Juden ab. Sie plünderten Wohnungen und Konten, brachen noch den Leichen das Zahngold aus. Die Spur der Beute verfolgt eine internationale Kommission, die die Rolle der Schweiz als Hehler der Nazis erhellen soll.
>
> Aus Gründen der Geheimhaltung kam Bruno Melmer immer in Zivil. Der SS-Hauptsturmführer begleitete die Lastwagen mit den plombierten Kisten auf der Fahrt vom Wirtschafts-Verwaltungshauptamt der SS zur Reichsbank in Berlin-Mitte. Sie enthielten Gold, Devisen, Schmuck und Zahngold. Die SS hatte es ihren jüdischen Opfern in Auschwitz und anderen Vernichtungslagern in Osteuropa abgenommen. Vom Hauptsturmführer, der die Fracht zur Reichsbank brachte, bekam der Schatz, an dem das Blut der erschlagenen, erschossenen und vergasten Juden klebte, seinen Namen: das Melmer-Gold.
>
> Wo das viele Melmer-Gold nach Kriegsende geblieben war, gab den Siegermächten Rätsel auf. Einiges hatte die Städtische Pfandleihanstalt in Berlin im Auftrag der Reichsbank verkauft. Manches war eingeschmolzen und von der Reichsbank, unbekannt wohin, verschoben worden. Vermutlich die Hälfte des Melmer-Goldes fiel den Amerikanern 1945 in einer Mine im thüringischen Merkers, südlich von Eisenach gelegen, in die Hände.
>
> Ankunft ungarischer Juden in Auschwitz (1944): „Wir haben einfach alles eingesammelt"
>
> DER SPIEGEL 22/1998

1998年の『シュピーゲル』(*Spiegel*)誌の記事の抜粋。高発行部数を誇るドイツの『シュピーゲル』誌は、1998年、ベルジエ委員会が作業に取り組んでいる最中に、この記事を掲載した。これまではナチスとの関連においてのみ言及されてきたテーマおよび写真が、ここではスイスと結びつけられて語られている。記事の最初のページには、1944年のハンガリーから来たユダヤ人のアウシュヴィッツ到着の写真、続くページには、ナチスがユダヤ人から奪った金塊の写真が載せられている。ユダヤ人遺産のテーマが、いかに外国においても強い関心を持って受け取られていたかを示している記事である。

チューリヒ工科大学の歴史学教授であるジャン=フランソワ・ベルジエ（Jean-François Bergier）であった。1997年初頭、委員会は作業を開始した。

すでに述べた1997年1月のスキャンダル（66ページ参照）もあり、上記の3段階の対応策は不十分なものと見なされるようになった。アメリカにおける利害関係者代表によるスイス系銀行ボイコット運動の脅威を受けると、スイス政府および企業は、迫りくる制裁行為を金銭の支払いによって回避する方針をとったのである。

◉1997～98年におけるさらなる対応策

■ クレディ・スイス・グループ、スイス・ユニオン銀行、スイス銀行コーポレーション——当時はまだ、3つの独自の大銀行が存在していた〔1998年、後二者が合併してＵＢＳ銀行となりスイスの大銀行は2つとなった〕——は1997年2月6日、1億スイス・フランの基金を創設した。いわゆる「困窮状態にあるホロコースト／ショアー犠牲者のためのスイス基金」である。その他の銀行・企業・保険会社が合わせてさらに7000万スイス・フランを拠出した。スイス・ナショナル銀行はさらに1億スイス・フランの分担金を支払った。その他、

第3章　議論の余地ある歴史　71

民間からの募金は25万スイス・フランに達した。
- スイス政府もいまや財政負担の意思を示した。1997年3月5日、連邦大統領アーノルト・コラー（Arnold Koller）が連帯基金の設置を発表したことは、多くの人々を驚かせた。総額70億スイス・フランに達するこの基金を、政府はスイス・ナショナル銀行の保有する金塊の売却によってまかなう意思を表明したのである。この基金は、極度の困窮者、災害罹災者、ジェノサイド（集団殺戮）、拷問などの重大な人権侵害被害者を援助するものとされた。すなわち基金による支援の対象はホロコースト犠牲者のみにとどまらないとされたのである。基金の資金調達のための具体的提案は2002年9月の国民投票で否決された。連帯基金は成立しなかったのである。保有する金塊の分配をめぐっては何年にもわたって議論が続いた。最終的に、金塊の売却益の3分の2が各州に分配され、債務整理のために使われた。残りは連邦政府の手に残された。
- 1998年8月12日、スイスの大銀行はアメリカの原告と和解した。銀行側は12億5000万ドルをアメリカの原告団に支払う意思を示した。この額によって、今後も独立賢人委員会（ICEP）が発見するであろう所有者消息不明資産の総額が弁済されたものと見なされたのである。そこにはまた将来におけるスイス連邦およびスイス・ナショナル銀行に対する訴訟すべても含まれていた。この協定は、他のスイスの銀行やその支店に対して、今後出されうる要求をも包摂するものであった。例外は保険会社であって、保険会社はこの危機を脱するため、別の方策を探すことにしたのである。

▶ 課 題

❶ 第二次世界大戦における役割をめぐって挙げられた告発に対応すべく、1990年代にスイスがとった6つの対応策を挙げなさい。

❷ 連帯基金についての判断が問われた2002年9月22日の国民投票において、あなたならどう投票したと思うか。その理由を簡潔に述べなさい。

❸ 以下の2つの問いに対する答えを、インターネットで検索しなさい。
  ⓐ 第二次世界大戦時における自国の歴史を調査するための公的な委員会を設置している国には、どのような国があるか。
  ⓑ 賠償問題解決裁判所（CRT）の管理する資財が、現在どのように配分されているか調べなさい。

所有者消息不明資産はどのくらいあったのか

 戦後50年以上が経った今なお、スイスの銀行にはナチ犠牲者の資産が残っている。その中には、戦時中ナチ権力者の手に渡ったものもあれば、所有者が殺害されたにもかかわらず、戦時を越えて残存したものもある。この節では、銀行側がこの問題の射程を見誤っていた点について触れる。また、資産評価そのものが、評価する側の利害、そのつどの評価方法と結びついていた点にも触れる。

 所有者消息不明資産がどれほどの額のものであるかについては、大きく意見が分かれている。この数字は第二次世界大戦時におけるスイスの役割をめぐる議論を数値化するものといってよい。1990年代半ば、見積額の規模は数百万スイス・フラン単位から数十億スイス・フラン単位へ飛躍的に増大した。

100万単位の金額

 1946〜47年 第二次世界大戦直後、スイス・イスラエル同盟（SIG）は、スイスの銀行になお数百万スイス・フランの所有者消息不明資産があると考えていた。世界ユダヤ人会議（WJC）代表は、こうした財産が約5000万ドル存在するものと考えていた。一方、スイス銀行家協会（SBVg）は当初、20万スイス・フランという数字を挙げていた。

 1962年 この時期、ニューヨークにある「ナチ迫害犠牲者のアメリカ在住親族支援委員会」は、4億ドルがスイスの銀行に眠っていると考えていた。

 1979年 全州議員でジュネーヴ大学社会学教授のジャン・ツィーグラー（Jean Ziegler）は、数億スイス・フランと見積もった。

 1989年 イスラエルの銀行家であったアキワ・レビンスキー（Akiwa Levinsky）は、1億スイス・フランというほぼ同規模の数字を挙げた。

 これらの数字には、この後の時期においても認めることのできる2つの傾向がある。
- スイスの銀行に眠っていると推測されるホロコースト犠牲者の資産の評価額は、戦後、時が経つほど増えていく傾向にある。
- 内外のユダヤ人側の想定する額は常にスイス銀行側のものよりも高い。

 第二次世界大戦をめぐる論争が進展してゆくなか、いくつかの団体の提示する評価額は、突如、10億のラインを超えたものとなる。この議論にかかわった団体には以下の3つがある。
- 特にスイスの大銀行の見方を代表しているスイス銀行家協会による評価。
- アメリカのユダヤ人利益団体による評価。

> **資料**
>
> **がっかりさせる調査結果**
>
> スイスにおけるショアーもしくはホロコースト資産の問題に関して、1年前、ひどい誤認記事を掲載した『ウォールストリート・ジャーナル』は、月曜版でスイスの陥った困難な状況をうまく描いている。もしナチ犠牲者のお金を地下金庫に発見することができないようであれば、スイスの銀行はアメリカ上院議員ダマート（D'Amato）およびユダヤ人家族の代理人たちから、精力的調査を行っていないとの非難を浴びることになるだろう。それなりに相当な額が発見されるような結果となれば、なぜもっと早く調査できなかったのかと弾劾されるだろう。相当な額というのがどのような数字を意味するかということは、ある種の人々にとっては自明の事柄であり、それは70億スイス・フランにも達する額とされている。付記報告にあるように、銀行オンブズマンは、調査の結果、ユダヤ人ナチ犠牲者の法定相続人に帰属するものとして、1万1000スイス・フランを超える額を割り出した。これはスイスを弾劾するに足る額だろうか。そしてこの額は、スイスの銀行が独自の調査において割り出した3800万スイス・フランの所有者消息不明資産——その中には、今回見つけられた1万1000スイス・フランも含まれているはずである——とどのような関係にあるのだろうか。
>
> 記事「第二次世界大戦の影」に対する『新チューリヒ新聞』（Neue Zürcher Zeitung）掲載のコメント（1996年11月13日）は、当時、人口に膾炙（かいしゃ）していた所有者消息不明資産の額には、明らかに政治的背景がある、と論じている。

- 独立賢人委員会（ICEP）による評価と賠償問題解決裁判所（CRT）の出した結論、すなわち、双方の当事者の間に位置する組織による判断。

10億単位の金額

●銀行側の見方──4000万〜6000万スイス・フラン

1995年　スイス銀行家協会（SBVg）はアンケートを実施し、ナチ時代に由来する4090万スイス・フランの所有者消息不明資産があることを確認した。

1997年7月23日『新チューリヒ新聞』に掲載された所有者消息不明口座の名義リスト。このリストで、スイス銀行家協会（SBVg）は、スイスの銀行に所有者消息不明資産を持つ外国の顧客の名前を公にした。今なおどれほどの預金が銀行に残されたままになっているかだけが問題なのではない。どのくらいの数の資産がまだあるのか、その資産は誰の所有となっているかを明らかにすることが重要なのである。それゆえ、スイス銀行家協会は1997年7月および10月、そして2001年の2月に、このような名簿を公にしたのである。銀行は、このリストに、所有者消息不明資産を持つ人すべての名義を掲載した。そして、ここに掲載されている人は、さらなる情報を得るために、独自に設置した連絡機関に届け出るよう勧めたのである。これらの口座の多くは第二次世界大戦との関連で所有者消息不明となったわけではない。すなわち、1997年10月のリストに掲載されているのは、すべてスイス人の名前なのである。なぜ人々がもはや自分の銀行に届け出ないのかについては、無数の理由があるだろう。自分の口座のことを単に忘れてしまった人もいる。誰かが、例えば代母、あるいは代父が自分のために口座を作ってくれたことをまったく知らず、知らないままの人もいるだろう。よくあるのは、持ち主が死んでしまい、持っていた口座のことを家族の誰も知らない、それゆえ口座は長年にわたって所有者消息不明のまま銀行に残される、というケースである。今日では、銀行はそのようなことがもはや頻繁に生じることのないよう対策を講じている。

1997年　スイス銀行家協会は数値を上方へ修正しなければならなかった。ナチ時代の所有者消息不明資産は6120万スイス・フランにのぼることが、新たに確認されたのである。

● アメリカのユダヤ人利益団体の代表者の側の見方──
　10億～150億ドル

1995年　世界ユダヤ人会議（WJC）は、スイスの銀行には10億ドルを超える所有者消息不明資産があるのではないかと考えた。

1996年　アメリカの弁護士エド・ファガン（Ed Fagan）は、第二次世界大戦前および大戦中、スイスの銀行にはその後大量殺戮の犠牲者となった人たちの財産5億ドル、今日の価値に換算すると60億ドルが預けられており、利子、運用益としてさらに100億ドルが加算されねばならないであろう、とした。

1999年　同じくアメリカの弁護士であり、独立賢人委員会（ICEP）による調査においてポール・ヴォルカーの片腕となって活躍したマイケル・ブラッドフィールド（Michael Bradfield）は、今日の価値で20億ドル相当の所有者消息不明資産がスイスの銀行にあった可能性があるという評価を示した。

● 独立賢人委員会および賠償問題解決裁判所の調査──
　3100万～19億スイス・フラン

1998年　独立賢人委員会（ICEP）は当初、かなりの精度でホロコースト犠牲者のものと特定しうる所有者消息不明資産3150万スイス・フランが存在するとした。これに利子を加えると、理論的には、銀行側は3億5000万ドルを返済すべきことになる。ICEPは、本来、総額はもっと高いものとなるはずであるが、正確な数字を算出することはできないとした。後に最終報告書においてICEPは、8億2700万～19億スイス・フランの所有者消息不明資産がスイスの銀行に残っているとした。すべて含めて考えると、利子とともに遺族に支払われる額として、6億4300万～13億6000万ドルという額をあげることができる、というのがICEPの判断である。

2004年　この年の2月までに、賠償問題解決裁判所（CRT）は1億3900万ドルを分配した。CRTは、さらに1億3600万～4億5000万ドルが権利者に支払い可能である、と想定している。

ユダヤ人組織側とスイス銀行側の間では、所有者消息不明資産の総額をめぐって見解が異なっていた。この問題を最終的に解決するために銀行側が設置したのがICEPである。所有者消息不明資産を示唆するものを発見すべく、数百人の会計士が銀行資料の調査に取り組んだ。彼らは1933～45年の間に存在していた700万近くの口座をチェックし、名前と金額の書かれた巨大なデータバンクを作り上げ、こうした情報すべてを1つにまとめ上げた。歴史的問題に答えることは彼らの仕事ではなかった。所有者消息不明口座はどのようにして生じたのか。なぜ、それらは銀行に残されたままだったのか。諸銀行は当時有効であった法に違反していたのか。銀行のあのような行動の背景にはどのような考え、どのような利害があったのか。銀行間での異なる態度はどのように説明されうるのか。──こうした問いを立て、明らかになったすべての事実を十分に斟酌、考慮した後に、できる限り説得力のある答えを導き出すのは、歴史学者の仕事なのである。

▶課題

❶「所有者消息不明資産」という言葉を簡潔に定義しなさい。

❷所有者消息不明資産というものはいかにして生じうるか。可能性を3つ挙げなさい。

❸第二次世界大戦期に由来する所有者消息不明資産の規模をめぐっては、2つのはっきりと異なる評価が存在する。この2つの評価を挙げ、両者間の大きな差異を説明しなさい。

❹ICEP、CRT、WJCについて
　ⓐこれらの略号は、それぞれどのような組織を指しているか。
　ⓑこれらの組織はお互いどのような関係にあるか。

歴史学の役割

　1990年代には多くの人々が歴史記述にかかわった。この節では、歴史学者たちがどのように仕事を進めていったのかについて触れる。歴史学者は歴史を記述することを職業としており、問いに対する答えを導き出すためのはっきりと定められた方法に通じている。彼らは、まずしっかりと対象を見つめ、過去の資料を分析する。そして、明確な論拠に基づいた答えを出すべく、問い直すのである。

　1990年代になされた歴史記述には、多くの人間、組織がかかわった。民間企業および企業グループ、連邦内閣、議会、すべての陣営の政治家、メディア関係者、時代の証人、他国の政府・役所および利害団体関係者。いかにして一定の認識を伝達するかについて、彼らはそれぞれ異なった見解を持っていた。彼らは皆、「正しい」歴史を叙述することを求めた。ジャーナリストもまた歴史に関心を持っており、そちら側から重要なテーマが提起されることもよくあった。同時代にかかわる問題においては、そのような契機も非常に重要なのである。歴史学者もまた、過去の出来事を調べ、歴史を記述する。彼らの仕事ははっきりと定められた方法に従って行われる。もっとも重要なのは資料の批判的分析である。常に決定的に重要なのは、どのようにして当該資料が生じたのかという点である。その文書を書いたのは誰なのか。写真を撮ったのは誰なのか。そして誰が、どのような理由で、その資料を保管していたのか。

●歴史資料

　ある歴史像は、過去について知りたいという関心から生まれる。過去へ向けられた問いに基づいて生じる。そして、現在の問い、関心同様、歴史像もまた変容しうるものなのである。歴史像を提示する際、歴史学者は一定の制限に従っている。すなわち、その発言を資料によって根拠付け、検証可能なものとしなければならないのである。

　歴史学者は、資料に基づいて、当時の人々にはいかなる行動の余地があったのかを想像しようと試みる。企業や国家行政において決定を下した人物、任務にあたった兵士、在職していた政治家、働いていた女性、福祉活動をしていた女性、あるいは家庭にいた女性たち。歴史学者はこうした人物についての情報を当時の資料から導き出す。議事録、手紙、電報、メモ、証書類、公式の布告、法律、あるいは事物、絵、写真。こうした「歴史資料」は、民間企業において、個人の書斎において、国家行政において、法廷で、牢獄で、逃走中に、あるいは新聞の編集室などで生まれるのである。

　歴史学者たちは、資料分析に加え、いわゆる「歴史の証人」に質問することもできる。しかしながら、記憶というものは、のちの体験と入り混じったものになることがある。記憶そのものが曖昧であることもしばしばで、

仕事に取り組む歴史学者たち。 チューリヒ大学歴史学科の図書室。歴史学者にとって、具体的な研究作業は、過去の資料、そして同僚の書物や論説記事の収集とともに始まる。研究作業に活力を与えるのは会議での議論、対話である。作業の結果は本となって、あるいは、専門学術雑誌、新聞に論文の形で発表される。何十年にもわたって誰も気にとめてこなかった資料に、歴史学者が目を通すことも珍しくはない。書簡や記録資料に取り組む中で、指針となるような文書、決定的な発言に出会う瞬間は、このうえなくスリリングなものだろう。

> **資料**
>
> 「［……］スイスのたどった歴史は私たちにとっての現在です。
>
> 　私たちが取り組んできた政治的問題は、今日の私たちにとって遺物を通してのみ解明しうるような過ぎ去った時代にかかわるものではありません。例えば、伝説上のスイスの盟約者たちが牧草地や草原を住みかと定めた過去の時代のものではないのです。私たちはそうしたものとは別の種類の過去、今日のあなた、そして私に今なおかかわっている過去を政治的に問い直しているのです。この政治的な歴史が問題にしているのは、パブリックな時空間における私たちスイス国民なのです。このスイス史の時間が続く限り、その記録文書、備忘録に対して私たちは責任があるのです。持続的責任能力があるということは、すなわち、私たちが過去に為したこと、私たちが未来に向かうにあたり手がかりとするものを、私たちは引き受ける用意があるということなのです。［……］
>
> 　私たちは歴史を自ら証言しなければなりません。歴史の否認、無害化、美化に抗して。私たちの歴史所蔵品は厳密な文書管理人、保管庫管理人を必要とするのです。新たな見解は議題にあげられねばなりません。それも、私たちが理解できるような、自由な形で。そのためには国は精神を必要とするのです。研究教育分野における著述家、文学の分野における物語作者、優れた舞台、そしてメディア分野での製作者［……］」
>
> ───
> 2003年10月21日にチューリヒのスイス国立博物館で行われたスイス国民議会議員ヴレニ・ミュラー＝ヘンミ（Vreni Müller-Hemmi）の講演。このような言葉で、この女性議員は展覧会「ベルジエ報告書──スイス、ナショナリズム、第二次世界大戦」を開幕した。歴史学者の仕事は書物の形だけでなく、映像や展覧会の形においても提示されうるのである。独立専門家委員会（UEK）の場合でいうなら、2002年の春以降、展覧会がスイス各都市を巡回した。そこでは、過去との対峙を可能にすべく、写真、文書、音声資料、事物が展示された。2005年12月、連邦内閣は、この展示を国立博物館の常設展とすることを決定した。

人間は自分の記憶を、自分の行為についての評価と、あるいは他者の語りと、幾重にも混同してしまうものなのである。

● 「見つめて問い直す」ことを職業とすること

　歴史学者は、過去においては何が異なっていたのか、現在はどのようにして生じてきたのかを示す。そのことにより、歴史学者は、人間がそのつどの現在を作り上げること、また現在は変えうること、それゆえ未来に対して責任があることを示すのである。

　専門家として歴史学者は、見つめること、問い直すこと、この2つを実践する。資料が存在しないゆえに、また多すぎるゆえに、見つめることが難しいケースもある。様々な資料の解釈が容易でないがゆえに、問い直すことに困難が生じる場合もある。歴史学者が最終的な解答を与えることができるケースは稀である。しかし、歴史学は、とりわけどの人間が過去を作り上げてきたか、そして彼らにはどのような行為可能性があったかを示すことはできるのである。歴史学者は常に、これまで十分に考慮されてこなかった側面が重要である可能性を念頭に置かねばならない。そのような場合、歴史学者は自分たちの解釈について十分すぎるほどに検討を重ね、場合によってはそれを訂正しなければならない。こうした解釈可能性をめぐって、様々な関係団体、また歴史学者たち自身の間で、しばしば激しい論争が行われるのである。

▶課題

❶ 過去を伝える様々な証言として、12種類の資料──文字資料、視覚資料、その他の残存する資料について、それぞれ4種類──を挙げなさい。

❷ 「過去」と「歴史」の違い、「資料」と「叙述」の違いを説明しなさい。

❸ 上の資料「スイスのたどった歴史は私たちにとっての現在です」を最後までしっかり通読しなさい。あなたなら、開会式後のパーティーの席でこの講演者に、どんな質問をしますか。

所有者消息不明資産と歴史学者

　歴史学者もまた、所有者消息不明資産の問題に取り組んだ。彼らにとっての問題は個々の所有者消息不明口座を洗い出すことではなかった。彼らが問おうとしたのは、いかにして所有者消息不明口座が生じたのか、なぜそれらの口座は、かくも長きにわたって銀行に残されたままであったのか、銀行は50年以上の間、それらをどう扱っていたのかという問題である。歴史学者たちはまた、なぜもっと早くこの問題に関して国家的解決が図られなかったのかという問いを立てた。この節では、歴史学者たちがどのような結論に至ったのかについて触れる。

　所有者消息不明資産が生じた最大の理由は、ナチスによるユダヤ人および他の人間の大量殺戮である。加えて、当時は、銀行は顧客についてほとんど情報を持っていなかったという事情がある。1930年代に顧客が口座を開くときには、銀行員から名前しか尋ねられないようなことがしばしばあった。銀行は顧客の住所も、国籍も、宗教も知らなかったのである。それゆえ、戦後、銀行側は顧客のうちの誰が迫害されたユダヤ人で、誰が戦争のため長期にわたり音信不通となっているのか確言することはできなかった。戦前の時点においては、優れた顧客資料が将来どのような意味を持つようになるのか、まだわかっていなかったということができるだろう。銀行側は決定的な情報を持っていなかったため、音信不通となっている顧客が死んでいるのか、殺されたのかを明らかにするために、親族に連絡をとることができなかったのである。多くの銀行はこうした状況の中、積極的な行動を起こすこともなく、漫然と時が過ぎるにまかせていた。なぜなら、預金を預かっていた銀行側は、ある種、受益者の立場にあったからである。ごく一部の銀行のみが、顧客を見つけ出そうと手を尽くした。とはいえ、これらの銀行も進んでそうしたわけではなかった。なぜなら、それは——彼らの考え方によれば——銀行の守秘義務に抵触する行為だったからである。

●銀行は所有者消息不明口座をどう扱ったのか

　多くの銀行は、所有者消息不明口座を共同口座に移していた。そこではたいていの場合、所有者消息不明口座に利子はつかなかったが、その一方で、それは貸し付け資金として用いられていたのである。これらの口座から

> **資料**
>
> 　親愛なるお客様へ。貴殿の貸金庫の使用料金は、1991年5月24日以降、滞納されております。以上の理由により、1996年6月28日までに金庫を空にしていただきますようお願いいたします。また同日までに、滞納されている1157.40スイス・フランをお支払いいただき、当方から預託されております2つの鍵も欠損のない形でご返却いただきますようお願いいたします。この期限をお守りにならない場合には、当行の金庫賃貸条項第13条に基づき——貴殿の手数料負担により——2名の証人（うち1名は公証人）の立会いの下で貸金庫を開け、その内容物すべてもしくは一部を——貴殿の手数料負担により——請求額の支払いに当てさせていただくこととなります。以上の手続きにかかる出費は、記録調書作成費、公証人経費などを含め、500スイス・フランの額となります。このため、貴殿に対する請求額は総計およそ1657.40スイス・フランとなるものと思われます。

顧客エーディット・フォン・L（Edith von L.）の貸金庫。 エーディット・フォン・Lは1937年よりスイス銀行コーポレーション（ＳＢＶ）に貸金庫と口座を1つずつ所有していた。彼女が銀行と連絡をとったのは1939年が最後で、その際、彼女は、自分宛ての郵送物を「銀行留」で保管してくれるよう依頼していた。1959年ＳＢＶは7584.59スイス・フランが彼女の口座にあることを確認した。当初のうちは貸金庫の中身は不明であった。しかし、1962年と1981年に銀行が貸金庫設備を改装した際、そのつど、銀行は貸金庫を開いていた。また、銀行は1937年から1990年にかけて、毎回27〜118スイス・フランの範囲で、管理費を口座から引き落としていた。その結果、1990年代になって、口座の預金はゼロとなった。1992年5月12日、銀行はこの口座を消滅させた。銀行側の主張する理由は、「連絡・預金ともに皆無である」というものである。1996年4月、ＳＢＶは上記の手紙をこの顧客に宛てて作成した。宛先として銀行は顧客の口座番号を記し、住所不明の理由で手紙の送付は行われなかった。むろん、顧客が連絡をしてくることはなかったために、ＳＢＶは1997年3月11日、公証人立会いのもと、貸金庫を開いた。中にあったのは、すでに1946年時点で価値を失っていた書類だった。すなわち、1962年と1981年に改装のために貸金庫を開けたとき、銀行は価値を失った書類を貸金庫の中に入れ、60年間、そのために発生した使用料を口座から引き落とし続けていたのである。

> Ablauf der Referendumsfrist: 10. April 1963
>
> **Bundesbeschluss**
> über
> **die in der Schweiz befindlichen Vermögen
> rassisch, religiös oder politisch verfolgter Ausländer
> oder Staatenloser**
>
> (Vom 20. Dezember 1962)
>
> Die Bundesversammlung
> der Schweizerischen Eidgenossenschaft,
> gestützt auf Artikel 64 und 64bis der Bundesverfassung,
> nach Einsicht in eine Botschaft des Bundesrates vom 4. Mai 1962[1]),
>
> beschliesst:
>
> Art. 1
>
> ¹ In der Schweiz befindliche Vermögenswerte irgendwelcher Art, deren letztbekannte Eigentümer ausländische Staatsangehörige oder Staatenlose sind, von denen seit dem 9. Mai 1945 zuverlässige Nachrichten fehlen und von denen man weiss oder vermutet, dass sie Opfer rassischer, religiöser oder politischer Verfolgung wurden, sind innert sechs Monaten nach Inkrafttreten dieses Beschlusses einer vom Bundesrat zu bestimmenden Stelle (Meldestelle) unter Angabe aller seit dem Verschwinden oder der nachrichtenlosen Abwesenheit des Eigentümers eingetretenen Veränderungen anzumelden.
>
> ² Schrankfächer, in denen sich anmeldepflichtige Vermögenswerte oder deren Feststellung dienende Papiere befinden können, sind zu öffnen.

1962年の申告決議の文書。写真は、いわゆる「申告決議」の題名および第1条である。スイス連邦会議は、第二次世界大戦期の所有者消息不明資産の届け出のための期限付き立法を公布した。すべての銀行、保険会社、財産受託者、その他の管財人は、殺害もしくは迫害されたユダヤ人の所有者消息不明資産をどのくらい保管しているかを、国の登録所に申告しなければならなかった。そのような所有者消息不明資産があると推測しうるにすぎない場合も、届け出は義務付けられた。大銀行は繰り返し会合を開き、この申告決議をどのように解釈すべきかについて申し合わせをした。どの財産を届け出るべきかをはっきりさせることは、彼らには非常に困難だった。なぜなら、顧客についての情報の多くが欠けていたからである。たいていの場合、銀行は、顧客がユダヤ人であるかどうかわからなかった。銀行は調査の中でいっそう慎重になっていき、曖昧なケースの場合は、資産を登録庁には届けなかった。すべての銀行を合わせても、当時、届け出られたのは、1000万スイス・フランにやっと届くほどの金額だった。

は事務処理上の手数料が徴収されることもあり、預金残高はゼロに向かって減少していった。もはや口座に預金がなくなると、銀行は顧客関係を打ち切ることができた。そしてそれから10年が経過すると、法的規定に従って、すべての証拠書類を破棄することができた。このような場合、ホロコースト犠牲者がかつてスイスの銀行に預金していたかどうかを確認することは、もはや不可能となるだろう。1962年、銀行はすべての所有者消息不明資産を国の登録所へ届け出ることを義務付けられた。しかしながら、銀行側はわずかな口座を届け出たのみで、かつての顧客のどの人間が本当にホロコーストの犠牲となったのかは確実にはわからないと主張したのである。多くの相続人はまだ生きており、申し出ていたにもかかわらず、「申告決議」によっては、スイスの銀行のすべての所有者消息不明資産がその相続人の手に渡るという事態には至らなかった。この法は、実際に運用されてみると、個々のケースにおいて銀行と相続人との接触が可能となる状況をもたらさなかったのである。

● **なぜ、所有者消息不明資産のための連邦法は存在しないのか**

戦後、銀行側は、自分たちは所有者消息不明資産の問題に真摯に取り組む、と繰り返し主張してきた。銀行家たちの職能代表組合であるスイス銀行家協会（ＳＢＶｇ）は、銀行自身による自主統制という要求をうまく押し通してきた。彼らは国家による介入を拒んできたのである。1995年になってやっと、スイス銀行家協会（ＳＢＶｇ）は所有者消息不明資産の扱い方に関する基本方針を公に提示した。1990年代の論争と関連して、政府は「所有者消息不明資産のための連邦法」（ＢＧＮＶ）の成立を検討した。しかしながら、銀行による所有者消息不明資産への取り組みのあり方に、将来、国家が参与するという考え方をめぐっては、今日に至るまで議論が続いている。

▶ **課 題**

❶ 所有者消息不明資産をめぐって銀行がとった、顧客に対する態度として正当でないと思われる2つの態度を書きなさい。

❷ 今日生きる人間が、当時の人々、組織がとった行動に対して判決を下すことはできるか。あなたの考えをその理由とともに述べなさい。

第4章
スイスとドイツ 1933〜1945年

　戦争中のスイス、孤島かそれともナチスに奉仕する経済的交換台（ターンテーブル）か。中立国スイスは第二次世界大戦において枢軸国に囲まれていた。それによって他の中立諸国および連合国との接触は困難になっていた。と同時に、スイスは世界経済と緊密に絡み合っており、ドイツはそのもっとも重要な貿易相手国だった。国際的な経済関係は、スイス国家と同様にまた私経済にも関係していたのである。写真に見えるのは、双眼鏡でコンスタンツ駅——ドイツ側にある重要な国境駅——の敷地を観察する国境警備兵である。南北枢軸国〔イタリアとドイツ〕間における石炭輸送には、鉄道のみが使用されていた。石炭の下に隠して、武器もイタリアに密かに持ち込まれた可能性があると推測する人たちも二、三いる。しかしコンスタンツはスイスとドイツ間の経済関係の、別の諸側面にも協力していた。スイスのいろいろな会社がそこでは——すべての国境地域においてと同様に——子会社によって代表されており、それによってナチスの政治と直接対峙していたのであった。最終的に1945年4月13日には、ドイツ国立銀行による金（きん）のスイス向け最終輸送も、コンスタンツ経由で行われた。この写真は、戦争末期の1945年4月に撮影されたものである。

●目次

はじめに	82
レポート課題	83
枢軸国に奉仕する産業と交通	84
軍需産業と武器輸出	90
アルプス経由の物資と人員の輸送	92
ドイツ国内のスイス企業	94
スイス金融街	97
スイスの銀行の守秘義務	100
金(きん)の取り引きとナチスの金塊	102
財産の強制引き渡し	104
スイスと難民	106
1938年の〈J〉スタンプ導入	109
1942年8月の国境閉鎖	111
難民入国拒否の理由	113

●学習目標

- スイスの経済とナチスの経済との関係を、3つの例を用いて説明できるようになること。
- 第二次世界大戦におけるスイス金融街が、なぜ戦争遂行中のすべての国々にとって重要であったのか、その2つの理由を知ること。
- 第二次世界大戦中、どの国が難民たちの寛大な受け入れに尽力したのか、そしてどの国が厳格な追放政策を擁護したのか、またどんな理由をもって、その一方または他方の態度が支持されたのかを知ること。
- 原典となるテキストを提案された模範的進行に従って処理できるようになることと、その際中心的概念やキー・センテンスを確認できるようになること。
- スイス史についてテーマを選択し、それをやや長期にわたって比較研究し、さらにレポートを書くこと。

はじめに

　1996年と2001年の間に、独立専門家委員会（スイス－第二次世界大戦）〔UEK、ベルジエ委員会〕の枠内において、100人を超える歴史家たちがナチズム期のスイスの挙動を調査した。この調査を触発したのは、特にアメリカ合衆国とユダヤ人諸組織とがナチスのユダヤ人迫害犠牲者の名において、スイスに対して行った大がかりな非難であった。この非難は政治的・経済的・法律的圧力と結びついていたのである。こうした対立のはじめには、スイスの諸銀行が、第二次世界大戦時のいわゆる所有者消息不明資産を、相変わらず保持しているという事実があった。この財産の一部はナチスの犠牲者もしくはその相続人のものであり、それまで返還されていなかった。まもなく議論は他のいろいろなテーマにも拡大された（66ページ参照）。例えばスイスの銀行は戦争中に、ドイツが占領地域において略奪した金を購入していたのである。さらにスイスの銀行は、外国のユダヤ人たちがスイスにおいて安全に確保していると信じ込んでいた財産を、ナチスに譲り渡していたのだった。スイスの武器輸出はドイツの戦時機構を支えていた。ドイツはゴットハルト・トンネルを通して石炭をイタリアへ輸送していたし、イタリア出身の外国人労働者たちはゴットハルト・トンネルを通ってドイツにやってきていたのである。スイスを通って、武器や部隊も枢軸国間でやりとりされていたのであろうか。それどころかナチスはユダヤ人すらも、イタリアからスイスを経て絶滅収容所へ送っていたのであろうか。さらにもうとっくに知られていることであるが、スイスは何千人という〔第三帝国からの〕難民たちを国境で追い返し、彼らの迫害者たちの手に渡していたのである。所有者消息不明の銀行口座に関するあの対立によって始まった事態は、次のような包括的非難で終わった——スイスはナチスの独裁体制で得をしたのであるから、ドイツとのその共同作業により、犯罪者たちの共犯者ということになる。

　この章においては、部分的にはすでに周知のものであり部分的には新たに上げられた非難の声を、すべて叙述することはできない。むしろここでは、特に論争の的となっている二、三の問題を手がかりに、1933年と1945年との間にいかなる問題がスイスにふりかかっていたのかを、示すことになる。スイスはどのような態度をとったのか。それは何ゆえにそのように振る舞い、何ゆえに別の振る舞い方をしなかったのか。そしてその振る舞いは、いかに評価されるべきなのか。もっともスイスのことを話題にする際には、国家と企業と住民とは区別されるべきであろう。つまり国家というものは、個人もしくは企業には許されていたいくつかの事柄を行ってはならなかったのであるし、その逆もまたしかりである。批判の中心には、ドイツとのスイスの共同作業があった。それゆえ以下においては、主としてスイスとドイツとの関係が扱われる。これに対し、最も重要な世界政治上の出来事や背景となる限定条件に関して、ならびに連合国側とのスイスの関係やスイスの国土防衛もしくは内政上の展開に関しては、第2章において述べている。

　第4章は3つの部分に分けられている。それぞれの部分においては、産業上の諸関係とゴットハルト・トンネルの通行について（84～96ページ参照）、スイス金融街と銀行の役割について（97～105ページ）、ならびに難民向けのスイスの政策について（106～115ページ）述べられている。各部分は、より大きな連関を説明する導入部をもって始まっている。それに続けて、3つの問題が詳細に叙述される。

　レポート課題は、過去と現在との間の橋渡しを意図して出されたものである。1本のレポートを書く中で、第二次世界大戦史と比較して、何が今日なお類似しているか、そして何が根本的に異なっているかについて、熟考することが求められている。

レポート課題

　歴史とのかかわりは何も教えるところがないと証明することを欲する人たちは、「我々は歴史からは何ひとつ学ぶところがない、歴史から何ひとつ学ぶところがないということを知ること以外には」と表現したゲオルク・ヴィルヘルム・フリードリヒ・ヘーゲル（Georg Wilhelm Friedrich Hegel）を再三再四引用する。また歴史には学ぶところがあり、また学ばなければならないと確信している人たちもいる。彼らは様々な人々の行動を例に、その人たちの決定が過去から汲み取った彼らの知から導き出されたものであることを、示している。歴史から学ぶためには、選択されたテーマをやや長期にわたって比較考察することが、好ましいように思われる。自分のレポートのために、同様にこのことを行わなければならない。この章において論じられているテーマの中から1つを選び、これを第二次世界大戦の時期から始めて今日に至るまで追跡し、1本のレポートを書くことにより結論と認識とをしっかり把握する。

▶**学習の進め方**

①この章で記述されているどのテーマについてレポートを書こうとするのか、決める。例えば以下のテーマがふさわしいであろう。
　ⓐ1934年から今日までの時期におけるスイスの銀行の守秘義務
　ⓑ第二次世界大戦以降のスイスの軍需産業と武器輸出
　ⓒ昨日と今日のスイスの難民庇護政策
②それに引き続き、この章におけるしかるべき節を研究し、最も重要な認識をメモする。
③その後、選択された領域が今日いかなる様相を呈しているのか、その最初の概観を獲得する。そのために、アクチュアルな日刊紙・週刊誌、そして（もしくは）インターネットを利用する。統計的な記述が役に立つかもしれない。研究したテーマについて法律は何と言っているか、それを見つけ出すよう試みる。
④解明の結果について、教師あるいは専門家と議論する。欠陥はどこにあるのか。まだ何を知らなければならないのか。教師は調査の際に助言をもって手助けし、専門文献を指示することができる。
⑤作業結果を3～5ページのレポートに要約する。そのレポートを5つの部分に分けて書き、次の問いに対し答えを与えるのが、最もよい。
　ⓐ現代の状況はどうなのか（銀行の守秘義務に関して、武器輸出に関して、あるいは難民政策に関して）。
　ⓑ法律は何と言っているのか。
　ⓒどの点が論争の的なのか。
　ⓓ当時と今日との間の、最も重要な相違点はどこにあるのか。そしてどこに類似点があるのか。
　ⓔあなたの個人的意見はどうなのか。そしてあなたにとって、未解決の疑問は何なのか。私たちは歴史から何かを学ぶことができるだろうか。

▶**注意点**

　解明は政治的テーマに関係している。政治的テーマはしばしば論争対象となっている。それゆえ、情報がどこに由来するのかを見つけるように試みること。そして様々な側面から情報を得るように注意する。インターネット検索の際は連邦行政府の提供するサイト（http://www.admin.ch）や議会の提供するサイト（http://www.parlament.ch）も利用する。

【その他のレポート課題】
　強制収容所を生き延びた年少者のスケッチを1枚探す。トーマス・ゲーフェ（Thomas Geve）の出版物『ここに子どもはいない──アウシュヴィッツ＝グロス＝ローゼン＝ブーヘンヴァルト。子どもの歴史家のスケッチ集』（ゲッティンゲン、1997年）（*Es gibt hier keine Kinder: Auschwitz - Gross-Rosen - Buchenwald. Zeichnungen eines kindlichen Historikers.* Göttingen 1997）の中に一連の例を見つけることができる。
　それに添えて自らのスケッチを展開する。例えば素描された土地の5年前あるいは5年後の姿を描いたり、もしくは選択した右ページか左ページのスケッチから自分のスケッチをさらに展開する。もしくはスケッチされた人物を1名選び出し、その将来の生活の日常的シーン、例えば10年後のものをスケッチする。

枢軸国に奉仕する産業と交通

ドイツはずっと以前からスイスの最も重要な貿易相手国である。アードルフ・ヒトラー（Adolf Hitler）とその国民社会主義ドイツ労働者党（ＮＳＤＡＰ）が1933年に権力を奪取したとき、スイス経済は独裁体制の経済と緊密に絡み合っていた。原料と工業物資、食料とエネルギーの輸入は、スイスにとって死活問題ともいえるほど重要であった。輸出産業はその製品を外国で売りさばこうとしたが、もしそうしなければ失業問題が切迫することになっただろう。国家と個々の企業にとっては、かの体制とその経済政策に対してどのように振る舞ったらよいのか、という問いが提出されたのだった。

まずはじめにナチスの経済政策とスイス・ドイツ間の諸関係について概観することになる。引き続き武器輸出、アルプス山脈を横切るドイツ・イタリア間の交通、ならびにドイツの権力領域におけるスイスの企業体が扱われる。これら３つの例により、スイス連邦と個々のスイス企業とが二、三の重要な問題においていかに振る舞ったのかを示そうと思う。

1933年、経済的観点において国民社会主義ドイツ労働者党（ＮＳＤＡＰ）にとり中心問題であったのは、失業対策であった。1936年までに失業をなくすことに成功した。それに寄与したのは、道路建設における国家的な雇用創出措置、再軍備、義務的労働奉仕であった。しかし景気の上昇は、世界経済の全般的回復によっても促進された。ナチスは労働組合を壊滅させ、男女の労働者を「ドイツ労働戦線」に統合したのだった。ナチスはユダヤ人を国家公務員の職務から締め出し、自営業（弁護士、医者等）ならびに手工業、商工業から排除した。1939年以降、ユダヤ人は経済においてもはや指導的職務を遂行してはならず、土地や企業におけるその財産は強制的に「アーリア人」の手に移されたのであった。これにより、ドイツにおけるユダヤ人の経済的存在は破壊されたのである。

●戦争経済

1936年の４ヶ年計画で戦争への公然たる準備が始まった。軍備支出は1935年から1938年までに３倍になった。1940年にドイツは、戦争を成功裏に行う能力を持つはずであった。国の経済的自立は、そのための重要な前提と見なされていた。それゆえ、外国との関係が審査され、ドイツ企業が優遇されたのである。原料不足、農業生産物不足、労働力不足は、新しく獲得される地域を組み入れることで、補われるはずであった。1938年のいわゆるオーストリア併合、チェコの粉砕、1939年のポーランド侵攻は、大ドイツ経済への第一歩であった。

1942年にドイツの前進が行き詰まると、軍需大臣であるアルベルト・シュペーア（Albert Speer）は総力戦経済への転換を宣言した。軍需生産は膨大な増加を見た。労働力不足は、女性の動員や、男女の強制労働者および強制収容所の抑留者の仮借なき投入によって、補われたのである。

ナチスは荒廃させるような経済危機の中で権力を奪取し、完全な崩壊とともに退場した。その間に経済的隆盛があったが、それは国家負債の130億ライヒスマルクから3900億ライヒスマルクへの増加と、ヨーロッパ占領地域からの強奪によって賄われたのである。

●自由な活動の余地

ナチスのイデオロギーは「個人の利益よりも公共の利益」を優先した。つまり経済は「国民全体」に奉仕すべきものであり、政治よりも下位に置かれていたのである。それゆえ国家と党とは経済の多くの領域に干渉し、自由主義的な経済体制の諸原則を瓦解させたのだった。にもかかわらず、国家中央集権主義的に指導される経済はほとんど問題にならなかった。むしろ大コンツェルンと経済団体とが、相矛盾する利益と内部の権力闘争とによって特徴づけられるシステムにおいて、政治体制の決定に絶対的な影響力を有していたのである。その自由な活動余地がどの程度のものであったかは、それぞれの時点次第であり、個々の経済部門により異なっていた。

●ドイツとの貿易

戦争開始まで、スイスの貿易は妨害なく発展していた。だが1939年のポーランド侵攻の後、連合国と枢軸国間相互の経済封鎖によって特徴づけられる経済戦争が始まっ

1943年の車輪製造工場。シャフハウゼンのゲオルク・フィッシャー製鋼所（Georg Fischer AG）はドイツ市場において、鉄道車両の車輪部門で一流の地位を占めていた。1939年と1945年の間に、それは全売上高の4分の1をドイツ向け輸出により達成していた。ドイツのジンゲンにあるその子会社はドイツ国防軍用に弾薬類を製造し、東ヨーロッパからの男女の強制労働者を働かせていた。

た。戦争の最初の時期には、イギリスとアメリカ合衆国とのスイスの経済関係が強化された。しかし1940年のフランス占領後スイスは枢軸国によって囲まれることになった。スイス外交はすべての国々と経済交渉を行い、戦争の全期間中自国への物資供給を確保し、スイスの輸出産業のために売却市場を保持することに成功したのであった。重要な段階は、スイスが1940年8月にドイツと結んだ経済協定であった。ドイツの圧力で連邦内閣は重要な譲歩を行い、いわゆる債務清算借款を認めたのである。これにより、スイスからのドイツへの輸出は、スイス連邦の国庫により代金が支払われることとなった。それに続いて枢軸国との諸関係が貿易を特徴付けることとなった──1941年と1942年には40％を超えるスイスの製品輸入は、ドイツとイタリアからであった。当時輸出の50％以上が、両枢軸国向けだったのである。1943年にドイツ敗北の見通しとなったとき、スイスの交渉人たちはドイツに対し、再び自由な交渉の余地を獲得した。連合国の圧力の下、スイスはドイツとの貿易をいまやますます制限し、1945年、それは停止されたのである。

ドイツは戦争中貿易相手国から借款を要求し、相手国からの輸入代金をそれによって支払うことができた。戦争終結の際、特に占領国から求められていた借款はざっと330億ライヒスマルク（約570億スイス・フラン）にのぼっていた。スイスも同じく11億スイス・フランの額のいわゆる債務清算借款を認めていた。スイス連邦はドイツ向けスイス産業輸出のかなりの部分を、これでもって支払っていたのである。この国家借款はドイツの戦争資金供給に役立ち、一方の戦争当事者を優遇するものだったがために、当時有効であった中立法を侵害していたのである。

● 中 立

中立はスイスにとって中心的なものであった。軍事的観点においては、中立国の義務と権利とは国際法によって、はっきりと規定されていた。中立国は戦争遂行中の国家に戦争援助をしてはならなかったし、すべての戦争遂行国が中立国領域を軍事目的に使用することを妨げなければならなかった。経済的観点においては、第二次世界大戦において戦争当事国によって常に軽視された中立法は、中立国家と私企業との間に原則的相違を設けてい

表1　1939〜45年の全輸入における個々の国の割合（％）

年	DE	IT	GB	US	FR	SE	PT	ES	östl. SA	その他
1924/38	24.3	8.2	6.5	7.3	16.7	0.6	0.1	1.5	4.3	30.5
1939	23.3	7.2	5.9	7.0	14.6	1.2	0.4	0.3	5.2	34.9
1940	22.2	8.9	4.8	10.7	7.5	2.0	0.6	0.9	7.7	34.7
1941	32.3	12.1	0.7	7.5	3.7	3.9	5.1	1.3	6.5	26.9
1942	32.2	7.5	1.0	11.5	3.8	5.0	5.5	3.0	7.4	23.1
1943	30.8	7.6	0.2	3.3	4.5	7.1	3.3	6.2	5.0	32.0
1944	36.5	2.4	0.1	1.8	4.4	8.3	1.1	7.9	5.1	32.4
1945	4.4	3.8	1.8	11.2	10.6	4.1	2.6	7.6	15.5	38.4
1946/60	18.5	8.7	6.4	14.7	10.5	2.0	0.4	1.1	3.5	34.2

表2　1939〜45年の全輸出における個々の国の割合（％）

年	DE	IT	US	GB	FR	SE	östl. SA	その他
1924/38	17.1	7.3	8.2	13.8	11.1	1.7	3.1	37.7
1939	14.8	6.2	10.0	12.8	10.8	4.0	4.1	37.3
1940	21.6	10.8	10.6	7.3	8.5	5.1	4.1	32.0
1941	39.4	12.7	7.4	1.6	6.3	5.1	3.4	24.1
1942	41.7	10.1	6.5	1.5	4.3	5.8	4.2	25.9
1943	36.7	5.7	9.4	2.3	3.2	6.6	4.7	31.4
1944	25.9	0.4	12.4	3.3	2.1	14.0	6.0	35.9
1945	0.8	0.8	26.1	2.5	11.2	7.8	11.1	39.7
1946/60	10.8	8.2	12.7	4.9	8.0	3.6	5.1	46.7

DE＝ドイツ
IT＝イタリア
GB＝イギリス
US＝アメリカ合衆国
FR＝フランス
SE＝スウェーデン
PT＝ポルトガル
ES＝スペイン
östl. SA＝南アメリカ東部（アルゼンチン、ブラジル、ウルグアイ、パラグアイ）

た。例えば、中立国は戦争当事国に武器を供給したり、私企業による武器供給を指示したりしてはならなかった。一方、私企業自体は戦争当事国に武器を供給することは許されていた。戦争当事国がその軍需物資を中立国の領土を経由して輸送することは禁止されていたが、それはつまり、イタリア軍支援のためのドイツ国防軍の武器供給を、スイスは妨げなければならなかった、ということだったのである。これに対し、ドイツの軍需私企業が武器をスイス経由でイタリアに売却することは、許されていたのである。経済的中立のための一般的義務は、存在しなかった。経済関係はあらゆる側面にわたり、維持することが許されていた——たとえそれが様々な国々の間で、異なった強度差があったとしても。これに対し、ある戦争当事国が経済制裁発動によって突然不利益を受けるということは、あってはならなかったのである。

戦争中スイスの諸官庁は、経済的中立を異なったふうに解釈していた。戦争前半にはスイスの諸官庁は、ドイツへの配慮からイギリスへの戦争資材輸出をさしあたり差し止めていた。連合国が戦争後半にドイツとの経済関係を終了させることを要求してきたときには、スイスは中立という理由で、ドイツへの供給を引き続き行わなければならない、ということだったのである。したがって中立ということの理解は、状況次第で異なっていたのである。

● 普通のビジネスなのか

外国で活動するスイスの企業にとって、戦争は多数のリスクを付随的にもたらした。戦争のふりかかった国にあった社員、商品それに建物は、危険にさらされていた。戦争当事国は会社の財産を接収したり、没収したかもしれない。ニュース伝達、口座振替送金、商品取り引きは制限されていた。ナチスは企業内部の組織に干渉したのである。連合国は、枢軸国に協力するか、もしくはそれに協力していると嫌疑をかけた会社をブラック・リスト

ギザン将軍の訪問。1941年3月19日にアンリ・ギザン（Henri Guisan）将軍がシャフハウゼンのゲオルク・フィッシャー製鋼所とノイハウゼンのスイス工業会社（die Schweizerische Industriegesellschaft: SIG）（写真）を視察した。当時世間一般に「我々は6日間ドイツのために働き、7日目には連合国のために祈るのさ」と言われていた。

チューリヒのバーンホーフ通りのバリー・カピトル（Bally Capitol）。20世紀初頭に靴製造業者バリー家は小売業にも進出し、スイスならびに外国で多数の靴屋を取得した。1940年撮影。

資料

一例 ── 靴コンツェルン「バリー」（28ページ参照）

　バリー社は世界中で事業を営むスイスの靴コンツェルンで、その子会社は南北アメリカ、南アフリカ、そして多くのヨーロッパ諸国にあった。第二次世界大戦中、それは連合国および枢軸国と経済関係があった。次の原典資料の抜粋は、ゾロトゥルン州のシェーネンヴェルトにあったバリー靴工場の管理部が、当時ナチスの支配と第二次世界大戦との関連において、どのような問題に携わっていたかを示すものである。

　1938年3月のいわゆるオーストリア併合の直後、株式会社バリー・ウィーン製靴社のユダヤ人共同出資者であるフーゴー・ゲンスラーは、その会社の彼の持ち分である25％を、バリー・コンツェルンに売却した。その後まもなくバリー社はウィーンで広告を発行した。そこには「経営評議会と管理部におきましては、非アーリア人の諸氏は退陣となりました。経営評議会の残りの構成員は全員がアーリア人でございます。管理部はヴィルトボルツ・ブッシュ氏とグスタフ・ブッシュ氏の手に託されました。両氏はアーリア人でございます。チューリヒC・F・バリー株式会社は、とりわけ同族経営の株式会社でございます。この一族、経営評議会、および管理部は徹頭徹尾アーリア人からなっております」とうたわれていた。

　1938年6月23日に経営陣の1人がウィーンの状況について、管理部に次のように伝えた。「我々はユダヤ人全員を6月末までに解雇しなければなりません。我々にとって、これはうれしいことではありません。ことに外交販売スタッフがユダヤ系だったので、これから若いキリスト教徒を採用しなければならないからです。ヴィルトボルツ氏は、7名をこの採用のために8月中旬まで置き留めてよいという許可を手に入れました。ツェルトナーは1938年の12月末まで残留してよいとのことです。キリスト教徒顧客からの注文の入りは、とてもよいものです。キリスト教徒の店はウィーンでも傑出した売り上げを示しております。我が持株会社は（ユダヤ人から）4つの店を買い取る所存ですが、ウィーン市からはその認可をまだ受け取っておりません」

イーヴァーン・バリー

1939年4月25日にイーヴァーン・バリー (Iwan Bally) は連邦政治省に次のように書き送った。「要約していえば、ドイツに事業所を所有するかあるいは経営している外国人は、その体制に順応するのが、私は正しいと思っております。その際、我々のこれまでの経験からして、自分のスイス人たることを放棄する必要はないのです」。

1939年9月28日に管理部は、イギリスによって発行された会社のブラック・リストを討議した。そこに載っている会社は、ドイツと関係しているゆえにボイコットされていた。「我々にとって問題は、タヌリ・ド・ローザンヌ社 (Tannerie de Lausanne SA)〔ローザンヌの製革会社〕ならびにバーター社 (Bat'a)〔チェコの靴会社〕が、ドイツの会社として後にこのブラック・リスト上に顔を出すリスクを冒さないかどうかだ。ローザンヌ社に関しては、もしそうなれば我々には非常に不愉快な打撃となるだろう。なぜなら、その会社は大きく、なおかつ他に代え難い納入業者であるから。いずれにせよ、今からもうその会社の皮革は、分離して貯蔵しておくべきだ。もし万が一協商側がその使用を認めない場合、協商側に従って取り引きできるように。この機会にまた、ウィーンのバリー・ウィーン製靴社 (die Bally Wiener Schuh A.G.) へのいかなる供給も停止することに決定する。これがドイツの会社として扱われるに違いないからだ。実際ウィーンへはすでに何ヶ月も前からわずかしか供給していないし、戦争開始以降は、もはやまったく供給していない。E・O・バリー氏が回状の草案を朗読しているが、それは買い入れと関係する当社のすべての部局宛てのものである。それら部局が将来の買い入れに際し、協商側の規則に違反することなく、いかなる行動をとるべきかを正確に知っておくために」

1940年7月4日にイーヴァーン・バリーは管理部において「ドイツに借款が供されたが、それは商品供給によって今できるだけはやく償還されなければならない」という説明を行った。彼は「一般的に労働確保の緊急性と、とりわけ、〔……〕ドイツを特に顧慮した輸出再活性化の必要性」とを指示したのである。

1940年10月2日に経営陣の1人が、そのウィーン訪問について管理部に報告している。当地のバリー靴工場は、次のシーズンに、いわゆる旧ドイツにおいて——それはつまり1937年時点の国境におけるドイツにおいてということなのだが——4万足の靴販売を意図している。これをもってウィーンの管理部は、その能力ぎりぎりの仕事を課せられることとなった。それゆえそこには、「バルカン半島および東方への出張販売のために」手の空いている者は1人もいなかったのである。したがってゾロトゥルンの「シェーネンヴェルトの管理部メンバー自ら、この市場の開拓を誰かに委任するべきだ——もしそこでの販売を望むのであれば。カミッツ博士の発言によれば、ドイツの製造業者は今日すでにこの販売地域を得ようと尽力している。そしてもし将来のために我々の持ち分を確保するつもりならば、我々は間もなく顧客を訪問し、我々の新作を提示すべきであろう」。

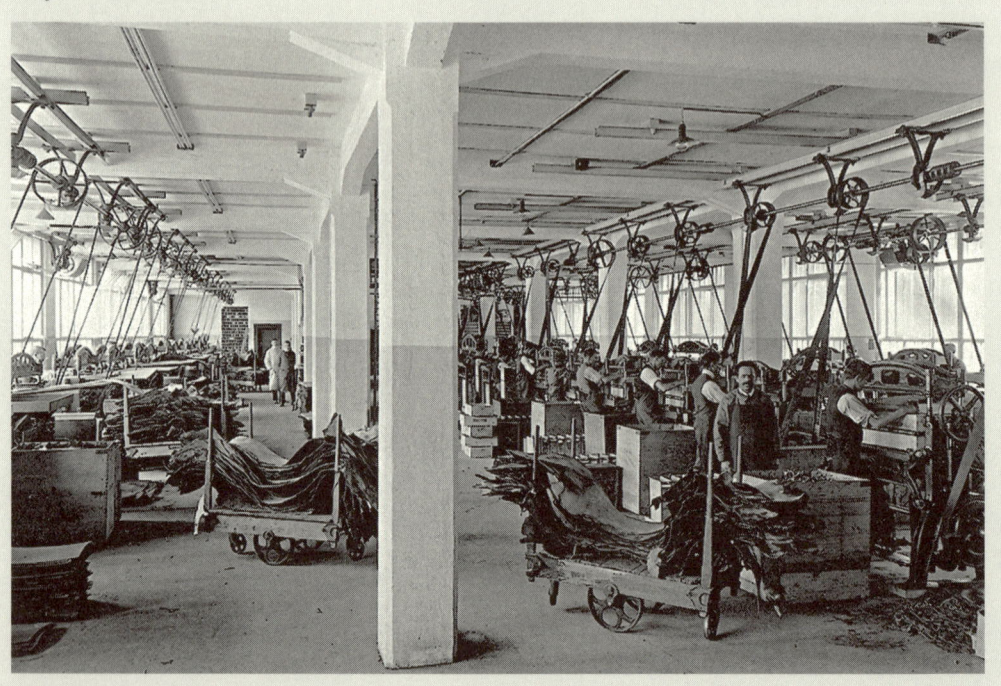

バリー社は19世紀末以来、強くアメリカ合衆国にならった経営を行っていたので、すでに早くから生産の機械化と合理化とに全幅の信頼を置いていた。この写真は1912年の靴底型抜き工場の内部の光景を示しているが、それは伝動ベルト装置で動かされる型抜き機を備えている。鉄筋コンクリートの建築構造が、ゆとりのある明るい製造空間を可能にした。

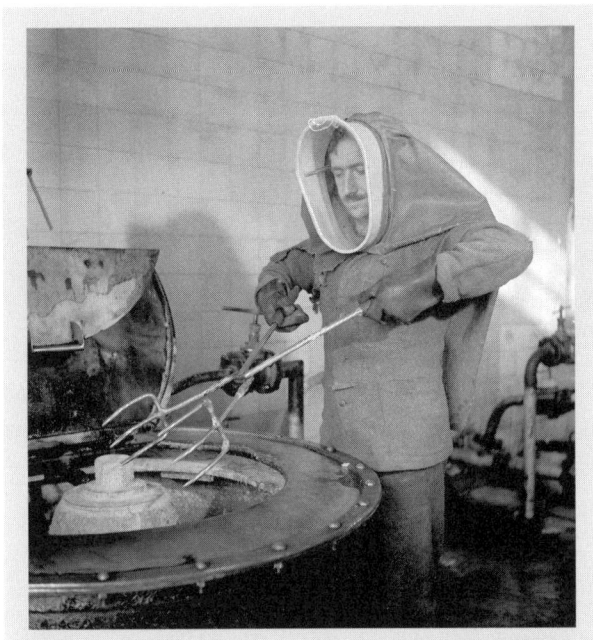

ヴィンミス火薬工場。ヴィンミス〔ベルン州の町〕の連邦火薬工場は火薬と薬きょうとを、エーリコン工作機械工場に供給していた。この機械工場は、その資材をドイツに売却していた。国家、つまりスイス連邦軍事省の戦争技術局は、この機械工場にこういった軍需物資の輸出を行うよう促していたのだが、これをもって中立法を侵害したのである。1940年撮影。

に載せ、これによってその活動の可能性を制限したのであった。しかし戦争は、単にリスクのみをはらんでいるのではなく、チャンスをも提供した。戦争当事国への輸出は利益を約束したのである。ユダヤ人の追放は、ユダヤ人の会社の引き受けを可能にした。ドイツの経済圏の暴力的拡大は、活動領域の地理的拡張を容易なものにしていた。このような状況において、スイスの企業はいかに振る舞うべきだったのか。ドイツが攻撃的戦争を遂行し、その独裁体制が最も基本的な権利諸原則に違反していることは、スイスにおいては誰の眼にも明らかだったのである。スイスの企業が、突然次の問い——ユダヤ人の財産を取得すべきかどうか、自らを「アーリア人」の企業と宣言すべきかどうか、もしくはドイツにあるその子会社企業において強制労働者を雇用すべきかどうか——の前に立たされたとき、これは普通のビジネスではないことはわかっていたのである。経済的思案のかたわらで、常に法律的・政治的・倫理的問いも未解決のままだったのである。

▶ 課 題

❶ 第二次世界大戦中、外国との経済的交流がスイスにとって生存に必須のものであった理由を2つ挙げなさい。

❷ 86ページの表を考察しなさい。％で表した1939～45年の全輸入量に占める個々の国々の割合について次の課題を解きなさい。
　ⓐ その表からどんな情報を得ることができるか。3つの文を作りなさい。
　ⓑ あなたにとってどんな情報が特に重要であると思われるか。手短にそれを理由づけなさい。
　ⓒ その表をグラフ表示に変えなさい。
　ⓓ グラフで表示することによって具体的に示される重要な変化を述べなさい。なぜそのようになったのか、推測を立てなさい。

❸ 資料「一例——靴コンツェルン『バリー』」のテキストと原典資料の抜粋を読み、次の質問に答えなさい。
　ⓐ バリー社はウィーンのユダヤ人従業員を1938年6月末までに解雇しなければならなかった。管理部の記録によれば、その際の問題はどこにあったのか。
　ⓑ イーヴァーン・バリーは1939年に「外国における変化に、自分の『スイス人たること』を放棄することなく、順応できる」と宣言した。彼は「スイス人たること」を、どう考えていたのだろうか。
　ⓒ そういう順応は、あなたにとってどの時点から、もはや責任を持てないものとなっただろうか。もしくはどの時点から「スイス人であること」という課題と結び付いただろうか。
　ⓓ 1939年9月にバリー社はウィーンへの供給を停止し、1940年7月にはドイツへの輸出を再び活性化する運びとなった。バリー社は会社の政策をなぜ変更したのか。
　ⓔ 1938～40年末におけるドイツの支配地域の暴力的拡大は、バリー・コンツェルンにとって何を意味したのか。

❹ 今日、あなたにとってスイスの中立とは何を意味するのか。その際、軍事的・政治的・経済的観点を区別しなさい。

第4章　スイスとドイツ　1933～1945年

軍需産業と武器輸出

スイスのいろいろな会社が戦争遂行中の両陣営のために武器、弾薬、信管を開発し、製造した。それらの会社は軍需物資を、ドイツに最も多く供給したのである。そのうえ特に1920年代にスイスの軍需産業は、ドイツの隠れた再軍備に対し重要な寄与を行っていた。はじめにこの節は、スイスが戦争中にいかに多くの戦時物資を輸出していたのかを示す。それから両大戦間のドイツ向け軍備援助が分析される。最後にエーリコン＝ビューレ社工作機械工場という具体例で、そのような共同作業がいかにして機能しえたかを、わかりやすく説明する。

様々なスイスの軍需産業会社が戦争の全期間にわたり、戦争遂行中の両陣営向けに商品を輸出していた。両陣営はこの輸出に依存していたのである。その商品を売却する可能性なくしては、いくつかの企業はその生産をやめ、多数の社員を解雇しなければならなかったろう。輸出製品には、具体的には4つのグループがあった。①対地・防空・航空機武装用20mm機関砲、②20mm弾薬、③時限発火装置、④その他信管のための構成部品、である。輸出の大部分はドイツに向けられていた。1940年から1944年の間に、スイス産業は6億3300万スイス・フラン分の武器弾薬を、ドイツやその他枢軸国側に属する国々、例えばイタリア、ルーマニア、または日本に向けて輸出したのであった。その10分の1に満たない5750万スイス・フラン分のこれらの物資を、連合国側の二、三の国々に向けて供給した。それとほぼ同額の、つまり6090万スイス・フラン分の武器弾薬を主に中立諸国に向け、例えばスウェーデン、ユーゴスラヴィア、トルコ、スペイン、フィンランドに供給している。それら商品の一部は、そこからさらに戦争遂行当事国に送られた。それに加え、スイス企業は1億7700万スイス・フラン分の信管をドイツに向けて供給したのである。ざっと5000万スイス・フラン分の信管は、他の国々に売却された。戦争の年月において武器、弾薬、信管は、スイスの全商品輸出の13.8％を占めたのである。1944年9月29日になってようやく、連邦内閣は、戦時物資の輸出をやめた。スペインやスウェーデンのような中立国にのみ、輸出が許されたのだった。連邦内閣は単に武器や武器部品、弾薬、信管の輸出のみを禁じたわけではなかった。スイスの会社はさらに、軍用航空機、軍用電話・電信・無線機器あるいはボールベアリングや転がり軸受けも、もはや輸出してはならなかった。しかし、例えば照準望遠鏡のような軍事光学機器は、その後もドイツやその他の国々に供給することが可能であった。

●ドイツの隠れた再軍備

しかし武器、弾薬、信管の戦時中の供給は、ドイツの戦争遂行に対するスイスの最も重要な寄与ではない。再軍備はすでに1920年代、30年代に開始されていた。その際、スイスは中心的役割を果たしていたのである。戦勝国は第一次世界大戦後、1920年1月20日のヴェルサイユ平和条約で、ドイツに軍需物資の生産を禁じていた。それゆえドイツは外国でそのような物資を調達する可能性を探っていたのだった。スイスでは官公庁も企業も、ドイツのこのような再軍備努力を支援していたのである。ドイツの再軍備努力はスイスにとって軍備政策および外交政策上、関心をそそるものだった。しかしまたオランダ、スウェーデン、ポーランド、チェコスロヴァキア、

エーリコン＝ビューレ社の工作機械工場の製作室にて。チューリヒのエーリコンにおいて、ドイツの検査委員会が当企業に注文していた20mm防空機関砲を検査している。1941年撮影。

> **資料**
> エーリコン゠ビューレ社の工作機械工場の製作室視察、チューリヒのエーリコン、1942年9月21日。[……]
>
> 「3. 工場視察」。引き続き工場全体の2時間に及ぶ詳細な視察が行われた。1906年にまでさかのぼるその最も古い建物の中の工場施設は、全体として統一がとれており、最も古い諸部分も完全に近代化されている。それは工場工学的に見て、高層・低層建築物の理想的な組み合わせとなっている。大きな広い空間。組み立て工場の床は寄木造り。低層建築物の下部には従業員の着替えとシャワー用に、大きな部屋がいくつかある。原材料搬入所は、原材料検査用に最新の装置と設備とが備わっているが、それらの装置・設備はあらゆる工学研究機関の名誉を高めるようなものなのである。火薬実験は周知のいくつかの小さな充填家屋で行われるが、それらはセメントの壁を擁する大規模な壕システムに囲まれていて、互いに遮蔽されている。同様に大規模な試射用施設と目下建築中の従業員用家屋とを加えれば、これはあらゆる観点においてドイツの模範的企業との比較に耐える完璧な施設となる。
>
> この工場では目下ざっと3500人の労働者が雇われている。主に男性だが、信管の組み立てや実験には女性も投入されている。[……]
>
> 労働者たちは年齢層的に見て、上手に混合された状況を示している。人材は肉体的にも知的にも優れた印象を与える。現在8時間労働制だから、この諸施設は決して生産能力ぎりぎりに稼動しているわけではないようだ。
>
> **訪問メモの抜粋**。ドイツ国防軍は戦時中、多くのスイス軍需会社と良好な関係にあった。ドイツ国防軍は1942年9月に、スイスの一連の軍需会社すべてを視察した。それらの会社は到着したお歴々に、しばしば誇らしげにその生産施設を見せたのである。

イタリアも、ソビエト連邦やアメリカ合衆国と並んで、この秘密裏の再軍備に加わっていた。そのうえこれ以外の国々も、ヴェルサイユ条約の合意事項を無視しようとするドイツの試みを許容していた。それどころかそれらの国々は、ドイツに防衛の用意があることを大いに喜んでいた。つまりそれらの国々は、共産主義のソビエト連邦のほうがドイツよりもより大きな危険を及ぼすとふんでいたからだ。

◉ 例えばエーリコン゠ビューレ社

スイスにおけるドイツの秘密裏の再軍備は、スイスの軍需産業にも活力を与えた。これはそれ以前には、ほとんど存在していなかったのである。最も重要な軍需物資生産企業はエーリコン゠ビューレ社（Oerlikon-Bührle & Co.）であった。これもまた他の会社と並んで、ドイツの隠れた再軍備に寄与していたのである。そのうえエーリコン゠ビューレ社は戦争中、スイスのドイツ向け戦争資材輸出のざっと半分の量を供給していた。

1924年にエーミール・ゲオルク・ビューレ（Emil Georg Bührle）——彼はドイツ出身でちょうどスイスに軍需会社を設立したばかりだった——はドイツの会社から、ドイツで発明された20mm機関砲の開発・製造作業を継続するようにとの委託を受けた。すでに1930年にその機関砲（ビューレはこれをその後1940年以降、ドイツと他の戦争遂行諸国に大量に輸出した）の開発は完了していた。にもかかわらずビューレはこの製品をさらに改良する。1931年に彼はドイツ兵器局に、さらなる成功を伝えることができた——この機関砲はいまや防空や装甲車両に対してすら、投入可能であると。

▶ 課題

❶ ヨーロッパ全体のいろいろな会社は、両大戦の間にドイツがヴェルサイユ条約の諸規定に違反する形で密かに再軍備を行うことに、なぜ協力したのか。2つの理由を挙げなさい。

❷ 「エーリコン゠ビューレ社の工作機械工場の製作室視察」という原資料からの抜粋「3. 工場視察」を、次のようなステップに従って分析しなさい。

  ❶ この原資料において、あなたの意見からして特に重要と思われる3つの名詞を挙げなさい。
  ❷ 誰がいつこのテキストを書いたのか。
  ❸ あなたにとって特に重要と思われるのは、どの文章か。その選択の理由を述べなさい。
  ❹ このメモの著者の個人的意見は、どこからわかるか。
  ❺ もしもあなたにこのメモの著者と話す機会があったとすれば、あなたは彼にどんな質問をしただろうか。

❸ 今日、スイスに兵器工場があるかどうか、またその製造物は何なのか、見つけ出しなさい。

アルプス経由の物資と人員の輸送

　アルプスは枢軸国ドイツとイタリアにとって重要な意味があった。アルプス越えの最も重要な輸送路はスイスにあったのである。戦争中、南北枢軸間の通過往来は急激に増加した。ドイツはとりわけ石炭をイタリアへ供給した。イタリアからも戦利品がスイス経由でドイツへもたらされた。スイス当局はこれらの輸送にあまり関心を示さず、ほとんど検問をしなかった。

　ゴットハルト、レッチュベルク、シンプロンを通る鉄道路線は1882年から1913年の間に開通した。この早期に電化された路線はオーストリアやフランスを経由する交通路よりも優れていた。ゴットハルト路線はそのうえ、早くもごく初期に複線化された。石炭輸送は北から南への全物資輸送の75〜90％を占めた。その他の輸送物資には金属、機械、あるいはパン用穀物があった。毎日、石炭を積んだおよそ40本もの列車がバーゼルでライン川を渡った。そのうちの4分の3がゴットハルトを、残りがシンプロンを通過した。連合国は、スイスはこれによって枢軸国を支援していると非難した。スイスは公式にはこの石炭輸送に一度も異議を申し立てなかった。スイスがこれを禁止していたら、自らもおそらくドイツから輸入できる石炭の量が減っていただろう。

　1990年代になって当時のアルプス通過が再び問題化した。特に問題となったのは人の輸送である。1997年に制作されたイギリスＢＢＣのテレビ番組が、ナチスがイタリア系ユダヤ人をスイス経由で強制収容所へ移送したと主張したのである。しかしこれは、正しくない。列車が軍の兵隊をスイス経由で南へ輸送したこともない。国際法が、戦争を遂行している国々の軍隊を中立国経由で輸送することを、中立国に対して禁止しているのである。

● **武器輸送**

　石炭に紛れて武器も南へ輸送された、と繰り返し主張されてきた。国際法によれば、戦争を行っている国家の武器輸送を許可することは、中立国に対して禁止されている。それに対して民間企業による武器の輸送は認められている。1941年以降、ドイツのロンメル（Rommel）将軍率いる、いわゆるアフリカ軍団が、イタリアの同盟軍とともにリビアで戦争をしていた。ドイツ軍はつまり何らかのやり方で武器を南に持っていかなければならなかった。海路はイギリスによる封鎖のために利用できなかった。配送はつまり陸路で行わなければならなかったが、しかしオーストリアかフランス経由で進めることもできた。スイス当局は石炭輸送の検問を武器や弾薬類に関して体系的には行わなかった。そのため、ドイツ人が密輸行為も行っていたのかどうかについてはわからない。スイス経由による戦争物資の輸送は1941年10月以降は認可が義務付けられたが、しかしながら認可は形式的なものにすぎなかった。そのような認可を受けることが難しくなったのは、ようやく1942年夏になってからのことで

アルプスを経由する最も重要な鉄道網。 スイスの地理上の位置やここに載せた鉄道路線を見ると、スイスがドイツやイタリアといかに結び付いているかがわかる。これらの輸送路は、隣国との経済関係の重要な前提でもあった。

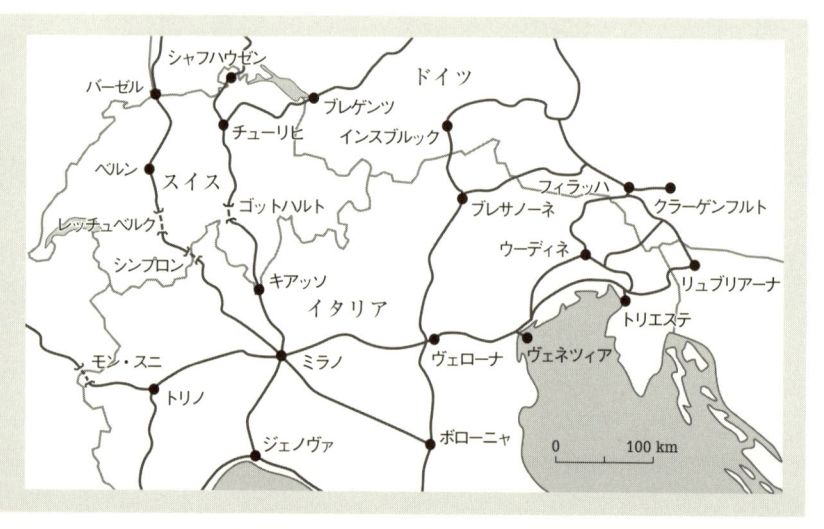

> **資料**
>
> ゴットハルト・トンネルとシンプロン・トンネルについて
>
> 将軍様
>
> 〔……〕イタリアは、参戦しそのために海からの石炭輸送が遮断されてからというもの、スイス経由での規則的な石炭輸送を何としても必要としていることが証明されております。
>
> 〔……〕私にはこう思われます。つまり、ゴットハルト・トンネルとシンプロン・トンネルをその全長にわたって（それがスイスのものである限り）爆破し、がれ石の間に地雷を仕掛けるという処置が最適であると。そうすれば、がれ石を取り除くときに爆発が起こり、そうなればゴットハルト・トンネルとシンプロン・トンネルの中の瓦礫を取り除くのに少なくとも１年はかかります。しばらくしたら分解し無害になる化学的点火方法がきっとあります。私の考えでは、もっと短い他のトンネルや橋の爆破や破壊工作では決して十分ではありません。ゴットハルト・トンネルは15キロメートルあります。瓦礫を取り除くのに両側だけでそれぞれ作業班が働くことになり、完了まで何年もかかることになるでしょう。シンプロン・トンネルの場合も全情況は同様です。もっと簡単ではないとしても。聞くところでは、例えばシンプロン・トンネルを爆破するには膨大な量の爆薬が必要だと見込まれるとのことです。しかしそれでも私は将軍様にあえてお願い申し上げます。この何倍もの量をあらかじめ用意され、この措置を何らかのやり方で完全には極秘になさらないように、と。
>
> 〔……〕
>
> 心より尊敬申し上げる将軍様、どうか私の特別な尊敬の気持ちをお受けくださいますように。

1940年６月14日、ゴットリープ・ドゥットヴァイラーからアンリ・ギザン宛て。もしもドイツがスイスを攻撃していたら、占領軍は可能な限り無傷のゴットハルト路線を保有したいと思っただろう。スイスは、自国への攻撃を阻止するために、この路線を爆破すると脅しをかけた。スイスのトンネルには1942年の夏以降、ようやく部分的に地雷が敷設されていた。もっとも、スイスではアルプス経由の路線を破壊する態勢が整っていたと、ドイツがすでに1940年から思っていたことが確認されている。ミグロ（Migros）〔スイスのスーパー〕の創業者であるゴットリープ・ドゥットヴァイラー（Gottlieb Duttweiler, 1888-1962）は、この時期国民議会議員だった。彼はこの直後連邦閣僚のマルセル・ピレ＝ゴラ（Marcel Pilet-Golaz）の迎合的な演説を公然と批判したため、辞職に追い込まれた。1943年以降、彼は国民議会に返り咲き、1949年から1951年には全州議会議員を務めた。

ある。スイスは、中立国としての義務を真剣に受けとめて、戦争を行っている者たちによる自国内経由の武器輸送を阻止しようと思うなら、もっと検問を実施しなければならなかっただろう。

● イタリアからドイツへの戦利品の輸送

1943年夏のムッソリーニの失脚まで、イタリアからドイツへ向けた商取り引きも増加した。納入品にはとりわけ食料品（米とトウモロコシ）、繊維製品（絹、木綿、麻）、ならびに靴、自動車、機械が含まれていた。さらに硫黄、水銀、銑鉄があった。西側諸国が南イタリアに上陸した後、ドイツの軍隊は中部イタリアと北イタリアを占領した。ドイツ軍はいまやアルプスの両側に陣取っていた。ドイツ人は今度は、押収し略奪した物資をもイタリアからドイツへ輸送した。ドイツ人は原材料をドイツへ運んだが、しかし解体した機械や道具、それどころか備蓄食料品まで略奪して運び、自分たちの戦争経済に用立てようとした。1943年秋になってスイス当局が反応した。スイス当局は、そのような輸送が国際法に違反していることは知っていた。連合軍はこの輸送を非常に厳しく非難した。しかしスイス側の視点からすると、すべての輸送品を検査することは面倒だった。1943年秋から1944年秋の間に南から北へ運ばれた物資の約半分は、そのような戦利品だった。通過輸送の全面禁止をスイス政府は長いこと断念していた。スイス政府は、これは国益に反すると考えていたのである。スイスはドイツとの関係を危険にさらしたくはなかった。連合国の圧力を受けてスイス政府は、1944年２月から特定の物資の通過だけを禁止した。終戦直前の1945年３月、連合国はスイス経由の物資輸送の全面停止を要求した。スイス政府はこの要求に抵抗したが、しかし通過輸送を制限し、スイス経由の戦利品の輸送を禁止するにいたった。

▶課題

❶ 第二次世界大戦中にスイスの領土を経由してドイツからイタリアへ、またその逆方向へ、輸送された物資を列挙しなさい。それらの物資がドイツに対して持つ意味を説明しなさい。

❷ 国際法に基づいて禁止されていたが、枢軸国によってスイス経由で通過輸送された可能性のある物資を列挙しなさい。

❸ 何ゆえにゴットリープ・ドゥットヴァイラーは手紙（上記資料）の中でギザン将軍に、鉄道トンネル爆破の可能性とその準備が進んでいることを「何らかのやり方で完全には極秘になさらないように」頼むのか。

第４章　スイスとドイツ　1933～1945年

ドイツ国内のスイス企業

　スイス企業はすでに19世紀に、外国にいわゆる子会社を設立していた。それゆえナチズムの時代には、スイス企業はドイツでも操業していた。スイス企業は生産を続けたいと思ったら、当地の経済政策の強制に合わせなければならなかった。新たな条件にしぶしぶ合わせる企業もあれば、進んで従う企業もあった。そういった企業は、ナチスが望む通り、ユダヤ人の従業員をまたたく間に解雇した。なかには強制労働者を雇ったところもあった。企業がとった様々な行動を見ると、政権が商取り引きの余地を残したままにしていたことがわかる。自ら進んで従った者たちは、自分の企業を救いたい一心だけでこうした行動をとったのではなかった。彼らがそうしたのは、信念からでもあった。あるいは、こうすれば営業状況が改善するとあてにしたからでもあった。

　ドイツにあったスイス系子会社の生産は、とりわけドイツ経済や戦時経済の維持に有益であった。スイスの産業はあらゆる中立国の中で、ドイツの戦争準備に最大の貢献をした。ドイツやドイツによって支配されている地域に、スイスほど多くの会社が誘致されている国は他にない。これらの会社の多くは、ドイツでナチ党が政権をとるずっと前からすでに置かれていた。ヒトラーによる政権奪取の後、これらの会社はドイツの会社とまったく同じように政権の圧力にさらされていた。戦争中、ドイツ政府はこれらの会社に対して、戦争に重要な物資の生産を義務づけた。シーサー（Schiesser）は、例えば下着の代わりに薬きょうを生産した。ネスレ（Nestlé）はハッタースハイムにあったチョコレート・ビスケット工場を、全従業員ともども軍需企業に明け渡した。ベルリン支社は新たに開発したネスカフェを、もっぱら軍隊向けに製造した。生産品がドイツの戦争経済の役に立たなかった会社は、しばしば操業を終えざるをえなかった。

●営業利益とナチズムのイデオロギー

　たいていの会社は、ナチズムの時代でも、可能な限り高い売り上げと大きな利益を目指そうとした。それらの会社はドイツにおける長期の活動を手に入れようと努力し、それゆえ良好な取り引き関係を維持しようとした。それと結び付いた多くのスイス系会社の順応能力に対して、戦後の批評家たちは理解を示さなかった。本社はこれを受けて、自分たちは戦争のせいで子会社とのコンタクトをまったく正常にとることができなかった、と主張した。自分たちはそれゆえ現地でのやり方に対して責任はない、と。たしかにたいていの会社は、どのようなやり方で親会社の営業利益をナチズムの下で追求するかを、子会社に任せてはいた。しかし、情報の流れがまったく遮断されていなかったにもかかわらず、子会社の活動に対する親会社からの批判は行われなかった。

　マギー有限責任会社（Maggi GmbH）の例によれば、必ずしも営業利益が重要だったわけではないことがわかる。むしろ、多くの決定に際しては政治信条が決定的であった。マギーのドイツにあった子会社の社長ははじめから政権の支持者であり、会社を無条件に新しい関係に合わせたのだった。ドイツ・マギー社はユダヤ人従業員を解雇し、経営陣に国民社会主義ドイツ労働者党（NSDAP）の党員資格を要求した。そのためにナチ政権は見返りとしてこの会社に様々な有利な生産条件と「国民社会主義の模範企業」という称号を与えた。まったく異なっ

ジンゲンにあった東方労働者の収容所。撮影日不明。

た対応をした会社もある。対応の仕方がどれほどまちまちであったかは、化学産業のケースが恰好の例となろう。

●化学産業

バーゼルの化学企業ホフマン゠ラ・ロシュ社（Hoffmann-LaRoche & Cie.）、サンド社（Sandoz AG）とJ・R・ガイギー社（J. R. Geigy AG）はドイツに子会社を所有していた。ドイツ当局の圧力にもかかわらず、ホフマン゠ラ・ロシュ社は1938年までユダヤ人経営陣の解雇に抵抗した。この会社は後にユダヤ人従業員の出国許可を手に入れるために骨を折ったり、外国での再就職の斡旋も行ったりした。サンド社では１人のユダヤ人が子会社の監査役の座に就いており、彼は1915年にノーベル化学賞を受賞していた。1933年４月には早くもサンドのバーゼル本社の社長が彼に退陣を要求した。それまで２人の個人的な関係はとても良好だった。この関係はサンドの社長の要求によって壊れたが、1939年３月にこのノーベル賞受賞者がスイスへ出国するのを社長が手助けしたときに、ようやく修復された。ガイギー社は、ナチ政権の諸命令にあまり抵抗しなかった会社の１つであった。この会社はユダヤ人に対する処置を自ら進んで引き受けた。それどころか1934年からはドイツ当局に対して、当社は「純アーリア系」であると証明した。ガイギー社はスイスの本社においてもユダヤ人を仕事から排除した。この会社はこのような順応によって、ドイツの他の化学企業に対して戦略上の優位を得た。ガイギー社はその後、他の会社が得られなかった注文を受けることとなった。

●強制労働者徴用

ナチ政権は戦時中、いわゆる異民族の者たちを強制労働者として徴用した。これらは外国の民間人、戦争捕虜、それに強制収容所の被拘留者たちであった。スイスの子会社の中にも強制労働者を雇っていたところがあった。それには1940年以降はフランスの戦争捕虜が、1941年の秋以降は、とりわけソビエトの戦争捕虜が含まれていた。推測によれば、スイスの子会社は、ドイツで合わせて１万1000人を超える強制労働者や戦争捕虜を徴用していた。企業は強制労働者の割り当てを分担して受け入れるよう、徹底して努めなければならなかった。生産企業のかつての労働者たちの多くは兵士として前線に行ってしまったため、焦眉の労働力不足が生じた。強制労働者という安い労働力の需要は供給より大きかった。それゆえナチ政権はドイツで操業している企業に対して、強制労働者や戦争捕虜を使うことを強要しなかった。強制労働者を雇っていた会社はこれを自発的に行ったのだが、しかし彼らに人間らしい労働条件を提供することはなかった。これはスイス企業の子会社にもあてはまることである。会社は強制労働者を粗末なバラックの宿舎に収容した。ドイツ当局が定めたのは、48平方メートルの部屋に、男なら18人、女なら12人のいわゆる東方労働者を、あるいはそれどころか36人のロシア人捕虜を無理やり押し込んでよいということだけだった。十分な衛生的な設備はな

資料

技術部門の最高指導部、ポラールロートＧとRS〔ともに赤色染料の名称〕／グレンツァハ

　ボンにあるこの巨大な旗布工場は、ドイツでの政変以降、定期的な間隔で上記の２つの染料を取り寄せていたのだが［……］、今日、再び50 Koごとに注文を寄こしている。これを材料として主にヒトラーの旗が染められているのは疑いない。我々には今、ドイツとスイスの間の取り決めによって、製品がどこから来たものなのかを計算書で説明することが求められているので、まさにこの工場から、自分たちは愛国的理由と党の政策上の理由から今後の取り寄せを断念しなければならないとの報告を受け取ったとしても、私は驚かないだろう。ところで、この２つのタイプの染料も、ドイツでは似たような別の目的のために普段はまったく売れ行きがよいので、グレンツァハのこれら２つのポラールロートの製造受け入れに対して、必要な詳細な注目を向けさせることが、いずれにせよ起こりうるだろう。そうすれば我々は立派に築き上げられ利益も多い仕事を、上に引用した理由では失わずにすむだろう。1934年８月10日。

バーゼルのＪ・Ｒ・ガイギー社の1934年８月10日のメモ。化学工場にとって染料の納入は魅力的な仕事だった。布の染料は大量に生産される旗や大量に必要とされる軍服のために使われた。ナチ・ドイツは1934年以降、ドイツ領内で生産していて「純アーリア系」である会社だけが、この目的のために納入することができるようにと要求していた。ガイギーによってグレンツァハで操業されていた工場は、本社からわずか数メートルしか離れていないところにあった。その間にはしかし国境線が通っていたので、工場はドイツ領内にあったわけである。ガイギーはそれゆえ「国民運動の象徴」のための染料を納入する許可を受けた。ガイギーはそのうえ、この会社の全労働者と株主が「純アーリア系」であると保証していた。

かった。このような扱いは、東ヨーロッパやソビエト連邦の人間は劣等だという、国民社会主義の考え方の現れだった。当局や会社は西ヨーロッパの国々の強制労働者ははるかによく扱った。強制労働者は例えば自由時間に収容所外に出ることも許されていた。強制労働者に用意された宿舎よりずっとひどかったのはしかし、食物であった。多くのいわゆる東方労働者は栄養不足で、まるでまともに働ける状態ではなかった。労働者は男女を問わず、そのうえ給料が低く、会社は彼らから賄いやその他の経費のためにさらに金を巻き上げた。多くの企業では強制労働者の虐待は日常化していた。これはいくつかのスイスの子会社にもあてはまる。例えば、ヴァルツフートにあるロンツァ製作所（Lonza-Werke）は企業内で行われている虐待で悪名が高かった。マギー社でも上司がそこで雇われている強制労働者を殴っていた。人間的な生活や労働の条件に心を砕いた事業主は数えるほどしかいなかった。

> **資料**
> 建物はすべて木造で、二重壁で、レンガの柱の上に建てられている。屋根の面は屋根紙で覆われる。洗濯小屋と便所はコンクリート板の上に建てられる。便所から出る汚物は穴に導かれ、定期的に汲み取られる。水小屋から出る廃水は地面にしみ込むようになっている。

ヴァルツフートにあるロンツァ製作所の戦争捕虜収容所の建物の描写。 ただし言及されている建築方法は雨風をしのぐ十分な造りにはなっていない。強制労働者の多くはこのことに苦情を言った。そのうえ収容所の定員超過によって重大な衛生上の問題が発生した。

> **資料**
> ロシア人はぼろ服をまとっていた。足にはぼろ布を巻いていた。真夏には彼らは裸足でもあった。靴代わりに彼らは足に合わせた板をあてており、それに釘で皮か布ひもを打ち付けていた。彼らはそれを履いて足をひきずるようにして進むことしかできなかった。やせこけた体が［……］引き起こす音は、姿をあわれに見せた。

時代の目撃者の描写。 彼は東方労働者が雇われたアルミニウム有限責任会社ラインフェルデン（Aluminium GmbH Rheinfelden）の状況を述べている。

▶課 題

❶ 強制労働者を徴用することは、どういう理由でドイツにあった企業にとって魅力的に思われたのか。これに反対した人たちの理由は何だったか。
❷ 36人を収容するための48平方メートルの部屋を縮尺通り描いてみなさい。
❸ 第二次世界大戦後に強制労働者に賠償したスイス企業があったかどうかを調べなさい。

スイス金融街

　スイス金融街は19世紀末から外国と強く絡み合っていた。第二次世界大戦時には、これは戦争を行っているすべての国々にとって、とても大きな意味があった。まず第一に、なぜスイス・フランがそれほど重要だったのか、そしてどの銀行が当時存在していたのかが問題となる。それに引き続いて国民社会主義国ドイツにとっての金融機関の意味がテーマとなる。3つの例、すなわち銀行の守秘義務の問題、略奪された金の取り引きの問題、財産の強制的引き渡しの問題に関して、スイスにおいても他の態度がとれたか、あるいはとるべきだったかが問い直される。

　戦時中には、たいていの国家では食料品や工業製品の生産は十分でなく、国内の需要を満たすことができなかった。これらの国々はそれゆえ物資を外国から買い足さねばならなかった。多くの国々は戦争中は、自分たちに敵の戦争計画を漏らしてくれる者たちにも金を払った。これらや他の多くの使命のために、国々には外貨が必要だった。これは国際通貨である。スイス・フランは戦時中そのような通貨であり続け、戦争を行っているあらゆる国々から支払いの手段として受け入れられた、最も重要な通貨であった。そのためスイス・フランはとても人気が高かった。多くの国々の戦争経済の計画においてスイス金融街は交換窓口(ターンテーブル)の役割を果たした。すなわち、スイス以外の国家は、ここでスイス・フランを受け取った。外国はこれと引き換えに工業製品や食料品をスイスにもたらしたのである。ただしドイツはスイスにおいて戦利品を売り、外貨を手に入れた。これはスイスの法律に照らすと違法行為であった。

● スイス国内の銀行

　スイスには数多くの銀行があり、1905年からはスイス・ナショナル銀行(Schweizerische Nationalbank)がある。これは民営の銀行だが、しかしスイス連邦の中央銀行として連邦の協力と監督下に置かれている。この銀行はスイス・フランを監視し、紙幣と硬貨を印刷・鋳造させる。この銀行は金利政策によって貨幣価値や経済全般の安定に努めている。これに対して、一般の銀行は国立の機関ではない。これらは私経済に属している。銀行には様々なタイプがある。すなわち、大銀行、州立銀行、個人銀行、地方銀行、抵当銀行である。すでに第二次世界大戦中に、多くが国際的に活動していた。すなわち、これらの銀行は財産管理の拠点として、外国に住む人たちの口座を運用し、外国のプロジェクトに投資し、国際的な金融取り引きに参加したのである。結果として、外国がスイスの金融機関に依存するようになっただけでなく、その逆にスイスの銀行も外国の発展に依存するようになった。ドイツは19世紀以降、スイスの銀行にとってとても重要なパートナーとなっていた。

　第二次世界大戦中のスイス金融街の意味を理解するには、銀行とは何をするところなのかを知ることが重要である。銀行とは基本的に利子を払うことで顧客から金を預かり、それからこの金を利子を取って貸し出すのである。銀行の顧客は個人、企業、他の銀行、あるいは国家であることもある。銀行に金を預ける顧客は、債権者と呼ばれる。銀行から金を借り出す、すなわち銀行から信用貸しを受ける顧客は、債務者と呼ばれる。債務者が支

チューリヒのパラーデ広場。パラーデ広場に位置している2つの大銀行、スイス信用銀行(Schweizerische Kreditanstalt)(現在のCSG〔クレディ・スイス・グループ〕)とスイス銀行コーポレーション(Schweizerischer Bankverein)(現在のUSB銀行)は、今日まで多くの人たちにスイス金融街そのものの象徴と見なされている。1956年撮影。

払う利子の方が、債権者が受ける利子より高いために、銀行は金を稼ぐことができるのである。銀行はまた顧客から金を受け取り、その金を顧客自身の責任で投資することもできる。このような信託業務に対して、銀行はいわゆる手数料を受け取る。銀行はそのうえ顧客に対して貴金属・宝石類、有価証券、現金を安全に保管もしてくれる。銀行はこれらの財産を他所に貸し出すことはない。銀行はこれらを銀行内の保管金庫か貸金庫に、あるいは他の安全な場所に保管する。スイスの銀行が第二次世界大戦中、どれだけの金を保管金庫や貸金庫に管理していたかは、正確にはわからない。最近の見積もりによると、約200億スイス・フラン以上とされているが、これはこれまで考えられていたよりはるかに高額である。スイスの全銀行合わせて銀行口座に預けられていた金は、これよりいくらか少ない。

●困難な時期……

ナチズムの時代に——しかしそれ以前とそれ以後にも——スイス以外の多くの国はスイスの銀行に金(かね)を預けていた。それらの国々はここに預けておけば安全だと考えたのである。スイスはずいぶん前からもう戦争には巻き込まれなくなっていた。この国は政治的に安定していて、銀行は評判がよかった。顧客たちは、スイスの銀行はしっかり秘密を守ってくれると知っていた。スイスの銀行は、誰が自分たちに金を預けているかを、私人にも政府の役人にも漏らすことはなかった。スイスの銀行口座は、それゆえもっとひどい時期が来たときのための事前の備えと見なされていた。しかし外国の債権者を抱えた営業は、銀行が外国の政治的経済的危機に左右されることも意味した。このことを1931年の世界恐慌のときに、スイスの銀行は痛いほど思い知らされた。

第一次世界大戦以降、銀行はドイツに莫大な金を投資していた。銀行は大きな建築物への融資に関与したり、あるいは企業の株を買ったりした。1931年にドイツは、世界経済恐慌を理由にこれらの金を凍結した。すなわち、ドイツの債務者はスイスの債権者に、びた一文利子を支払わなくなったのである。第二次世界大戦と、これと結び付いている戦争当事者間の経済戦争によって、1939年からこの状況がさらにひどくなった。しかしドイツ相手のあらゆる営業活動が中断してしまったら、銀行に莫大な損失をもたらしただろう。それにもかかわらず銀行は、国民社会主義の時期には、ドイツとの取り引きをできる限り抑えようとした。その代わり銀行は、フランスやヨーロッパ以外の市場で、とりわけアメリカ合衆国で新

資料

「ここ数週間の結果により、ヨーロッパにおけるものごとの秩序のバランスは完全に壊れたが、これは、私の見るところ、単に一時的なものではない。世界と、それとともにもちろん我々の国も新しい諸関係の前に立たされており、我々はそれに慣れなければならないだろう。私はたしかに、我々は慣れや順応だけでは目標にたどり着けないだろうという考えだ。我々の国はむしろ意識的にこの新しい世界の中に居場所を求め、その世界の中で積極的な役割を演じようと懸命にならねばならないだろう。我々は受け身の順応だけに甘んじていては断じていけない。もし我々が新しいイデオロギーを作り出そうとすれば、それで我々が自分たちの使命にふさわしい仕事をしたことになるとは、私にはほとんど思えない。我々の仕事によってのみ、我々は自分たちにふさわしい位置を主張することができるだろう。［……］この目的のためには、我々が参加するのに適切な集団の中で、いつでも協力できるような態勢を整えておくことがぜひとも必要だろう。このような準備は、これが我々によってのみならず、ヨーロッパを明日から支配するであろう産業、交易、金融政策によっても主に左右されるだけに、我々にはますます困難であるように思われる。このような準備が重大な配置換えをもたらすことがありうる。新しいヨーロッパの経済関係の中へ積極的に参入していくためにこのような準備をする前に、我々はしかしながら、もう1つ大変な苦労をしなければ通過できない移行期をやり遂げなければならないだろう。そこでは勇気をなくさないことが何より肝要となるだろう。なぜなら、我々は新しい世界の創造に居合わせているのだから。誕生にはいつも痛みが付きものだということを、我々は忘れずにいよう。我々の当局や我々の経済界の指導者の側から、大胆であり、また思慮深く熟考されたイニシアティブが期待されなければならないだろう。とりわけ、これらすべての努力を調整できる辣腕が必要となるだろう」

スイス・ナショナル銀行総裁ポール・ロッシ（Paul Rossy, 1896-1973）が1940年7月12日に行ったスピーチからの抜粋。この時期、民衆の間には強い不安感が支配的であり、ドイツがスイスにも攻め込んでくるのではないかとの大きな心配があった。ロッシの発言は、特に経済の代表者たちがドイツと協力し合う準備があったことを示している。経済上の理由からできる限りすみやかに順応しなければならない新しい世界秩序が、ここから現れると思われていたのである。

たな営業の可能性を探ったのだった。

世界経済恐慌と戦争の時代は、すなわちスイスという銀行拠点にとって、経済面から見て、本当に大変だった。例えば、スイスで自分たちの金を安全な場所に移した人たちが、例えばアメリカに無事移住した後などに、この金をまたすぐに引き出してしまうことはないか、銀行にも決してはっきりとはわからなかった。銀行は、自分たちがこのすぐ後にどれだけの金を自分たちの仕事に使えるかについても不確かなままだった。これらの問題にもかかわらず、銀行はスイス経済の機能を、全期間を通して正常に保つことに成功した。機能を果たす能力のある金融機関は国の維持に有益なだけではなく、戦争を行っている国々からも交換窓口として利用されたのである。

● ……そして良好な営業

ドイツはずっと前からスイスの銀行の最も重要なパートナーの1つだった。戦時中スイスはドイツに対して主に外貨を調達する働きをしていた。外貨によってナチスは戦争に重要な物資やサービスを買った。連合国は特に戦争の後半期に、スイスはその振る舞いによって枢軸国を一方的に支援しているとして、スイスを非難した。

スイスは中立国として世界的に、戦時中に最もよく機能し、多くの業績をあげることのできた金融機関だった。スイス・フランは最も求められ、自由に取り引きできる通貨だった。連合国も枢軸国も、この交換窓口経由で緊急に必要な外貨を調達した。例えば、ドイツはとても硬い金属であるタングステンを、スペインかポルトガルからスイス・フランで買い取った。タングステンは武器の製造に重要であった。外貨と引き換えに、戦争に重要なその他の物資が調達された。ルーマニアからは石油が、あるいはユーゴスラヴィアからはボーキサイトが。外貨は外交や秘密情報機関にかかわる要件にとっても必要不可欠だった。戦争を行っている当事者たちは外貨を部分的に買収にも投入した。戦争の全期間にわたって戦争の両陣営は、できる限り多くの外貨を調達しなければならないという重圧を受けていた。

● 戦利品の取り引き

戦争が長引けば長引くほど、ドイツが外貨の調達に際して違法なやり方をしていることが明らかになっていった。ナチスが売買していた略奪物さえも、その際に中心的な役割を演じた。彼らは占領地域において、美術品、株、その他の金目のものを押収したり、ユダヤ人や迫害を受けている人たちから金目のものを没収したりした。彼らは引き続きスイスでこういった品物を売りさばき、スイス・フランを手に入れたのである。

連合国は、戦争前の時代にさかのぼる長年にわたる取り引き関係が存在している場合にも、このような取り引きを非難した。ドイツが戦争に負けることがはっきりしてきた1943年に、連合国はますます圧力を強めた。スイスはドイツとのあらゆる取り引き関係を全面的に中断すべきである、と。彼らは、ナチスがスイスにおいて略奪物を売りさばいた可能性がある、と非常に厳しく非難した。銀行は、自分たちはすべてのものを厳密に点検し、略奪物は何ひとつ受け取っていないと誓言した。連合国は最終的に、戦後に強制的に行われた財産譲渡は無効であると見なすと発表した。そのような資産は損害賠償なしに元の所有者にすみやかに返還されなければならない、と。ところがそのうちの一部しか返還されず、すでに次々と所有者が替わってしまったため、そもそも法的に正当な所有者は誰なのか、ほとんどもう探り出すことができないものも多かった。

▶ 課 題

❶ 第二次世界大戦中に、スイスの金融機関が、戦争を行っていたすべての国にとってなぜ重要だったのか。その理由を2つ述べなさい。

❷ ドイツが第二次世界大戦中に外貨を調達したやり方を4つ挙げなさい。

❸ スイスの銀行が1939年にドイツとの取り引きを停止したら、どのような結果になっただろうか。

スイスの銀行の守秘義務

銀行の守秘義務は、スイスの金融機関に対する全世界的な信頼を得るための重要な要因であった。——これは部分的には今日にもあてはまる。他の国々にも同様の法律がある。しかし、スイスの政治的、経済的安定や中立性が銀行の守秘義務と結び付いて、特に有利な状況をもたらしたのである。銀行の業績をねたんだため、あるいはこのような法律を道徳に反すると見なしたため、銀行の守秘義務の廃止を要求する人々が繰り返し現れた。

銀行の守秘義務は、ある人がある銀行の顧客であるかどうか、その人がそこにどれだけの金を預けたかに関して、私人も役人も情報を得ることができないことを保証している。これは医師や弁護士の職務上の守秘義務と同様である。これは銀行の顧客の私的な領域を保護しているのである。スイスの銀行の守秘義務の伝統は19世紀までさかのぼる。しかし銀行の顧客に関する情報を横流しすることは刑法によって訴追され、公犯罪として扱われるという法律ができたのは、ようやく1934年以降のことである。後に銀行は、自分たちは迫害されていたユダヤ人を、それによってドイツ国家から守ろうとしたのだと説明した。この人道主義の側面がしかし銀行の守秘義務に対して認められたのは、ようやく1960年代になってからのことだった。当時、アメリカの経済代表者たちは、銀行街や銀行守秘義務は根本的に道徳に反しているとして、スイスを非難していた。

● 前　史

1932年10月26日にあるスキャンダルが沸き起こった。それが銀行の守秘義務の導入に根本的に貢献した。パリのシャンゼリゼ近くのあるホテルで、当時の七大銀行の1つであったバーゼル商業銀行（BHB）の経営陣の2人が、突然警察の捜査を受けたのである。2人は、パリ出身のある裕福な男性がフランスで税を納めずに済むように、金をスイスに預けるのをちょうど手助けしている最中だった。警察が見つけたのはしかし、それだけではなかった。バーゼル商業銀行の手助けによって、合わせて約4億フランを、フランスの税務当局の目を盗んでスイスへ振替送金しようとしていたフランス人顧客の名前が、200もリストに載っていたのである。スイス人銀行家は刑務所に入れられた。警察はバーゼル商業銀行に預けられていたフランスの財産を差し押さえた。そして、パリの新聞雑誌はスイスの銀行の不道徳を一斉に攻撃した。その後外国の大勢の顧客が、スイスの銀行はもう安全ではないと見なしたため、スイスに持っていた口座を解約した。これはスイスの銀行にとって大きな問題だった。外国の税金逃れの金はとても重要な取り引き分野だったのである。

銀行の守秘義務を定めたこの法律の導入には、しかしさらなる理由があった。1931年以降、外国の国税査察官が、自国の税金がごまかされている財産をスイスで探していた。外国では税は世界経済恐慌のせいでどこでも高騰していた。多くの国々の裕福な市民たちはそのために、スイスで自分の財産を国家の介入から隠そうとした。このような状況においてスイスの個々の銀行員は、外国の顧客の口座情報を漏らすようにそそのかされた。銀行員たちは見返りに捜査官から多額の金を手に入れた。この法律によって、政府と議会、そしてそれらとともに銀行は、そのような行為を罰則をもって禁止しようとした。

結局、銀行の守秘義務は銀行にもある種の安全を提供

秘密保持。 戦争中も銀行は最大の秘密保持に懸命だった。1941年10月2日のスイス銀行コーポレーションの首脳部の議事録に、次のように記載されている。「総裁ゴーレイ（Golay）氏は、諜報活動が一般に受け取られているよりもずっと激しいという理由で、指導幹部たちに政治的な発言をする際には最大の注意を払うように懇願した」。写真はおそらく1955年ごろのもので、パラーデ広場にあるスイス銀行コーポレーションのチューリヒ支店を写したもの。1階はカーテンで目隠しされている。

> **資料**
>
> 銀行および貯蓄銀行に関する連邦法（1934年11月8日）
> 　1　故意に
> 　［……］
> 　b. 組織、公務員、銀行の行員として、監査役、監査の補佐役として、銀行委員会の一員、秘書課の公務員あるいは従業員として、秘密厳守もしくは職務上の守秘義務を犯した者、それを教唆するか、教唆せんとした者は、2万スイス・フラン以下の罰金刑または6ヶ月以下の懲役刑に処する。またはその両方を科す。
> 　2　犯人が投げやりな態度をとった場合は、1万スイス・フラン以下の罰金刑。
>
> 銀行および貯蓄銀行に関する連邦法（1934年11月8日）からの抜粋。第47条ｂは銀行の守秘義務の言い換えである。この条項は、銀行口座の情報を漏らした場合の罰則規定をはじめて定めたものである。この法律は今日まで何度か改訂されているが、しかし核においては依然として当時と同じ規定を含んでいる。

することとなった。1934年の銀行法によって、つまり銀行に対する国家の監視が強化され、新たに創設されたスイスの銀行委員会がその後銀行の書類を調査できるようになった。銀行の守秘義務は、銀行委員会のメンバーや委員会から依頼を受けた外部の監査役に対し、銀行や銀行の顧客関係に関して知りえたことを悪用してはならない、と定めたのである。

●非難と伝説形成

第二次世界大戦中、銀行の守秘義務は金融機関の交換窓口（ターンテーブル）としての機能に対して１つの重要な前提条件を設けた。銀行の守秘義務は安全性を第一に考え、スイスの銀行のよい評判を支えなければならない、と。守秘義務はしかしまた戦後の金融機関の計り知れない成長を後押しもした。それで、なかには銀行の守秘義務を定めた法律を道徳に反すると見なす者があった一方で、銀行の守秘義務が刑法によって保護されていることにスイスの経済上の長所を見る者もかなりいた。戦後になってアメリカ合衆国はそのことでスイスを繰り返し批判した。非難は1960年代に激しくなった。それは当時ナチ体制に対してなされた刑事訴訟手続きの影響を受けていた。例えば、はじめはユダヤ人の東ヨーロッパへの移住、後には移送を準備実行したアードルフ・アイヒマン（Adolf Eichmann）が1961年にイスラエルで死刑判決を受け、フランクフルトでは1963年から1965年にかけて行われたアウシュヴィッツ裁判が大きな注目を集めていたのである。

ユダヤ人の利害を代表する者たちの言によれば、多くのユダヤ人が戦争前に自分の金（かね）をよりによってスイスにもたらしたが、それは銀行の守秘義務があったからだ。しかし銀行はこの金をいまだに持っている。殺害された者たちの相続人たちにとっては、この金は永遠に失われてしまったのだ。この責任は、口座に関して相続人である可能性のある人たちに、どんな情報提供をも妨げてしまう銀行の守秘義務にあったのだ、と。追放や殺害のせいで、多くのユダヤ人一家には必要な銀行の証書がなかった。経済の代表者、特にアメリカ合衆国出身の代表者はしかし、銀行の守秘義務は今日でもなお税金逃れや税金のごまかしを助長しているとも語っていた。

スイスの銀行はしかし次のように論証した。つまり、銀行の守秘義務は国家の不当な干渉から個人の自由を守ることに役立ってきた。守秘義務はスイスの人道主義の伝統に立っている。銀行は1930年代の守秘義務の導入を、ユダヤ人の利益を守るために支持した。銀行は、ドイツのユダヤ人が金をスイスに預けたのかどうか、ドイツのスパイが探り出そうとしたとき、自分たちの顧客のために抵抗したのだ、と。これはしかし諸関係を正しく表現していない。熟慮の中心にはナチスの（もっと後の）犠牲者のことは入っていなかった。むしろスイスは1934年の銀行の守秘義務を、銀行とそのスイスや外国の顧客の保護のために強化した。外国の顧客はそれによってさらに祖国の当局に知られず、干渉を受ける可能性もなく、スイスの銀行に秘密の金を寄託することができ、財産をスイスに移すことによって税を逃れることができたのだった。

▶課題

❶スイスの銀行の守秘義務はどのように、またどうして前世紀のうちに変化したのか、簡潔に述べなさい。

❷銀行の守秘義務は、なぜ第二次世界大戦の間、スイス金融街の交換窓口（ターンテーブル）としての機能にとって重要な前提となっていたのか、説明しなさい。

❸銀行の守秘義務のために現在施行されている法律の条文を探し、それを1934年の歴史的な条文と比較しなさい。どのような違いが確認できるだろうか。

❹今日のスイスの銀行の守秘義務に賛成か、またはそれの廃止に賛成か。あなたの意見の根拠を簡潔に述べなさい。

金の取り引きとナチスの金塊

　スイス・ナショナル銀行は、ふさわしいときに通貨政策の理由から、金を国際的な市場で売ったり買ったりする。スイス・ナショナル銀行はこれを第二次世界大戦中も行った。ドイツは前々から金の取り引きの重要なパートナーだった。もっとも国民社会主義者は戦争中にとりわけ強奪した金をスイスに売却していた。連合国は、スイスは金の出所を知っていたと主張した。それゆえスイスは強奪された金をドイツから買い取ることは許されないだろう、と。スイスは、金の取り引きに際してどんな違法行為もしていないと述べた。もっとも戦後にスイス・ナショナル銀行の代表者は、自分たちは金の違法な出所を考慮に入れるべきだったと認めざるをえなかった。

　ドイツは戦時中、至急、外貨が必要だった。ドイツは、とりわけ金をスイス・ナショナル銀行（SNB）へ売却することによって、スイスから外貨を獲得した。スイスはドイツにとって、それどころか最も重要な金の積み替え場だった。金の取り引きのほとんど80％を、ドイツはスイスの銀行を経由して処理した。ドイツ国立銀行は1940年から1945年の間に、合わせて約17億スイス・フランに当たる金をスイス・ナショナル銀行に売却した。

　金の取り引きは、はじめのうちは第二次世界大戦の出来事とは無関係だった。これは国際的な通貨システムの構成要素だった。十分な金の準備は通貨や経済の安定と、それとともに国の資源供給の確保に貢献する。枢軸国と連合国双方との金の取り引きは、金融機関の機能を維持するために重要だったのである。

　戦時中に行われたドイツからの金の買い取りは、すべてがしかしながら正常な取り引きであったと見なすことはできない。ドイツ国立銀行が扱っていたのは大部分が強奪された金であった。ドイツ国立銀行はそれどころか、ユダヤ人が移送される前に奪い取られたか、絶滅強制収容所でユダヤ人の歯からむしり取られた金を売ったのである。

●ドイツから来た強奪金塊と犠牲金塊

　金は容易に溶かし鋳直すことができる。金歯や美術工芸品や古い硬貨は、金の延べ棒に作り変えることができる。それによって本当の出所が容易に揉み消されてしまう。

　ドイツは、すでに1933年以前に合法的に手にしていた金を備蓄していた。もっとも1938年以降は、ドイツやさらに占領地域にいた個人の所有だった金が入ってきたが、それらは押収されたり略奪されたりしたものだった。そのうえナチスは自分たちの絶滅政策の犠牲者から、いわゆる犠牲金塊を強奪した。最も多くの強奪金塊はしかし他の国立銀行からスイスへ入ってきた。すなわちドイツが、占領地域にある諸国立銀行が保有する金を略奪し、これをスイス・ナショナル銀行に売却したのである。とりわけベルギーやルクセンブルクやオランダの金が、このようにしてスイスへ入ってきた。スイス・ナショナル銀行は1941年以降は、ドイツが強奪した金の備蓄を売却しているのだと推測していた。1942年にはスイス・ナショナル銀行の首脳陣はそれどころか、その出所を隠蔽するために、ドイツの金の延べ棒を鋳直そうと考えた。1943年の12月以降スイス・ナショナル銀行は、ドイツで移送されたユダヤ人の犠牲金塊も出回っていることを確実に知っていた。それにもかかわらず、スイス・ナショナル銀行はドイツ国立銀行との取り引きを制限しようとはしなかった。

　スイス・ナショナル銀行は第二次世界大戦中、強奪金塊を買い取っていた。スイス・ナショナル銀行がどれだけ買ったのか、またその中に犠牲金塊、つまり強制収容所や絶滅収容所で奪い取られた金歯や装身具も入っていたのかどうかは、はっきりしない。それに対して証明さ

金庫室の中の金の延べ棒。金はこのような形で今日まで国際市場で売買されている。

1939年のスイス銀行コーポレーション（ＳＢＶ）ル・ロックル支店の金の取り引き。スイス銀行コーポレーションはル・ロックルに金の精錬所を持っていた。その会社名をメトー・プレシユー（Métaux Précieux）〔「貴金属類」の意〕といい、銀行の子会社の１つだった。メトー・プレシユーは、貴金属商やスイスの会社や外国の会社から買い付けたり、支払い手段として受領したりした金、銀、プラチナを、銀行のために溶かし、延べ棒にした。メトー・プレシユーはこれらの新しい延べ棒に銀行名──すなわちＳＢＶ──と番号、さらに金の純度999.9を刻印した。上の写真の文書の中で左から右に向かって挙げられているのは、次の情報である。日付（月、日）、キログラムで書かれた重量、取り引き相手の名前、延べ棒の本数、延べ棒に刻印された番号。1939年１月14日に、例えば一番上の行に挙げられているのは、ル・ロックル支店がロッテルダムの会社から195キログラムの金を買ったこと、その金が溶かされ14本の延べ棒になったこと、それらには11536から11549までの番号が付けられたことである。後の取り引きにおいてひょっとすると誰かが、これらの延べ棒は強奪金塊だということを消し去ろうとしたかもしれない。こういった場合には、このようなリストはきわめて重要である。リストは最終取り引きの日付に従って延べ棒に明確にナンバリングしている。純度とあわせ、後からそれらの出所も突き止めることができる。この手書きの文書は金属簿記帳からの抜粋である。

れているのは、少なくとも120キログラムの犠牲金塊がスイスに、しかもドイツ国立銀行がスイス・ナショナル銀行に設置した保管金庫の中に入ってきたということである。

●金の取り引きと連合国

スイス・ナショナル銀行は戦時中、連合国からも金を買っていた。もっとも連合国は金を強奪することはなかった。連合国は、スイスが強奪金塊を取り引きし、そのことで枢軸国を支援している、と1943年はじめから非難していた。連合国はこう発表した。連合国は戦後この強奪金塊を正当な所有者に返還するように要求することになろう。スイスはこれに対する補償金を得ることはないだろう、と。スイス・ナショナル銀行はこれに対して、そして間違っているとわかっていながら、ドイツが強奪金塊をスイスへ引き渡したことなど決してないことに間違いはないと主張した。

戦後になってスイス・ナショナル銀行は、自分たちはすでに戦時中から強奪金塊を取り引きしているのだと想像していたと認めざるをえなかった。連合国はスイスに引き渡された強奪金塊の総計を、少なくとも８億スイス・フランと見積もった。ドイツとの金の取り引きの埋め合わせとして、スイスは最終的に２億5000万スイス・フランを戦勝国側に支払った。もっともスイス・ナショナル銀行は強奪金塊を正当な所有者に返還する必要もなく、スイスはこの２億5000万スイス・フランを返済金と見なさず、ユーロッパ再建のための出資と見なしたのだった。

▶課題

❶ドイツは1933年以降、また第二次世界大戦中、どのようなやり方で違法に金を手に入れたのか。３つの可能性を挙げなさい。

❷スイス・ナショナル銀行は1940年から1945年にかけて、どれだけの金額でドイツ国立銀行から金を買っていたか。スイス・ナショナル銀行は、戦後どれだけの負担分を連合国側に支払わなければならなかったか。

❸スイス人は第二次世界大戦中、ヒトラーの金の隠し役だったとの非難に、あなたは今日どのように反応しますか。

財産の強制引き渡し

ドイツ国内およびドイツによって占領された地域にいる人々はみな、国外に所有する財産を国家に申告しなければならなかった。後にユダヤ人たちは、金品のすべてを引き渡さなければならなかった。ドイツやオーストリア出身者が申告せずに財産をまだスイスに所有していることを、ドイツ当局が突き止めたこともあった。ドイツ当局は暴力でこれらの人々の生命を脅かし、彼らに財産を差し出すよう強要した。ドイツへの財産引き渡しが銀行顧客の意思にかなったものなのかどうか、見分けることがときに困難な場合もあった。他方で、顧客の置かれている状況について、また顧客が恐喝された可能性について、配慮を怠る銀行もいくつか見受けられた。

財産をスイスの銀行に所有している外国人顧客の中には、後のナチスによる強奪、絶滅政策の犠牲者も含まれていた。ドイツによって占領された地域にも、口座、有価証券保管金庫や貸金庫をスイスの銀行に所有している人々がたくさんいた。ナチスの権力者たちは様々な措置を講じて、これらの財産を手に入れようとした。彼らはユダヤ人や他の迫害犠牲者を脅し、スイスにある自分の財産をドイツ国立銀行に支払うよう指示する文書にむりやり署名させた。1938年からは人種差別法を適用して、財産を国家に申告し、要請があれば引き渡す義務をドイツはすべてのユダヤ人に負わせた。ナチスの権力者たちはこの法律に違反した者を厳罰に処したので、多くのユダヤ人および他の迫害犠牲者は彼らの財産を引き渡さざるをえなかった。スイスの銀行は指示に従って預金をドイツに振り込んだ。これらの指示の大半が恐喝によるものでしかなかった。ユダヤ系住民はこのようにして相当な金額をドイツ国立銀行に引き渡した。このような引き渡し要求に関して、スイスの銀行は難しい決定を迫られた。顧客の行為が暴力や脅しによるものだと考えられる場合、銀行は引き渡しを拒否することもできた。ただし、そのことで顧客を重大な危険にさらしてしまうかもしれなかった。他方、銀行が金をドイツ当局に引き渡した場合、顧客たちが自分たちの金を目にすることはもう二度とないだろう。戦後顧客たちや彼らの相続人たちが、銀行は金をドイツに引き渡すべきではなかったのだと銀行を非難する可能性がある、と銀行は覚悟しなければならなかった。

●ポーランドの例

戦前、多くのポーランド人およびポーランドの会社がスイスに金（かね）を預けていた。1939年9月にドイツ国防軍がポーランドを攻撃した。続いてドイツは外国にあるポーランド人の財産を手に入れようとした。ドイツ軍が進駐した直後、あるポーランドの銀行がスイス信用銀行（SKA）に対して、全財産をドイツ国立銀行に振り替えるよう要請してきた。SKAはこの要件を法律事務所に調

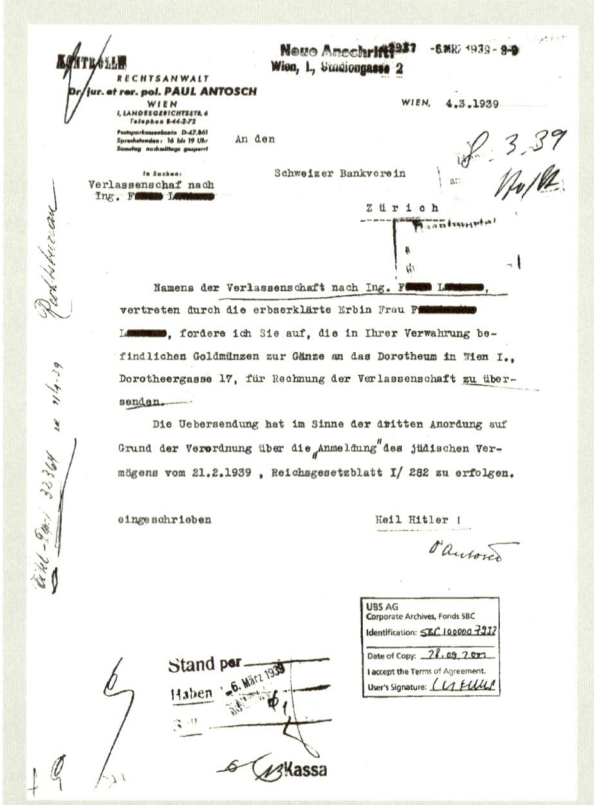

1939年の引き渡し申請。 この書簡でパウル・アントシュ（Paul Antosch）と名乗る弁護士は、技師F・Lの金貨をウィーンに移送するよう要求した。その際彼は1939年2月のナチスの法令を根拠として挙げ、「ハイル・ヒトラー」を添えて署名している。手紙の左端には、同じ顧客のものである預金番号32364番の預金が1939年1月すでに引き渡されている、とスイス銀行コーポレーションの法律事務所によって書き留められている。

```
                    Zürich, den 7. März 1939.    Ho/St.


    Nachlassangelegenheit F████ L████████ .

Zum Brief des Herrn Dr. Antosch vom 4. d.M. :
                    Herr Robert teilt mir mit, dass auf den Namen
"F████ L████████" ein Safe bestehe. Herr Robert kennt den Inhalt
nicht, es wäre aber immerhin möglich, dass sich die Goldmünzen im
Safe befinden. Wir haben indessen keinen Anlass, dies zur Dis-
kussion zu stellen.

                    Es ist Herrn Dr. Antosch daher mitzuteilen, dass
wir auf Grund seines Auftrages vom 13. Januar a.c. das gesamte
Depot des Erblassers an die Reichsbankhauptstelle Wien für Rech-
nung der Verlassenschaft ausgeliefert hätten, und dass dieses
Depot keine Goldmünzen enthalten habe.
```

スイス銀行コーポレーションの念書。 1939年3月7日、チューリヒのスイス銀行コーポレーションは引き渡し申請に従う意思のないことを書き残している。金貨が顧客の金庫にあることを銀行は推測していたのだが、しかしそのことを弁護士アントシュに伝えるつもりはなかった。それゆえスイス銀行コーポレーションは弁護士に、全財産の引き渡しはすでに完了していると報告した。それでものちに、弁護士がより正確な金額を指示して、再び問い合わせてきたときには、スイス銀行コーポレーションもついにこの金貨を引き渡さざるをえなかった。

査させた。署名は強制されたものであるとの見解を法律事務所は示した。そして依頼を実行に移さないよう勧告した。申請がポーランドからではなく、ベルリンから届いたものであることを同事務所は突き止めていた。その他に、財産の額が正確に記載されていないことが、恐喝であることを示唆している、と解釈した。それを受けて、ＳＫＡの総支配人はスイス銀行コーポレーション総支配人とこの問題について協議した。ＳＫＡの執行役員は、ここ数年一緒に仕事をしてきたドイツ国立銀行の取締役たちとも連絡をとったうえで、ＳＫＡはこのような引き渡し申請を躊躇なく実行に移す、との結論に達した。ＳＫＡは当時まだドイツに支店を構えていたので、揉め事は避けておきたかったのだ。多くの銀行が、顧客がナチスの迫害犠牲者であると想定せざるをえない場合ですら、外国の財産をそのように取り扱った。それらの銀行は、そこに記された署名がナチスによって強いられたものではないのか入念に調べることもせずに、外国の顧客が出した振替送金の指示に従った。

◉フェーリクス・Lの資産

ウィーン出身のユダヤ人フレデリーケ（Frederike）とフェーリクス（Felix）・L夫妻の場合、スイス銀行コーポレーション（ＳＢＶ）は彼らの資産をナチスに引き渡すことを延期した（126ページ参照）。この夫妻が財産引き渡しを自分の意思で依頼したのではないことを、ＳＢＶは承知していた。ナチスに脅迫されて、フレデリーケ・Lは財産引き渡し請求を彼女の弁護士に作成させたのである。彼女が財産の額を曖昧にしか記載していなかったので、株券のほかに金貨も顧客の保管金庫にはあったが、そのことをスイス銀行コーポレーションは故意に無視した。

▶課題

❶引き渡し申請の中には、それが脅迫によって申請されたことを示唆する、どのような手がかりがあったのか。

❷なぜ多くの銀行が、引き渡し申請が合法的に出されたものではないと推測すべきだったにもかかわらず、申請に従い資産をナチスに引き渡したのか。

❸戦後、当時の顧客たちが再び銀行を訪れ、自分たちの金は非合法に引き渡された、その金を再び取り戻したい、と訴えた場合、銀行はどのような処置を講じることができたか。

スイスと難民

　第二次世界大戦中のスイスの難民政策はすでに当時から論争を巻き起こしていた。論争は今日もなお続いている。スイスはもっと多くの難民を受け入れなければならなかったのにそうしなかった、と考える人々もいる。他方では、スイスはできる限り多くの人々に保護を与えた、と主張する人々もいる。このテーマが感情的な議論を引き起こすのは、それが迫害された人々の生死にかかわる問題であったからである。スイス国境で追い返された人々は最悪の事態を覚悟しなければならなかったのである。

　まずはじめに、スイスの難民政策を概説する。その後で、決定的な年となった1938年と1942年の出来事を取り上げる。最後に、死の危険にさらされた人々に対する入国拒否をどのように説明することができるのか、この問いに対する答えを探る。

　スイスは人道的伝統を自認する国である。この伝統には2つ根拠がある。第一に、スイスは19世紀、王国が優勢であったヨーロッパにあって、数少ない民主主義国家の1つとして政治的に迫害された人々に亡命を許していた。第二に、戦争が始まるとスイスは軍事的中立と戦争被害者のための人道的政策とを連携させた。戦争の被害を免れていたからこそ、スイスおよびスイスの協力を得た赤十字国際委員会は、あらゆる方面での援助が可能であった。このことは第二次世界大戦においても同様であった。スイスは負傷兵や逃亡兵を受け入れた。そのようにして全部で10万人以上の外国の軍関係者に宿を貸した。その中には数日または数週間しかスイスに留まらなかった者もいれば、戦争終結まで滞留した者もいた。スイス連邦は戦争捕虜の交換に協力し、戦争により互いに外交関係が断絶した戦争当事国双方の利益を代表し、近隣諸国の民間被災者を援助した。スイスの難民政策は、戦争犠牲者のための人道的政策とは区別しなければならない。難民政策の対象は、1933年来ナチスが迫害し、戦争中に殺害に着手した人々、つまり、ユダヤ人、共産主義者や社会民主主義者、ロマおよびその他の住民グループであった。これらの難民はスイスでは歓迎されていなかった。

ディエポルツアウ〔オーストリアとの国境に近いスイスの町〕の難民宿泊所の共同寝室。ドイツ軍がオーストリアに進駐した5ヶ月後の1938年8月、切迫した事態を迎えた。ザンクト・ガレン州や、シャフハウゼンならびにバーゼル近辺のライン川右岸地域においてわずか数日のうちに、ユダヤ人を主とする数百人もの難民がスイス国境を越境した。ザンクト・ガレン州のイスラエル協会の負担でザンクト・ガレン州警察はディエポルツアウにあった、空き屋となっていた刺繍工場に宿泊所を設置した。その宿泊所は難民を300人まで宿泊させることができた。

●庇護権と庇護政策

　難民に対人権を認めた本当の意味での庇護法は存在しなかった。スイス当局の当時の見解によれば、庇護権とは、たとえ関連各国の怒りを買うことになろうとも、外国から来た人々を迫害から保護する、スイス連邦の権利であった。1933年4月スイス連邦内閣はユダヤ人を政治難民と認めないこと、そのためユダヤ人に対して亡命を許可しないことを決定した。この基本方針は1944年7月になってようやく公式に変更されたが、そのころまでにはヨーロッパのユダヤ人の大多数が移住するか、死亡し

資料

ドイツにおける変事に顧慮した政治難民の扱い

Ⅰ．政治難民とは誰のことか。ボイコットのために逃亡したユダヤ人のことか。否、少なくとも現時点ではまだそうではない。この措置は経済分野に対してであった。政治難民とはまず第一に、国家公務員として、左派政治政党の指導者として、または作家として、ドイツの公共社会で役割を果たしてきた人物であろう。これらの人々は例外なく著名であると思われるが、そうではない場合でも、それまでの彼らの活動を査定すれば、難民資格を容易に判定することができる。判定がより困難であるのは、それまで公の場に登場したことのない小役人や労働組合職員等々の場合である。[……]

Ⅱ．これらの考察から私は、本当に庇護の必要な人々だけが受けることのできる、非常に厳格な規定の公布を提議する。現状調査、届け出の義務、滞在場所の指定（国境に隣接する州とチューリヒは除く）、生業従事の一時的全面禁止である。現行の規定を無視して（公の国境通過地点を通らない、有効な証明書類を所持していない、場合によっては、定められた領事館ビザを所持していない）、スイス国境を越境する外国人は国外に追放されねばならない。ただし外国人が迫害された国から直接やって来て、実際に脅かされているという場合は除く。[……] 共産主義者は[……]党の委託または自身の信念に従って政治的活動を行うに違いないので、そもそもこういった人々に亡命を許してよいかどうか、根本的問題が発生する。これらの外国人は例外なく庇護から除外されるべきである、という見解に私は傾いている。[……] この機会に、スイスに定住している外国人共産主義者も追放すべきかどうかについても検討すべきであろう。どこで線引きするかという問題はしかし、社会民主主義者を自称する人物にも発生する。ここで、我が国の社会民主主義者からの報告に沿って判断を下すわけにはいかない。なぜなら社会民主主義者でも左派に属する者はみな、結局のところは同様に共産主義者だからである。しかしドイツ国内の社会民主主義政党で積極的に活動していた人物については、庇護に値すると見なしてもおそらく問題はないであろう。

難民政策についてのハインリヒ・ロートムントの覚え書き。1933年3月22日、ナチスは最初の政治的迫害犠牲者をダッハウの強制収容所に拘留した。1933年4月1日、ユダヤ人商店の組織的なボイコットが開始された。1933年4月4日、連邦司法・警察省警察局長ハインリヒ・ロートムント（Heinrich Rothmund）は将来の難民政策の基本的特質を、いわゆる「覚え書き」数ページにまとめた。

ていた。共産主義者は歓迎されなかった。受け入れられたのはせいぜい、有名な作家や若干の政治的反対者だけであった。1933年から1945年までに、スイスは合計644人に政治的な亡命を許した。それ以外のすべての難民に対しては外国人法が適用され、当局は彼らを法的には仕事を探しに来る外国人や旅行者と同等に扱った。

1930年代、ドイツからの難民にはほんの数日か数週間のスイス滞在しか許可されなかった。彼らはここで、他のヨーロッパ諸国やアメリカまたはパレスチナへと旅立つ、いわゆる「旅の継続」の準備をしなければならなかった。各州の措置は多種多様であったが、各州ともこれらの難民に短期間の滞在を認め、食事と宿所を供与したと見られる。1938年3月、いわゆる「ドイツへのオーストリア併合」後、難民の数は急激に増加した。スイス連邦当局はこれ以降、難民政策に対してのみ責任を負うことにし、国境を閉鎖した。1942年、東ヨーロッパにある絶滅収容所への強制移送を目前にして、西ヨーロッパのユダヤ人がスイスへ避難しようとしたとき、当局はこの国境閉鎖政策をさらに強化した。おおよそ2万人の難民が戦争中に国境で追い返された。保護を求めて外国人が提出した1万4500の入国申請を、スイス当局は却下した。迫害被害者たちはスイスへの逃亡をためらわざるをえなかった。

●スイス内の難民

それでも戦争中、入国許可を得ずに5万1000人の難民がスイス入国に成功した。その中には2万人のユダヤ人が含まれていた。当局は彼らを宿営所や収容施設に、また一部では私人宅にも宿泊させ、最低限の支給を行った。その他に、たいていはスイスに親類のいる人々だったが、生活費を保証することのできた2000人の迫害犠牲者に、当局は限定付きの滞在を許可した。しかし政治亡命は許さなかった。当局は難民の境遇に対して理解ある態度をあまりとらなかった。宿営所や収容施設では軍隊風の規律が優勢であった。男性、女性、子どもがそれぞれ別々の場所に収容されたため、それによってカップルや家族が引き離された。営利目的の労働は禁じられ、手紙のやり取りは監視された。行動の自由や現地住民との接触は制限された。スイスは途中滞在地のみをもって自任し、難民がスイスをできる限り速やかに立ち去ることに腐心した。難民政策で受け入れを拒んだにもかかわらず、スイス国内で約6万人がナチスの迫害を生き延びたことに

関して、次の理由が挙げられる。第一に、戦争開始時に約8000人の難民が国内にいたが、彼らの大多数は戦争のためにもはや出国することができなかった。第二に、スイスは1943年秋から政策を緩和し、1943年9月から1945年5月の終戦までの間に3万7000人以上の難民を受け入れた。第三に、当局はすでに以前から、人道的に救済すべき多大な損害を被った事例として、子ども、妊婦、老人または病人を受け入れていた。第四に、幅12キロメートルの国境地帯をすでに越えてしまった難民をほとんどの場合、当局はもはや国境の向こう側へと送還しなかった。なぜならそのような強制退去がたびたび一大センセーションを巻き起こしていたからである。つまり、非情な難民政策にもかかわらず、難民のために尽力する多くの私人や援助団体がスイス国内には存在していたのである。彼らは、難民が国境を越えるのを手助けし、強制退去に抗議し、難民のために当局に出向き、難民を経済的にも精神的にも援助した。

スイス国境の難民。撮影日不明。国境では無数のドラマが展開した。絶望した難民に同情して手を貸すスイス兵や国境警備員もいた。難民をこっそり国境の向こうへ送り返す者もいた。それに反して、難民を自ら追っ手に引き渡す者も幾人かいた。組織化した逃亡幇助者について、また国境をくまなく監視することの困難さについて、不平が相次いだ。1942年秋、軍警察の士官ハインリヒ・ロートムントは、国境監視のために軍事的手段の導入を検討してはどうか、と提案した。その中には全域にわたる鉄条網の設置と並んで、投光器、銃器、場合によっては毒ガスの使用も含まれていた。

▶課題

❶どのようにしてスイスは人道的伝統を持った国という名声を得るにいたったのか。

❷スイス当局がナチズムの時代に講じた措置のうちで、どの措置が人道的伝統を持った国という名声を高めたのか。またどの措置がこの名声に疑問を投げかけたのか。

❸ディエポルツアウ難民宿泊所の共同寝室の写真を観察し、次の質問に答えなさい。
　ⓐどのような人々や物品をこの写真から認識できるか。
　ⓑ何をこの写真から感じるか。何をこの写真は思い起こさせるか。
　ⓒ過去に関するどのような情報をこの写真から得るか。
　ⓓどのようなことがこの写真に関していえるか。どのような目的のために、この写真は使用されたと思われるか。
　ⓔこの写真に基づいて過去について何を知りたいと思うか。
　ⓕこの写真に関して自分自身では何を知りたいと思うか。

❹スイスではいつから庇護法が存在し、歴史の変遷においてどのように変化していったのか、調べなさい。

資料

スイスの難民政策に関する数字　1933～1945年

1933年から1945年の間に、644人に政治的亡命が許された。

1933年から1939年の間に、数千もの人々がスイスを経由して他の国々に逃れた。戦争が始まった際に8000人がスイスにいたが、そのうちの大多数は戦争終結までスイス国内に留まった。

戦争の間、入国許可を得ずに国境を越えた難民5万1000人をスイスは受け入れた。2000人の難民に当局は入国と一時的な滞在を許可した。

国境で、戦争中、おおよそ2万人の難民が入国を拒否された。

1938年から1944年の間に、外国にあるスイス大使館に難民が提出した1万4500通の入国申請をスイスは拒否した。

1938年の〈J〉スタンプ導入

　1938年に、ナチスはオーストリアおよびドイツ出身のユダヤ人を強制的に追放しはじめた。これらの難民を進んで受け入れる国はほとんどなかった。スイスはユダヤ人難民を国境で間違いなく識別し、彼らの入国を防ぎたいと考えた。ついにドイツはスイスの要求をのんで、ドイツのユダヤ人の旅券に〈J〉スタンプ〔「ユダヤ人」はドイツ語でJude〕を押すことにした。

　1933年に政権を掌握して以来、ナチスはドイツ国内のユダヤ人を弾圧した。1938年にはユダヤ人を強制的に追放しはじめた。それはいわゆる「ドイツへのオーストリア併合」をもって開始された。ドイツ軍は1938年3月にオーストリアに進軍した。その際オーストリア国民の大多数はヒトラーに歓呼の声をあげ、オーストリア軍は何の抵抗も示さなかった。併合後ナチスはユダヤ人商店を略奪し、ユダヤ人に対して公職禁止令を発令し、何千人ものユダヤ人を逮捕、虐待した。半年後の1938年11月9日夜から10日にかけて、それは「水晶の夜」と呼ばれているが、ナチスはドイツ全領土でシナゴーグ（ユダヤ人の礼拝堂）に火を放ち、ユダヤ人の住居や商店を破壊し、100人を超えるユダヤ人を殺害した。1938年末には、ドイツ国内にユダヤ人の未来はもう何ひとつ残されていないことが明白となった。ユダヤ人は新たな人生を築くことのできる国を世界のどこかに探し求めなければならなかった。

●エヴィアンでの難民会議

　ドイツからのユダヤ人追放には他の国々も関心を寄せた。1933年から1938年の間に12万人以上のユダヤ人がドイツを去ったが、そのうちの多くが隣国フランス、オランダ、チェコスロヴァキアに避難地を見出した。併合後数ヶ月のうちに数万人ものユダヤ人がオーストリアから逃れ去った。対策を協議するため、1938年7月、ヨーロッパや海外から32ヶ国の代表がフランス領側のレマン湖岸の町エヴィアンに集った。ほとんどすべての国が、もはやユダヤ人を受け入れることはできないと表明した。このことは、ユダヤ人のために世界が尽力するつもりのないことを、ナチス同様ユダヤ人にも示すこととなった。

たしかにいくつかの国は——例えばイギリスやアメリカ合衆国は——さらに数ヶ月の間ユダヤ人難民を受け入れはした。しかし1939年に戦争が始まってからは、すべての国が入国規定を厳格化した。ユダヤ系ドイツ人をいまや敵と見なし、厳しく監視する国もあった。

●スイスと〈J〉スタンプ

　持続的にユダヤ人を受け入れる気などスイスにはさらさらなかった。スイスが難民に許可したのは、せいぜいのところ「旅の継続」を準備するための短期滞在くらいであった。併合から2週間後、逃れ来るオーストリア人の入国をもっと効率よく検査できるように、スイス連邦内閣はいわゆる「オーストリア旅券所持者」に対してビザ取得の義務を導入した。オーストリアから逃亡しようとしていることが判明した人々やその疑いのある人々に、スイス当局はビザを発行しなかった。オーストリアのユダヤ人がこれに真っ先に該当した。もっともこのビザ取得の義務は限定的な効果しか持ってはいなかった。というのも併合以降オーストリア人は当然ドイツ人と見なさ

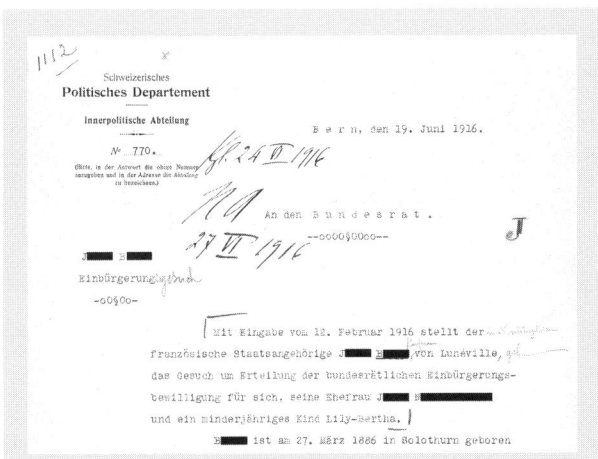

〈J〉スタンプにいたる経緯。1938年にスイス当局はドイツのユダヤ人の旅券に特別な印を付けることをドイツに提案した。最終的に導入されたアルファベット〈J〉を誰が考案したのかは不明であるが、〈J〉の刻印は新しい着想ではなかった。すでに第一次世界大戦中スイスではときおり、ユダヤ人に関する管理当局の内部文書に〈J〉の印が付されていた。その例として1916年、フランス在住ユダヤ人J・Bの市民権取得申請に対して、これを認めないとする外務省の態度表明書がある。

第4章　スイスとドイツ　1933〜1945年

れたのであり、そのため彼らは次第にドイツの旅券を獲得していったからだ。国境で早々にすべてのユダヤ人を間違いなく識別し、追い返すことができれば、それがスイスの役人にとっては一番楽なことだった。そこでスイスはドイツと交渉を開始し、ドイツのユダヤ人全員の旅券に特別な印を付けるよう提案した。

ドイツ側ははじめこの提案を受け入れなかった。つまり当時のナチスの関心はユダヤ人がドイツを去ることにあったのだから、旅券に印を付けてしまってはそれが困難になってしまう。スイス国内にはユダヤ人差別に反対する世論が存在していた。その他に、すべてのドイツ人を対象とした全般的ビザ取得義務の導入を望む声もあった。ついにスイスがそのような全般的ビザ取得義務の導入を突き付けてドイツに迫ったところ、ドイツは譲歩して、ドイツのユダヤ人の旅券に〈J〉スタンプを付けることを承諾する、と表明した。ドイツがこの提案に同意した理由は、そうしなければ他の国々までもが、スイスの例にならって同様に、ドイツ国民に対する全般的ビザ取得義務を導入する恐れがあったからである。もしそうなってしまったら、ドイツとドイツ国民はヨーロッパの中で孤立しかねなかった。1938年9月末にドイツとスイス両国の交渉人は合意を取り交わした。1938年10月4日、スイスはもっぱら「ドイツの非アーリア人」に対してだけビザ取得義務を導入したが、いまや——〈J〉スタンプのおかげで——国境でたやすく彼らの身元を確認することができた。

〈J〉スタンプの協定とユダヤ人だけを対象としたビザ取得義務は、スイスの法秩序を二重に侵害していた。第一に、ナチスの見解に従って「非アーリア人（ユダヤ人を指す）」と見なされた人々にビザ取得義務を課すことで、スイス当局はドイツの人種差別法に追従した。第二に、ドイツの要求に応じてスイス当局は、スイスのユダヤ人の旅券にも特別な印を付ける意向である、と協定の中で表明していた。たとえ、スイスのユダヤ人に対してそのような法的差別を協定締結後も行わない、という合意がスイス側にあったのだとしても、協定の中ではそれが約束されていたのである。スイス連邦司法・警察省

バーゼルのサマーカジノでジャガイモの皮むきに従事する難民たち。撮影日不明。1940年まで難民の世話、宿舎、糧食支給は、国の任務ではなく、私的救援組織の任務と考えられていた。この救援組織は他の国々への旅の継続の企画準備や資金調達でも援助した。原則として、各グループがそのグループに属する難民の世話をしなければならない、つまりユダヤ人はユダヤ人難民を、社会民主主義者は社会民主主義者の難民を世話しなければならなかったので、少人数のスイス在住ユダヤ人は財政的に莫大な額を負担することになった。このようにして、例えば1938年8月中頃、バーゼルにはオーストリアから来た600人前後のユダヤ人難民がいた。政府はたしかにサマーカジノを宿舎として無償で提供した。しかしイスラエル協会の資金は1938年末には底をついてしまった。

警察局長ハインリヒ・ロートムントはこの違法性を認識して、協定を拒絶した。それに反して、スイス連邦内閣はこのドイツとの協定を全会一致で承認した。カトリック保守派の連邦閣僚ジュゼッペ・モッタ（Giuseppe Motta）は、それゆえロートムントが心配するには及ばない、と述べている（32ページ参照）。

▶課 題

❶1938年7月にエヴィアンで難民会議が開催された理由は何か。何が議題となったのか。

❷なぜスイスはドイツのユダヤ人の旅券に特別な印を付けることに固執したのか。

❸スイスとドイツとの間で結ばれた〈J〉スタンプに関する協定は、なぜスイスの法秩序を侵害していたのか、説明しなさい。

❹今日スイスに入国するためにビザの取得が必要なのは誰か、調べなさい。

1942年8月の国境閉鎖

1941年にドイツは権力範囲内にいるユダヤ人を計画的に殺害しはじめた。1942年4月から7月までに約500人のユダヤ人難民がスイスに到着するにいたって、スイス連邦内閣は国境を閉鎖した。スイス連邦内閣は甘んじて、死に脅かされている何千もの人々をその運命にゆだねた。

1942年7月、スイス連邦外国人警察長官ハインリヒ・ロートムントは同職員ローベルト・イエーツラー（Robert Jezler）に依頼して、難民地域の状況について報告書をまとめさせた。ドイツはポーランドに向けてユダヤ人の絶滅収容所への強制移送を開始していた。そのため1942年4月以来、主にベルギーとオランダから、ユダヤ人難民約500人がスイスに到着していた。その数は月を追うごとに増加し、フランスからも難民がやって来るであろうと予測された。イエーツラーは報告書の中で、東ヨーロッパの状況は悲惨をきわめており、ユダヤ人の入国拒否は責任を負いかねる行為である、と述べている。

●ユダヤ人難民の入国拒否

ハインリヒ・ロートムントは、この報告書を担当のスイス連邦閣僚エードゥアルト・フォン・シュタイガー（Eduard von Steiger）に送った。その添え状の中で彼は、最近ではわずかな難民に対してしか入国を拒否していなかったことを詫び、「イエーツラー博士のこの報告書を読めば、スイス連邦内閣もこの処置を否認することはまずないでしょう」と意見を述べた。難民はみな、生命が危ぶまれる状態にあるのだから、政治難民とユダヤ人とを区別しても意味のない事態になった、とロートムントは書き記している。それから彼は、難民の増加をどのように扱うべきかについて、その可能性を様々に論じている。ユダヤ人の運命に対して彼が個人的には同情的であったこととは矛盾するが、しかし20年以上も前から彼が戦ってきた、スイスの「ユダヤ化」に対する反対運動には完全に合致する形で、彼は結論に達する。「ユダヤ人の入国だけを拒否するか？　この考えばかりがおのずと胸に沸いてきます」。

ロートムントの手紙からは不安と確信のなさがにじみ出ていた。彼はスイス連邦閣僚フォン・シュタイガーと協議したのち、民間難民の入国を今後再び、「たとえ、そのことによって該当する外国人に重大な不利益（生命の危険）が生じようとも」、厳しく拒否することを決議した。スイス連邦大統領フィリップ・エッター（Philipp Etter）はこの決議を1942年8月4日に発効させた。その数日後、ロートムントは次のように規定をさらに明確化した。「例えばユダヤ人のような、人種のみを理由とする難民は政治難民とは見なされない」。

●国境の状況

それに続く数ヶ月間、国境地帯では息詰まる光景が繰り広げられた。難民たちは涙ながらに、スイスの国境係官に入国を哀願した。自殺を試みる者もいた。職務に熱心過ぎるあまりに、難民を直接追っ手に引き渡す係官も

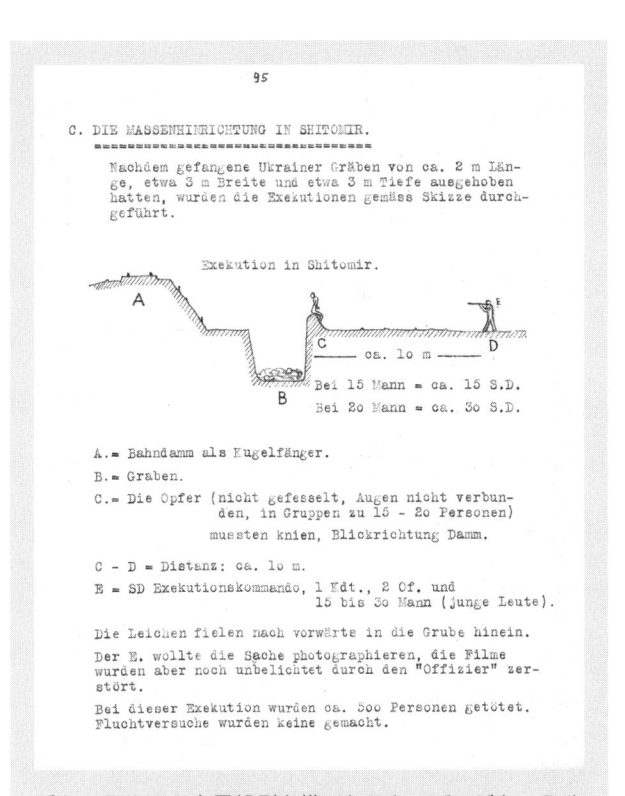

ジトーミルでの大量処刑を描いたスケッチ。ジトーミル（Shitomir）〔ウクライナの地名〕での大量殺戮に関するスケッチは、1942年2月、あるスイス軍将校がドイツ脱走兵を尋問した際に描かれたものだ。軍事的な問題を中心に行われた尋問の調書は97ページに及んだ。脱走兵の尋問によって、スイス当局は早い段階からユダヤ人殺害について情報を得ていた。

資料

　ヨーロッパにおける軍事的、政治的情勢の動向から、近い将来、難民がさらに増加して押し寄せて来ると予測される。この状況に直面して、スイス連邦内閣は［……］引き続き外国人難民を従来通りの方法で受け入れるのか、それとも彼らを待ち受ける運命を顧みることなく、出身国へ退去させるべきか、決断しなければならない。

　スイスの食糧事情、難民が旅を先に続けることに関する困難、おそらくはさらに増えると予想される、おびただしい数の難民、ある種の外交的考慮、国内治安維持上の理由、難民収容に関する困難、これらが、難民受け入れに際してはことに慎重を要する、との思いを生む要因である。

　それに対して、庇護の伝統、一般的な人道的動機、ある種の外交的配慮は、外国人難民に対してできるだけ好意的に対処することを肯定する要因となる。［……］

　戦争当初、わが国に到着するユダヤ人難民は実質的には皆無であった。その後しかし、ドイツが国内になおも定住するユダヤ人をポーランドへ強制移送し始めたとき、再び国境を越えて来るユダヤ人難民が散見された。戦争当初の難民は何のためらいなく入国拒否された。しかし最近では、そのような入国拒否はもはや断行できなくなった。強制移送の方法や東方のユダヤ人地域の状態に関するこれらの信頼できる報告は、いずれも一致して悲惨をきわめており、そのような運命から免れようともがく難民たちの絶望的な試みは理解せざるをえず、また入国拒否に責任を負うことはもはやほとんどできない状況である。

　今日ユダヤ人の置かれた状況が特に悲惨な地域は、ドイツによって占領された地域、保護領、オランダ、ベルギー、フランス北部とのことである。そこに暮らすユダヤ人は、次の瞬間には移送されているのか、人質として逮捕されているのか、それどころか何らかの口実で処刑されているのか、予断を許さぬ状態に置かれている。

ローベルト・イエーツラー博士の報告書からの抜粋。1942年7月30日。

いた。ときには難民を袋叩きにして規則通り国境の向こうへと追い返す、残虐な兵士や国境警備兵もいた。しかしまた難民に同情する兵士、警官や国境警備兵も多かった。ベルンからの命令に従うべきか、それとも目をつぶるべきか、彼らは問題に直面していた。彼らの中には、拘留された難民を災害被害者として入国させるために、あれこれ策を講じる者もいた。そこまでしないとしても、ドイツやフランスの国境係官に逮捕されずに国境から戻ることができる場所くらいは少なくとも難民に教えてやった。

●難民救助

　国境閉鎖と入国拒否はスイス世論によって厳しく批判された。1942年8月末、キリスト教難民救済センター、スイス・ユダヤ人、福音ラント（州）教会の各代表自らがスイス連邦閣僚フォン・シュタイガーに面会した。新聞には批判的な記事が並び、1942年9月には、1933年以来はじめて、難民政策が両スイス連邦議会で再び審議の議題として取り上げられた。この批判に押されて、当局は規程を一時的に緩和した。しかし騒ぎが下火になると、当局は国境閉鎖を再び強化し、そのようにして入国拒否政策はさらに1943年まで固持された。

　当局の厳しい政策と世論との間に矛盾がどの程度あったのかについては、確信を持って語ることはできない。難民たちの困窮を個人的に目の当たりにした人々は、彼らのためにできる限りの力を尽くした。特にユダヤ人、社会民主主義者、共産主義者および国境地帯の住民がそのように尽力した。その他にも、迫害被害者の逃亡を手助けした人々、彼らに宿を提供した人々、当局に出向いて彼らのために交渉した人々、あるいはまた彼らに献金した人々が、スイスのあらゆる地域と住民層にあまねく存在した。しかし1942年秋以降は抗議の声が急速に弱まり、報道において難民政策が全体としてはあまり注目されなかったことを考え合わせると、スイス住民の大多数は当局の政策を承認していたか、または政策に興味がなかったとも推測される。

▶課題

❶ 1942年8月に国境を閉鎖したとき、ユダヤ人迫害についてスイス当局はどんな情報を持っていたか。

❷ ローベルト・イエーツラーによれば、大がかりな難民受け入れに否定的な理由が6つあるという。その6つの理由を挙げなさい。

❸ ある種の外交的考慮は大がかりな難民受け入れに肯定的な理由を提供し、また他の外交的考慮はそれに否定的な理由を提供するだろう、とローベルト・イエーツラーは書いている。彼はこれによって何を言おうとしているのか。

難民入国拒否の理由

　スイス国内で約6万人の難民がナチスによる迫害を生き延びた。同時に当局は数千人もの人々に対して援助を拒んだ。それも彼らに死の危険が迫っていることを知りながら、拒んだのである。このことはどのように説明がつくのであろうか。

　国境で追い返された2万人の難民を、スイスで生き延びた迫害被害者6万人と対比する人々もいる。しかし人間の数と数を差し引き勘定することなどできるだろうか。当事者にとって入国許可は救命を意味した。それに対して入国拒否は多くの場合、死を意味した。2万人分の命に関しては、スイスはもうそれ以上救うことができなかった、ということなのだろうか。生命の危ぶまれる人を救済するのは人の道であった。このことにスイス連邦外国人警察も異論はなかった。それでも救済を拒否する正当な理由があったというのだろうか。もしも1942年に当局がユダヤ人の迫害を正当な亡命理由と認め、国境をユダヤ人のために開いていたならば、実際にスイスの存続が脅かされる事態になっていたのだろうか。以下では、戦争中または戦後に国境閉鎖を正当化するために持ち出された根拠のいくつかを検討する。

1942年ジュネーヴ近郊のヴァランベ（Varambé）収容所で点呼を受ける難民たち。1940年、難民たちは労働収容所や施設に収容された。そこでは軍隊風の規律が優勢であった。難民の困窮に理解を示す収容所長は少なかった。個人の要求や権限はほとんど認められていなかった。抑留されていた兵士たち同様、難民たちも道路工事や農場で働いて、国の自給自足に加勢した。

●食糧事情

　戦争開始後すべての住民に、年齢、性別、仕事量に応じて決まった量の食糧が配給された。はじめ当局はわずかな食料品しか配給制にしなかったが、戦争が進むにつれ、配給する食料品を次々と付け加えていった。1942年にはパンも配給制となり、さらに戦争がどのくらい長引くのか不透明であったこの時期、いつか食料品が足りなくなるのではないかという心配が生じるのは当然であった。国際的に比較して、食糧事情はしかし常に大変良好であった。いわゆる「食糧増産運動」でスイス住民はいたる所にジャガイモを栽培した。そのためこの重要な基本的食料品を当局は一度も配給制にする必要がなかった。ジャガイモは戦争中ずっと、自由に入手することができた。

●戦争勃発の危険

　ヒトラーの戦術は予測のつかないものだった。そのため、仮にユダヤ人難民を大がかりに受け入れていたとしても、ヒトラーがスイスを攻撃することはありえなかったとは、確信を持って言い切ることはできない。しかしドイツがユダヤ人難民の入国拒否をスイスに要求した形跡はなかった。むしろその逆である。1942年の国境閉鎖後、決して外部からの圧力に従って行動しているのではないことを、ハインリヒ・ロートムントは次のように説明している。「万が一将来、我々の北の隣人がユダヤ人問題や、その他どんなふうであれ、私の職務範囲に該当する事柄に対して干渉してきたとき、それを断固として退けることができるように、私はただ秩序を保つばかりである」。

●国内治安維持

　軍当局と政治当局は難民を治安維持上のリスクと考えていた。当局はスパイ活動や政治的煽動を懸念していた。そういう理由で多くの難民を監視し、郵便物を検閲し、活動の自由を制限した。スイスは当時たしかに国際的な情報の交換窓口（ターンテーブル）であった。外国の秘密情報

機関がスパイを、また国際的に活動する援助機関がそのメンバーを、この中立国に駐在させていたからである。しかし難民がスパイとして活動していたことを示す根拠はほとんどなかった。

●拡大する反ユダヤ主義に対する不安

ユダヤ人を受け入れてはならない、さもないと反ユダヤ主義がスイスで拡大する、と当局は説明していた。間違いなくスイスには反ユダヤ主義が存在していた。それどころかスイスのユダヤ人の中にさえ、ユダヤ人難民をたくさん受け入れたら、反ユダヤ主義が激化するのではないか、と恐れる人々がいた。この考え方はユダヤ人に反ユダヤ主義の責任を負わせ、キリスト教系多数派住民の偏見を隠蔽するものだった。その他に、当局自体はユダヤ人に敵対的ではないが、しかし民衆の反ユダヤ主義から国を守らなければならないのだ、とも当局は主張した。しかし、反ユダヤ主義的偏見が官庁の執務室と軍上層部に蔓延していたことを、資料は示している。また、1942年秋に難民政策について審議されたとき、当局が恐れていたのは住民のユダヤ人排斥運動などではなかった。むしろ同情の波に対して、国を席巻していた純真な寛大さの波に対して当局は苦言を呈していた。

●どうやってスイスは、600万のユダヤ人難民を受け入れるべきだったのだろうか

もしも1942年に国境を開けていたならば、スイスは何十万人もの難民を受け入れなければならなかった、と考えるのは誤りである。殺害された600万人のユダヤ人の大多数は東ヨーロッパに住んでいた。彼らがスイスに逃亡することは不可能であった。1942年に問題になっていたのは、フランス、ベルギー、オランダにいた迫害被害者であった。彼らの多くは抑留されていた。多くはスペインに逃亡を図ったが、フランスにいる無数の警察や軍の捜索隊が逃亡する者をみな逮捕しようと迫っていた。つまり数万人の迫害被害者を一時的に受け入れることが問題だったのである。それは組織上の問題と制限を必然的に伴ったであろう。1943年春になってようやく戦局は明らかになってきたが、戦争の先行きや出口がはっきりしなかった1942年秋当時、そのような決定はある種のリスクをも意味していたであろう。そのような挑戦に打ちかつ能力をスイスが基本的には持っていることは、スイスがフランスとポーランドの兵士を一度に4万2000人受

> **資料**
> 1942年ボートは満員だったのか？
> 「小さな救難ボートはすでに大変混み合っており、収容能力にも蓄えにも制限がある、一方には何千人もの難破事故の犠牲者が助けを求めて叫んでいる。この状況で救難ボートを指揮しなければならない者が、すべての人を船に引き上げることができない場合、きっと彼は冷酷に見えるだろう。しかし、間違った希望を持たぬようあらかじめ警告し、すでに引き上げられた人々だけでもせめて救おうと努力するならば、彼はまだ人間的である」
> ――
> 連邦閣僚エードゥアルト・フォン・シュタイガーによるチューリヒ市エーリコンの「若い教会」〔改革派教会の青少年のための団体〕での講演。1942年8月30日。

> **資料**
> 「我々の救難ボートはまだ定員超過ではない、満員ですらない。満員でないのならば、余地があるだけ受け入れようではないか。そうしなければ我々は罪を犯すことになる」
> ――
> 国民議会議員アルベルト・エーリ（Albert Oeri）による国民評議会の難民に関する討論での意思表明。1942年9月22、23日。

> **資料**
> 少なくともヴォー州の住民は（入国拒否の）措置に賛成である。しかし、こんなにそっけなく、唐突にことを進めるべきではなかったのだ。我々はベルンの内閣に全面的に賛成である。オート＝サヴォアから来るユダヤ人を我々は受け入れることはできない。ユダヤ人を受け入れられるかどうか、という物理的な問題だけ（が関連しているの）ではない。（その中には）好ましくない人々が非常に多く（いる）。我々は選択を許されているし、そうしなければならない。
> ――
> ヴォー州警察署長アントワーヌ・ヴォドー（Antoine Vodoz）。1942年8月28日、州警察署長会議にて（非公式の箇条書き風の調書）。

け入れた1940年6月に、すでに立証済みであった。

●大量殺戮、戦争そして反ユダヤ主義

ナチスによる大量殺戮が戦争の際に行われた。この戦争はスイスにも危険と不自由な生活を招いたので、スイス当局および住民の注目を集めた。戦争とそれに関連した脅威はたしかに、スイスが難民の入国を拒否した重要

な原因ではあったが、しかし、「例えばユダヤ人のように、人種のみを理由とする難民」が死の危険にさらされているにもかかわらず、スイスが彼らの入国を拒否したことの説明としては十分ではない。むしろ、スイスは原則としてユダヤ人を受け入れるつもりがなかったから拒否したのだ、と言った方が正確である。この背景となっていたものは、キリスト教の伝統に何世紀も前から存在するユダヤ人敵視であった。ユダヤ人敵視は1900年ごろ、国家主義的な民族共同体の観念と混ざり合い、そして20世紀にそれは「外国人住民の過度の増加」と「ユダヤ化」反対運動の形でスイスにおいて具体化した。たしかにドイツの人種理論とナチスのようなユダヤ人迫害方法はスイスでは拒絶された。しかし「ユダヤ人問題」が存在すること、そしてあまりに多過ぎるユダヤ人からスイスを守らねばならないこと、これらについて大半の人々の意見は一致していた。スイス同様、大部分の国が迫害被害者をほとんど救済しなかったことの最も重要な原因は、スイス、ヨーロッパ、アメリカ合衆国で拡大していった反ユダヤ主義であった。

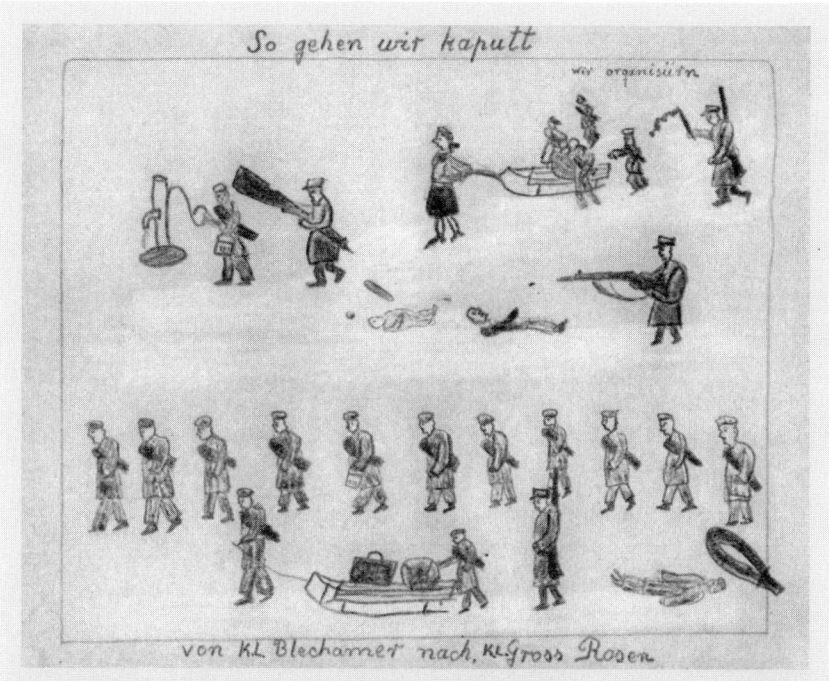

「そうやって我々は壊れていく」強制収容所生存者の少年が描いたスケッチ。1945年。終戦前後の数ヶ月間、ユダヤ人迫害を生き延びた犠牲者のためにスイス当局は様々に尽力した。1945年6月、350人ほどの子どもや年少者が強制収容所ブーヘンヴァルトからスイスに到着した。彼らはここで、思いやりあふれる看護人たちのおかげで、元気を取り戻すことができた。体験したことを文章や絵で描かずにはいられない者もいた。他方では、それについて語ることのできない者もいた。スイス当局はこの人道的活動で政治的な目標をも追求していた。つまり、難民のために何かしら尽力していることを、当局は連合国に示したかった。そのために、若干のユダヤ人の子どもや年少者がひょっとすると無期限でスイスに留まりかねないことは大きな不安材料であったが、当局はそれに甘んじたのである。つまり、1年以内に全員の受け入れ国を見つけ出すことはほとんど不可能ではないか、と当局は危惧していたのである。強制収容所を出た子どもたちがスイスに到着すると、まず彼らを有刺鉄線の柵で囲まれた宿泊所に宿泊させた。生き残った人々がどんな苦痛を被ってきたのか、それを真剣に考えることのできた、または考える気のあった者は、スイスにはわずかしかいなかった。

▶ 課 題

❶ 1942年8月30日、スイス連邦閣僚エードゥアルト・フォン・シュタイガーはスイスをたとえて、もはや誰１人乗せることのできない小さな救難ボートだと述べた。その１週間後、ロールシャッハの学校のあるクラスから彼は手紙を受け取ったが、そのクラスの意見は彼とは異なっていた。演説と手紙の文面は http://www.dodis.ch（Nr. 12054 および Nr. 14256）に掲載されている。2つの文書を比較しなさい。2つはどのような構成になっているか。どのような論拠が前面に押し出されているか。どのような問題が扱われていないか。

❷ 国が難民をもっと受け入れることができるかどうかについて、1942年当時スイスの人々の意見は一致していなかった。難民を大がかりに受け入れることに賛成なのか反対なのかは、何によって意見が分かれたのか。理由をいくつか調べなさい。

❸ あなたの意見では、差し迫った生命の危険にさらされた人を助けないような状況はあると思うか。国が救済する場合に、救済すべきではない状況もあると思うか。

❹ どの外国人が今日スイスに受け入れられ、どの外国人が受け入れられないか、調べなさい。この政策についてあなた自身の見解を述べなさい。

第5章
過去の不法な行為の認定と賠償

罪と責任。ドイツ首相ヴィリー・ブラント（Willy Brandt, 1913-1992）は1970年12月7日のポーランド訪問の際、ワルシャワ・ゲットーのユダヤ人慰霊碑の前で突然ひざまずいた。ブラントは社会民主党員としてナチスから迫害を受けており、ナチスの犯罪に対して個人的にはいかなる責任も負っていなかった。しかし政治家として、ドイツ国民の名において行われた犯罪の政治的責任を引き継いだのだ。ジャーナリストであるヘルマン・シュライバー（Herman Schreiber）は、『シュピーゲル』誌1970年12月14日号に次のように書いた。「それから、ひざまずく必要がない彼はひざまずいた。その勇気がないから、それができないから、あるいはその勇気を持てないから、必要があるのにひざまずかないすべての者に代わって」。

●目 次

はじめに	118
レポート課題	119
過去の不法な行為の認定と賠償	120
スイスとナチズム――難民ヨゼフ・シュプリングに対する入国拒否	124
スイスとナチズム――フェーリクス・Lの資産の行方	126
スイスとナチズム――ユリウス・エルカンの生命保険	128
スウェーデン――第二次世界大戦時の行動と歴史の再検討	130
スイス――「路上の子どもたち支援」の被害者、イェーニシェの人たち	132
オーストラリア――アボリジニ、権利を求めて長びく闘い	134
南アフリカ共和国――真実和解委員会による和解の試み	136
ユーゴスラヴィア――国際刑事裁判所による正義の追求	138

●学習目標

- 20世紀に不法な行為を受け、後にその行為の賠償を求めて闘った4つのグループについて学ぶ。
- 過去の不法な行為を清算するために行われた法的、政治的、文化的な措置を各2例ずつ学ぶ。
- 過去の不法な行為を記録した写真を示し、その写真について説明できる。
- 近代史における集団に対する不法な行為の一例をレポートにし、その被害者および他の人々が、その行為の認定と賠償を求めてどのような努力をしたか説明する。

はじめに

　ナチスによって支配された時代（1933～45年）、ドイツおよびドイツが占領した地域では膨大な数の犯罪が行われた。勝利した連合国側は戦後、加害者であったドイツおよびオーストリアの戦争犯罪者たちを裁判にかけた。被害者に加えられた不法な行為〔正義・人道に反すること〕を、略奪された資産の返還（回復）や賠償金の支払いによって賠償しようという試みがなされた。このナチスによる犯罪の再検討は、過去の不法な行為とどのように向き合っていかねばならないかということをはっきり示すものとなった。スイスは戦争を免れ中立を保った。ドイツによって行われた犯罪に対して責任はなかった。それゆえ長い間、スイスは傍観者にすぎず、賠償を行う必要は何もないという考え方が支配的であった。もっともすでに戦争中にも批判的な意見はあったが、それは難民政策やドイツとの経済関係に向けられたものであった。しかし近年の研究によって、スイスが単なる傍観者だったというのはまったくの誤りで、ナチスの不法な行為に関与していたということが明らかになった。それゆえ、スイスにはどのような責任があるのか、またスイスは過去の不法な行為を認め、賠償すべきなのかという問題が提起されている。今日では世界中で、不法な行為の再検討を行い、何らかの方法でそれを賠償しなければならないと考えられている。他の国々の例がそれを示している。それらの例が我々に、過去の不法な行為と向き合う正しい姿勢とは何か、深く考えるように求めている。

　本章では最初に、ナチスの犯罪との取り組みを手がかりに、いくつかの一般的な考察を行う。それによって、不法な行為の認定とそれに対する賠償は、個々の人間（個人）に対してなされるのか、それとも住民グループ全体（集団）に対してなされるのか、区別することができる。不法な行為を再検討する際には、法的、政治的、文化的な措置に分けて考えることができる。結局のところ昔も今も、人間は大概の場合、自分の時代の物差しによる不法な行為しか認めない。しかし時には、当時はあたりまえで、法的に認められていたことも、後になってから不法な行為と見なされることがある。すなわち、以前は正当だったことが、後に歴史上の不法な行為になりうるかどうか、ということが問われている（120～123ページ参照）。

　次に、ナチ時代の不法な行為に対する賠償問題について、スイスにおける例を3つ挙げる（124～129ページ参照）。

　3番目に、それ以外の5つの事例を手がかりに、不法な行為というものがどれほど多様でありうるかを指摘する。それらの事例によって、世界のあらゆるところに、様々な方法で、過去の不法な行為の認定と賠償を求めて努力している人々がいることが明らかになる（130～139ページ参照）。

　レポート課題は、「過去の不法な行為の認定と賠償」というテーマでレポートを作成することである。レポートでは、ナチ時代におけるスイス史上の問題を取り上げてもよいし、近代史上の不法な行為の別の事例をテーマにしてもよい。

レポート課題

　課題として、スイスもしくは他の国で起こった近代史上の集団に対する不法な行為の事例を1つ取り上げ、レポートを作成すること。またレポートでは、被害者、あるいはその子孫や他の人々がどのようにして、その不法な行為の認定と賠償を求めて努力したかを明らかにする。レポートの形式は自由に選択してよいが、その中に自分の個人的な視点を示し、自分の意見を反映させること。歴史の流れの中で不法な行為は何度も繰り返されているということを理解するのが重要で、その手助けとなるのがこのレポートである。その時代の当事者あるいはその子孫がともに和解を求める努力をし、敵のイメージや憎悪をうまく払拭することができれば、過去に不幸な歴史があっても、共生が可能になるのである。

▶学習の進め方

① まず「過去の不法な行為の認定と賠償」のテキストを読み、次にいくつか紹介されているその例をよく理解する。

② 自分にとって特に関心があるのは紹介されている例の中の1つなのか、あるいはそれ以外の住民グループ全体に対して行われた不法な行為の例なのか、よく考える。事典を引いたり、インターネットで調べたりして、誰が、いつ、どのような不法な行為に苦しめられたのか、正確にはどこに不法な行為が存在したのか、それを清算するためにどのような措置が求められ、行われたのか、自分のテーマについて概観を得る。

③ 自分の研究課題を詳しく定めたプランを示す。そのプランについて、教師や、その研究課題について理解している者と話し合ってみる。

④ 自分のレポートのための資料を探す。その資料の出典を明記することを忘れてはならない。もし文章全体を書き写す（引用する）ならば、その箇所には引用符をつける。

⑤ 自分が得た知識を適切な形で表現する。発表が成功すれば、自分にとってもその他の人々にとっても喜びは大きい。

⑥ 自分の研究のために、不法な行為を受けた人々と話をした場合は、当然それらの人々にはそのレポートを読む権利がある。それらの人々と、自分に期待しているものは何か、自分がレポートをクラスで発表し、コンクールに寄稿することに同意するかどうか、よく話し合ってみる。

▶注意点

　自分の課題レポートの根拠とするものは、文書資料および映像に限ること。しかしテーマによっては、口頭での情報を得られる人々も存在する。そのようなインタビューの機会を利用することは役立つが、すべての人々が自らの経験を話す心構えがあるわけではないことに配慮しなければならない。

　個々のレポートの評価点は次の4つである。

■ 人間、時代、場所の関連──不法な行為と賠償は歴史的な観点から考察されているか。

■ テーマの説明──レポートは興味深く、読み手を引き付けるものとなっているか。そこに筆者の個性が感じられるか。テーマの様々な面が解明されているか。

■ 手法──レポートは計画的に作成されているか。参考資料の出典は正確に記されているか。レポートは期限内に提出されたか。自分の手法について自分自身で批判的によく考えているか。うまくいったところ、そしてあまりうまくいかなかったところはどこか、よく考察したか。

■ 形式──言葉はわかりやすいか。構成はうまくいっているか。創造的な資料が効果的に使われているか。導入はうまくいっているか、結論は納得させる内容になっているか。

【その他のレポート課題】

　国際刑事裁判所（International Criminal Court: ICC）についてレポートを作成する。誰がいつどのような理由で国際刑事裁判所を設立したのか、国際刑事裁判所はどこにあるのか、誰が判事を務めているのか。その裁判所に賛成しているのは誰か、反対しているのは誰か、またどのような理由から賛成や反対をしているのか。インターネット、新聞資料室、図書館でそのための資料や映像を探すこと。あるいは例えば判事や弁護士などの専門家に質問してみる。その調査の結果を1枚から2枚のレポートにすること。クラスメートが国際刑事裁判所の問題点はどこにあるのか理解できるように、自分の知識をクラスで発表すること。参考資料の出典を明らかにすること。

過去の不法な行為の認定と賠償

不法な行為が起こったとき、何をしなければならないか。犠牲者は加害者に報復すべきなのか。加害者は法廷で裁かれなければならないのか。不法な行為は犠牲者に賠償金を支払うことによって補償することができるのか。どのようにしたら和解は成功するのか。これらの問題は、個々の人間に対するものか、あるいは住民グループ全体に対するものかということとはかかわりなく、あらゆる不法な行為に投げかけられている。第二次世界大戦中にナチスによってユダヤ人やロマ、政敵、障害者、その他の住民グループに対して行われた犯罪を再検討することは、どのような方法で、集団による不法な行為を認定し、賠償することができるのかという私たちの考え方に大きな影響を与えてきた。

多くの不法な行為が行われた１つの時代が終わると、さてどうしようかということが問われる。不法な行為はできるだけ早く忘れたいと思う人々がいる。そういう人は「その話はもうやめにしよう、将来へ目を向けようじゃないか」と思う。それとは別に「どうしてそんなことになったのだろう」と問いかける人々がいる。そういう人々は過去と向き合うことによってはじめて、正義と平和が可能になると考えている。

●不法な行為の時代

戦争というものの特徴は常に不法な行為である。男たち、女たち、子どもたちは迫害され、暴力を受け、殺される。人間の権利が土足で踏みにじられる。しかし不法な行為は平和な時代にも起こっている。いたるところで人間は、肌の色や、性別、国籍あるいは社会的な出自を理由に不利益を受けている。多くの国家で人間は、政治的あるいは宗教的な信条が原因で迫害を受けている。

すでに同時代の人々はたいてい、自分たちのいるところで不法な行為が起こっているのを目にしている。しかしその時は当然のことで、法的にも許されていたことが、その後の時代になると不法な行為と見なされるということが、しばしば起こっている。過去についての公の場での議論は、当時の責任者たちが権力を失い、新しい権力者たちが、自らもその議論に加わる意思があってはじめて可能になるというのも珍しいことではない。

●不法な行為の認定と賠償の時代

20世紀に世界中で集団犯罪の犠牲となった人々は数百万人にのぼる。ヨーロッパでは代表的な独裁者の時代として、スターリンの時代（1927～53年）とヒトラーの時代（1933～45年）が挙げられる。東ヨーロッパでは冷戦の終了（1989年）によって、ようやく共産主義の犯罪について公に議論ができるようになった。それに対してナチズムとの取り組みは、第二次世界大戦が終了した直後に始まった。加害者であるナチスは訴追され、犠牲者たちには賠償が行われた。ユダヤ人に対する大量虐殺は、西ヨーロッパやイスラエル、アメリカ合衆国では、ここ20年の間にテーマの中心であった歴史上の出来事だが、大量虐殺を可能にしたのは長い間の反ユダヤ主義の伝統であり、その伝統はドイツに限られたわけではなかった。

ドイツ連邦共和国が、ナチスによる不法な行為を認定し、賠償したことは、世界中における過去の不法な行為との取り組みに、これまで大きな影響を及ぼしてきた。本章で紹介されている不法な行為の形は非常に多様であ

カッペル戦争のミルクスープ。 いつの時代にも、世界中どこにおいても戦争や不法な行為の後に和解するための儀式が存在した。スイスでもっとも有名な例は、1529年に新教同盟とカトリック同盟が戦ったカッペル戦争のミルクスープである[1]。不法な行為というものは昔は、終わってしまった後はできる限り早く忘れるべきだとされていた。しかし我々の時代では「二度と起こさない」あるいは「決して忘れない」というスローガンとともに記憶にとどめる義務があるのだ。

ニュルンベルク裁判。ドイツ人およびオーストリア人の重要戦犯22名に対する国際軍事法廷は1945年10月18日〔起訴状の公開日。裁判は11月20日に始まった〕から1946年10月1日まで続いた。12名に死刑、7名に禁固刑、3名に無罪が言い渡された。ニュルンベルクではさらに12件の追加裁判が行われた。日本の政府および軍隊の指導者たちは、東京の軍事裁判で責任を問われた。

る。しかしながら、過去に住民グループ全体に対して行われた不法な行為に、現在どのように対処していかねばならないかという問題は、常に提起されている。

◉連合国によるナチ戦犯に対する裁判

すでに第二次世界大戦中に連合国側の大国、イギリス、アメリカ合衆国、ソ連は、戦争犯罪者たちに自らの行為の責任を問うことになるだろうと表明していた。勝者となったこれらの国々は1945年の秋、ニュルンベルクで国際軍事法廷を開いた。起訴理由は次のようなものであった。

①平和に対する犯罪。国際法に反する侵略戦争の計画と遂行を意味する。
②戦争犯罪。すなわち戦争捕虜の殺害などの国際的な戦争法規違反。
③人道に対する犯罪。

ニュルンベルク裁判でははじめて人道に対する犯罪の訴追がなされた。裁判では戦争犯罪と並んで、戦争以外でも一般市民に対して行われた犯罪も取り上げている。その中には政治的、人種的あるいは宗教的な動機に基づく、住民グループ全体の殺害や奴隷化がある。戦後連合国側の法廷は、ドイツの東西において、ナチスの犯罪を理由に数千の人間を裁いた。しかし冷戦やドイツの分割によって、訴追に対する連合国側の関心は薄れていった。

連合国側にとっては、占領したドイツの地域を西側に組み入れることが緊急の課題に思われたのだ。それで連合国側はナチ戦犯の訴追を、1949年に成立したドイツ連邦共和国とドイツ民主共和国（1949～90年）に委ねた。過去との取り組みは2つのドイツ国家では異なる道を歩むことになった。

◉ドイツ連邦共和国におけるナチ戦犯の刑事訴追

ドイツ連邦共和国では戦後13年目にあたる1958年、ナチ犯罪解明センターが設立された。1960年代にはいくつかの重要な裁判が行われたが、その中で特に注目されたのは、1965年にアウシュビッツ強制収容所の責任者たちに対して行われた裁判だった。問題は、法律では慣例になっている犯罪行為の時効であった。1960年代には殺人罪をのぞく犯罪の多くは、長い年月が経過したという理由で、もはや処罰の対象にならなかった。それでドイツ連邦共和国はナチズムと関係している殺人罪の時効を1965年にはまず30年に延長し、その後完全に廃止した。1985年までにドイツの法廷は、約9万人の取り調べを行った。有罪になったのは6500名にのぼるが、そのうち多くは強制収容所における殺人幇助が理由であった。

◉犠牲者への賠償

戦後すぐに、犠牲者からナチスが略奪した資産の返済

（回復）が始まった。住居、会社、芸術品、家具、株、装飾品などがそれに含まれた。法的な所有者にもはや返還することができないものに関しては、賠償金が支払われた。これらの返済は賠償の第一部だった。第二部は犠牲者の苦しみに対してのものだった。ナチスの迫害によって家族を失った者、自分自身が強制収容所に入れられた者、あるいは健康被害に苦しんだ者は、賠償金の一括支払いか、年金を受け取ることになった。

しかしこれらの賠償は1938年当時のドイツ国内にいた人々に限られていたため、東ヨーロッパで暮らしていて迫害された人々の大部分はこの賠償から除外されていた。ドイツのユダヤ人や政敵への迫害は早くから認定されていたが、その他のグループ、例えばロマや強制労働者たちは、迫害されたことの認定と賠償金の支払いを求めて何十年もの間、闘わねばならなかった。

結局は賠償交渉では1件ごとに、略奪された資産の価値を正確に証明し、どんな健康被害でもその程度を詳細に医学的に調べなければならなかった。犠牲者たちは、わずか数年前には自分たちを迫害したドイツの役所で行うこの手続きを、尊厳を傷つけるものだと感じていた。こういったすべての理由から賠償は批判にさらされることになった。

それにもかかわらず、賠償は歴史的に類を見ないほどの規模で広がった。1985年までにドイツ連邦共和国は860億マルクを犠牲者に支払った。約束された年金はこれまでにも支払われたし、そして今後も引き続き支払われていく。21世紀の初頭には、ドイツの政府と経済界はかつての強制労働者たちへの賠償として最終的に100億マルクを準備した。多くのドイツ人は道義的な理由から賠償の努力をしている。しかしアメリカや犠牲者たちで作る諸団体の圧力がなかったならば、賠償金の支払いは決してこのように大きな規模にはならなかったであろう。そして犠牲者たちの救済は同時に、ドイツ連邦共和国が国際社会へ戻るのを容易にさせる政治的な措置でもあったのだ。

ピロシュカ・Bに対する賠償。ピロシュカ・B（Piroska B.）は1944年にベルゲン・ベルゼン強制収容所に収容された。1954年にドイツ連邦共和国で賠償請求を申請し、1956年に5ヶ月間の拘束に対する賠償金750マルクを受け取った。さらに彼女は自分と、収容所で生まれた自分の娘が被った健康被害も認めさせたが、その手続きが終わったのは、ずっと先の1960年代に入ってからであった。

● **政治的および文化的な措置**

刑事訴追、賠償、復権（判決の取り消し）は不法な行為があったことを認定する法的な形である。それらはしばしば個人へも向けられたが、その場合、被告の個人的な罪が証明されなければならないし、犠牲者は自分が受けた被害の程度を説明しなければならない。法律による再検討の他に、過去の不法な行為と取り組む政治的な措置や文化的な措置もある。最終的に犠牲者たちは個人レベルでも集団レベルでも賠償を受けることができる。それに関連して忘れてならないのは、ドイツ連

ベルリンにあるホロコースト記念碑。ドイツでは1990年代にホロコースト記念碑について論争が起こった。追悼は国家の問題なのか、それとも犠牲者やその遺族の問題なのか。ホロコーストを記憶にとどめるのに適した形というものがあるのだろうか。ニューヨークの建築家ピーター・アイゼンマン（Peter Eisenman）は1988年、この記念碑について次のように説明している。「ホロコーストの全容は、それを伝統的な手法で表現しようとするどのような企てをも、砂上の楼閣としてしまうに違いない。我々の記念碑は、これまでのノスタルジーとは明らかに決別した、記憶にとどめるということの新しい理念を発展させようとしたものだ」。

邦共和国がイスラエルと1952年に結んだ賠償協定である。イスラエルには大量虐殺を免れた数十万のヨーロッパのユダヤ人が暮らしている。ドイツはこの協定の中で、1948年に建国されたイスラエルを30億マルクの武器の供与によって支援すると約束した。

ドイツ社会は独裁者の時代が終わった後にナチスの犯罪と向き合ったが、そこにはためらいがあった。それがこれまでの間に変化した。1960年代に数々の記念碑が建設され、和解の運動が起こった。ユダヤ人の少女アンネ・フランク（Anne Frank）の日記や1978年に放映されたアメリカのテレビシリーズ『ホロコースト』によって、犠牲者たちの存在が公の場で広く知られるようになった（68ページ参照）。時が経つにつれ、ナチスやその犯罪は映画や文学、芸術で最も取り上げられるテーマになった。しかし、そのことは危険をも含んでいる。歴史的な事実や、どうしてナチズムやホロコーストという結果を招いたのかという問題と取り組む代わりに、娯楽性や道徳的な教訓が前面に押し出されていたからである。どこにでもあるホロコーストの話が、自分たちと何のかかわりがあるのだろうかと自問する若者も少なくない。それらの話は過去の責任にこだわるよりも、歴史的な根拠のある答えを若者が得られるようなものであるのが望ましい。

▶課 題

❶20世紀に不法な行為を受け、後にその行為の認定と賠償を求めて闘ったグループを4つ挙げなさい。

❷連合国側が第二次世界大戦後、ナチスの犯罪者たちを起訴した主要な理由を3つ述べなさい。

❸近代史の中から自分で具体的な例を選択し、それに基づいて、過去の不法な行為を清算するためにとられた法的、政治的、文化的な措置を、2つずつ説明しなさい。

❹インターネットで刑事事件の時効に関する情報を探しなさい。スイスの法律では時効にならない犯罪はあるのだろうか。

❺時効に賛成の理由は何か、反対の理由は何かを話し合いなさい。または時効の延長あるいは短縮に賛成の理由は何かについて議論しなさい。

❻ある記念碑の写真について説明し、それが何を記憶にとどめるべきものなのか、その写真に短いキャプションをつけなさい。自分の身近なところから現実の記念碑を選び、それを写してもよいし、まだ存在しない記念碑を作る提案をしてもよい。

スイスとナチズム——難民ヨゼフ・シュプリングに対する入国拒否

● 戦争中に何が起こったか

16歳のユダヤ人難民ヨゼフ・シュプリング（Joseph Spring）は1943年11月に2人の従兄弟と、ヴォー州にあるラ・キュール村の近くでフランスとスイスの国境を越えた。そのころ、ドイツに占領された東ヨーロッパでユダヤ人の大量虐殺が始まっていたことは有名だった。スイス当局はすでに1942年には、すべてのユダヤ人難民が身の危険にさらされていたことを明確に把握していた（111ページ参照）。ドイツが戦争に負けるかもしれないということが、次第にはっきりとした形をとるようになってきていた。

この3人の若者はスイスの国境係官に拘束され、ドイツに占領されていたフランスへ送還された。そのときの係官たちは、今度このようなことをしたら直接ドイツ当局へ引き渡すことになるだろう、と警告した。それは国境係官が政府から受けた指示通りの対応だった。2日後に若者たちは再度入国しようとした。するとスイスの係官たちは彼らを逮捕し、国境の向こうの当局に引き渡した。しかも若者たちがユダヤ人難民であることを指摘したのである。

その他の国境係官たちは当時、難民たちを警察の派出所へ連れて行き、そこの責任者に決定をゆだねていた。あるいは難民たちを国境の向こうの、警備隊のいない場所へと追放したりしていた。いずれにせよ係官たちには、入国拒否された難民たちがユダヤ人であることを明確にする義務はなかった。スイスの係官たちはヨゼフ・シュプリングの入国を拒否したとき、当時禁止されていたことは何もしなかった。しかし係官たちは自分たちの行動の余地を、難民の不利益になるように利用したのだ。しかも難民たちの生命が危機にさらされることを承知で行ったのである。

3人の若者はアウシュヴィッツへ送られ、ヨゼフ・シュプリングの2人の従兄弟は殺害された。シュプリング自身は生き残り、戦後にオーストラリアへ移住した。

● 賠償請求

スイスが世界中で新聞の大見出しに取り上げられた（66ページ参照）1997年2月、ヨゼフ・シュプリングはクレディ・スイス銀行に一通の手紙を書き、自分の話を綴った。銀行はその手紙を外務省へと回した。外務省は当時スイスへ向けられた批判と全力で取り組んでいたからである。しかしシュプリングの手紙に対する回答は返ってこなかった。

シュプリングは1997年秋、設立されたばかりの「困窮状態にあるホロコースト／ショアー犠牲者のためのスイス基金」（71ページ参照）に、ナチスへ引き渡されたことに対する賠償金を受け取ることができるかどうか問い合わせた。同基金の事務局長は、当時のスイスの行動に対して謝罪した。しかし基金の供与の対象は生活が困窮している人のみに限られており、ヨゼフ・シュプリングはそれに該当していなかった。

そうしているうちに、同じようなケースが知れ渡った。

ラ・キュール村のユースホステル前のヨゼフ・シュプリング（左）と2人の仲間。この写真は1943年11月の亡命直前に撮影された。ヨゼフ・シュプリングが賠償請求を行ったとき、スイス財務省は彼の申し立てを疑い、ラ・キュール村にはユースホステルは存在しないと主張した。しかしこの写真を手がかりに歴史家シュテファン・ケラー（Stefan Keller）が現存するユースホステルを探し出した。ケラーはそれを写真に撮り、それらの写真を財務省に証拠として提出した。

オーストリア出身のエリ・カルメル（Eli Carmel）は1939年、すでに数ヶ月スイスに滞在していたにもかかわらず、バーゼル゠シュタット準州の警察から国外退去を命じられ、ドイツ当局に引き渡された。カルメルは強制収容所で生き残り、1997年に賠償申請を行った。州政府はカルメルに謝罪し、5万スイス・フランの賠償金を支払い、それと同時に両者の和解が成立した。

それを受けてヨゼフ・シュプリングは、エリ・カルメルの弁護士パウル・レヒシュタイナー（Paul Rechsteiner）に、自分の利益代理人も務めてくれるよう依頼した。スイスの歴史家シュテファン・ケラーはシュプリングの申し立てを検証し、それが本当であることを証明した。1998年1月にシュプリングはスイス財務省に10万スイス・フランの損害賠償請求を行った。シュプリングは、国家はその官僚が行った不法な行為に対して責任を負っていると申し立て、そして入国拒否は大量虐殺という決して時効を迎えることのない犯罪と結びついているのだと主張した。

● **スイス当局の態度**

カスパー・ヴィリガー（Kaspar Villiger）連邦大統領はその3年前の1995年、注目された演説の中で、第二次世界大戦中にスイスが行った難民政策に対して公式に謝罪した。しかし財務省は、シュプリングへの賠償金支払いが引き金となって、予測できない額にのぼる賠償請求が起こるかもしれないということを懸念した。それゆえ連邦内閣は1998年6月、4対3でシュプリングの訴えを却下した。

連邦内閣はヨゼフ・シュプリングに対して遺憾の念を表明し、謝罪した。しかし、この件については純粋に法的な面からだけでは判断できないと説明し、同時に法的な点ではスイスはいかなる罪も犯さなかったことを強調した。シュプリングはこの決定の後、スイス連邦最高裁判所に政府に対する訴えを起こした。

連邦最高裁判所は2000年1月にシュプリングの訴えを棄却した。スイスの官僚のそのときの容赦ない行動は不要なものだったかもしれないが、不法なものではなかった、それを大量虐殺の幇助と見なすことはできないというのが理由である。そして仮にそれが幇助にあたるとしても、集団殺戮という犯罪には時効が適用されないと宣言されたのは、スイスでは1981年になってからであり、その時すでにシュプリングに対する入国拒否からほぼ40

> **資料**
>
> ヨゼフ・シュプリング
> プリザント通り6番地、キュー、ビクトリア州　3101
>
> 　　　　　　　　　　　　　　1998年7月3日金曜日
>
> ケラーさま
> 　ここ数日間にスイスの新聞に掲載されたいくつかの記事によると、私の訴えに対する連邦内閣の判断に多くのスイス人が憤慨し、私のために個人の寄付を集めてくださったということです。
> 　その反響にどれほど感動し、驚いたかは言いつくすことができません。正直言って、そのようなことは予想すらしていませんでした。
> 　そのことに深く感謝しつつも、誤解のないように申し上げたいのは、私にとっては正義を実現することが大事だということです。スイス国民の行動には非常に感動しましたが、ありがたいことに私は寄付が必要な状況にはありません。それでお願いしたいのは、私のために集められた寄付を、それを本当に必要としている人々に届けるように計らっていただきたいということです。
> 　私の代理人パウル・レヒシュタイナー弁護士は今度、連邦最高裁判所に訴状を提出するでしょう。私はスイスの法制度に全幅の信頼を寄せています。裁判所が政府の決定を無効と判断してくれることを期待しております。
>
> 　　　　　　　　　　　　　　ヨゼフ・シュプリングより
>
> ---
>
> **金と正義**。政府が1998年夏にヨゼフ・シュプリングへの賠償支払いを拒否したとき、世間の大部分は憤慨した。スイス西部では、ヨゼフ・シュプリングに、スイスが与えなかった10万スイス・フランを支払うために寄付が呼びかけられた。シュプリングは感動し、驚いた。しかし彼は手紙に、問題なのは金ではなく正義なのだと書いた。

年が経過しているので、いずれにせよ彼の要求は時効になっているというのである。しかしながら最高裁判所は原告に、諸経費に対する補償として10万スイス・フランという異例の額の支払いを認めた。この金額はシュプリングが求めていた賠償額と同じであった。この判決の後でシュプリングは、お金は手にしたけれども正義は手に入らなかったという声明を出した。

▶ **課　題**

❶ ヨゼフ・シュプリングに対する入国拒否のケースで問題にされているのは、過去の不法な行為なのか。

❷ 過去の不法な行為、あるいは過去の過ちを政治的に認めることと法的に認めることの違いはどこにあるのか。

❸ ヨゼフ・シュプリングは10万スイス・フランという賠償金を要求しながら、お金は必要ないと言っている。シュプリングや連邦最高裁判所にとってお金は何を意味しているのか。

スイスとナチズム——フェーリクス・Lの資産の行方

●ナチ時代に何があったのか

ドイツは世界経済恐慌の結果、すでに1931年には外国との通貨の流通を制限した。ナチスはこの政策をさらに強化した。すべてのドイツ国民に対し、外国にある資産を申告するように要求し、その後はその資産をドイツの銀行に預けるよう求めた。そのうえ、ユダヤ人住民に対しては自分の資産すべてを申告するように強要した。

その結果、多くのドイツ人はスイスから自分の財産を引き上げた。しかしドイツを去らなければならなかった者たちは、国外資産を申告せずに、もっと上手に隠そうとした。その理由は、資産の大部分を残したまま移住しなければならなかったので、国外へと逃れたマルクはどれも大切だったからだ。

ドイツは迫害された者たちの資産を手に入れようとした。1938年のオーストリア併合の後、スイスの銀行には、顧客の預金をドイツへ送金するようにという要請書が届いた。そこで注目すべきは、それらの書類がしばしば国家サイドから送られてきたことである。そこに正当な所有者の署名があれば、銀行側はそれが自由意思で書かれた署名なのかどうか疑う必要があった。

この要請に対して銀行側がとった対応はまちまちだった。疑惑の解明を試み、顧客の利益を守ろうとした銀行もあったし、顧客の署名と引き換えに簡単に資産を引き渡した銀行もあった（104ページ参照）。

●戦後の変更

第二次世界大戦中に何百万人もの人が殺害された。それらの人々は銀行に資産を委託していても、もはや申し出ることはできなかった。ヨーロッパ以外に相続者が生存していた場合もあったかもしれないが、相続者たちは自分の家族の資産状況について知らされてはいなかったし、必要書類も持っていなかった。そのような状況では銀行側に、所有者消息不明資産の相続者を探し出す努力が求められた。

スイス銀行家協会はその努力をする代わりに1947年、所有者消息不明資産についての報告を求めようとした政府決定を妨害した。しかし私人やユダヤ人団体がその後も資産の行方についての情報を求め続けた。1954年に大銀行は、10年以上さかのぼる記録文書を開示しないという決定を下した。銀行側は、銀行の守秘義務と、10年を経過した顧客情報は廃棄処分できるという銀行の権利をその楯にした。間違っていることは認識しつつも、該当する書類はもはやなくなったとごまかす銀行が少なくなかった。そうしたのには様々な理由があった。ドイツへ資産を引き渡したことで将来銀行が責任を負うことになるかもしれないという不安もあった。また、銀行が預金の利子支払いは停止したのに、口座の維持手数料をその後も取り続けているので、口座が閉鎖されてしまったというケースもあった。しばしば問題になるのはお役所式の型通りのやり方で、法規定に固執するあまり、ナチスによる迫害の犠牲者に対する思いやりが欠如していた。

1962年に銀行は法律により、銀行自身で調査を行うことを義務付けられた。そして総額620万スイス・フランにのぼる739の口座が探し出された。もっとも、この問題と本気で取り組もうとしていた銀行はほんのわずかだった。多くの銀行は、相続者たちがこれ以上照会してこないよう、調査手数料を引き上げた（78ページ参照）。

●1990年代に行われた銀行による過去の清算

冷戦後にユダヤ人団体やアメリカ合衆国の当局が所有者消息不明資産の問題を新たに持ち出した。しかしスイ

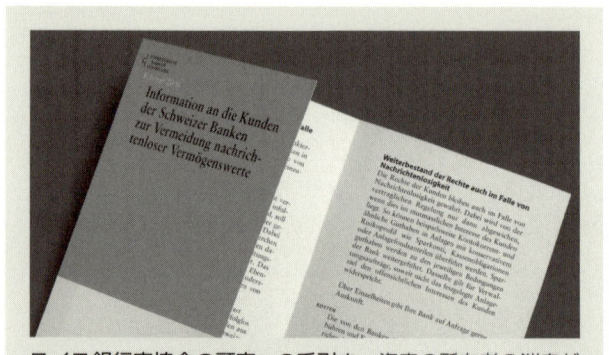

スイス銀行家協会の顧客への手引き。資産の所有者の消息が不明とならないようにするために2000年2月に発行された。スイス銀行家協会はスイスの銀行における所有者消息不明資産について多額の費用をかけて調査したのに続き、この冊子を出し、協会に加盟する銀行の国内外の顧客に、今後、資産の所有者の消息が不明となるのを防止するために、顧客はどのようにしたらよいかを知らせた。

```
UBS AG
Corporate Archives, Fonds SBC
Identification: SBC 100000 7977
Date of Copy: 28.02.20__
I accept the Terms of Agreement.
User's Signature: [signature]

                                        Herrn G. Pelli, Direktor

Notiz

Nachlass F▓▓▓ L▓▓▓▓▓, Wien
(Anfrage von Dr. H▓▓▓ H▓▓▓ von der Ersten Oesterreichischen
Spar-Casse, Wien).

Unser Kunde, F▓▓▓▓ L▓▓▓▓▓, starb im Jahre 1938 in Wien. Er
war offenbar Jude. Die Witwe hatte gemäss den bei uns noch vor-
handenen Akten die Vollmacht. Sie war auch Alleinerbin. In ihrem
Auftrag, aber möglicherweise unter Zwang, setzte sich ein Wiener
Rechtsanwalt, Dr. Antosch, mit uns in Verbindung und verlangte
Herausgabe zunächst an die Creditanstalt-Bankverein, später an
die Reichsbank, Hauptstelle, Wien. Anscheinend machten wir zu-
nächst alle möglichen Schwierigkeiten, mussten dann aber die
Vermögenswerte doch herausgeben. Es ist anzunehmen, dass das
Vermögen während des Krieges konfisziert wurde.

Seit Ende des Krieges setzte sich die Erbin der Witwe,
Frau H▓▓▓▓▓, immer wieder mit uns in Verbindung. Sie hat
offenbar nur Kenntnis von der ursprünglichen Weisung des
Rechtsanwalts Antosch, wonach das Vermögen auf die Credit-
anstalt-Bankverein zu überweisen war. Unbekannt ist ihr offen-
bar die letzte Weisung, die dann auch ausgeführt wurde, nämlich
die Ueberweisung an die Reichsbank, Hauptstelle, Wien. Dem-
zufolge blieben ihre Nachforschungen bei der Creditanstalt-Bank-
verein erfolglos.

Wir haben uns bisher in solchen Fällen immer auf die 10-jährige
Frist berufen, während welcher wir die Unterlagen aufbewahren
müssen. Würden wir das, was wir heute noch wissen, den Erben
des Verstorbenen bekanntgeben, so bestünde die Gefahr, dass uns
die Erben verantwortlich machen und die Unterlagen, die wir zu
unserer Entlastung beibringen könnten, uns unter Umständen nicht
mehr vollständig zur Verfügung stehen. Insbesondere könnte im
vorliegenden Fall befürchtet werden, dass man uns vorwirft, wir
hätten die Weisung des Rechtsanwalts Dr. Antosch, - die offen-
sichtlich nicht im Interesse der Erbin, sondern des national-
sozialistischen Staates erteilt wurde - nicht befolgen dürfen.

                                        Rechtsabteilung
Zürich, 22. August 1975
Th/mp - 2224
```

フェーリクス・Lの資産。 ウィーン出身のユダヤ人夫妻フェーリクス(Felix)とフレデリーケ(Frederike)・Lの相続人は1954年、57年、62年、65年とスイス・ユニオン銀行にフェーリクス・Lの資産の行方について情報を求めたが無駄に終わった。同銀行は預金をドイツ国立銀行へ引き渡してしまっていた。そこで今度は、伝えられる情報が何もないと説明した。1975年に同銀行の法律顧問はその事実を認め、「我々が今日なおわかっていることを亡くなった方の相続人にお伝えすると、我々の責任が問われるかもしれないという危惧があった」と述べた。スイス・ユニオン銀行(その間にスイス銀行コーポレーションと合併してUBS銀行となった)は1997年に謝罪して、次のように述べた。「当銀行の姿勢は今日の見方からすると許されないことと思われるのは間違いありません。確かに故フェーリクス・L氏の口座に関するあらゆる情報を隠蔽したことは、スイスにおける当時の法解釈や業務に照らして問題がなかったとはいえ、知りたいというご遺族の当然のお気持ちが完全に無視されていました。そのことについて我々はご遺族に対し、正式に謝罪の意を表します」。

ス銀行家協会との交渉は、いかなる解決にもつながらなかった。それどころか、それは1996年以降にスイスの金融の中心地に大きな圧力をかける運動へと発展していった。アメリカではホロコーストの生存者たちによる膨大な数の損害賠償訴訟が銀行を脅かした。1998年8月に訴訟は法的な和解によって調停された。UBS銀行やクレディ・スイスといった大銀行は、アメリカの封鎖預金口座へ総額12億5000万ドルを支払った。支払額の分配は原告に委ねられたが、アメリカの判事の承認を受けなければならないこととなった(70ページ参照)。すでに1996年に銀行側は、銀行の資料室に所有者消息不明資産を探して調査をさせると約束した。監査会社4社がその任務にあたり、3年間に650名の人員を投入して59の銀行を調査した。銀行側の費用は数億スイス・フランに達した。監査会社はナチズムの被害者たちのものだったと思われる口座は3万6000になるという数字を挙げた。しかし、大部分のケースでは資料がなくなっているため、正確なことは何もいえないという。いくつかのケースでは相続人が見つかり、資産が返還された(73ページ参照)。

▶課 題

❶ 銀行側が戦後、亡くなった身内の資産についての照会に対して情報を与えることに消極的だった理由を3つ挙げなさい。

❷ スイスの銀行が情報提供業務に関して消極的であること(銀行の守秘義務)の利点と欠点を挙げなさい。スイスの銀行はどのようなときに、誰に対して情報を与える義務を負うべきだと思うか。

スイスとナチズム――ユリウス・エルカンの生命保険

●戦争中に何があったのか

ミュンヘンのユリウス・エルカン（Julius Elkan）医師は1931年、スイス生命・年金保険会社と7万5000スイス・フランを超える生命保険の契約を結んだ。エルカンは契約期間20年のこの保険の掛け金を定期的に支払った。エルカンが1951年までに死亡した場合は、保険金は妻に下りることになり、もし1951年にまだ生存していたら、7万5000スイス・フランはエルカンに支払われることになっていた。またエルカンはその保険を20年の契約が満了になる前に解約することもできた。その場合は、それまでに支払われた掛け金の総額よりもいくらか少ない、いわゆる解約金を受け取る権利があった。

ドイツは1941年11月に、国外に住んでいたすべてのユダヤ人のドイツ国籍を剥奪し、その資産を没収する決定を下した。エルカンは1942年6月に逮捕され、テレージエンシュタットの強制収容所へ送られた。

ミュンヘンの上級財務官は1943年の5月にスイス生命・年金保険会社に対し、エルカンの保険契約は解約するので、解約金を自分の口座に送金するように書面で求めた。しかし保険会社は、ドイツ当局がその保険証書を示すことができなかったため、戦後にエルカンから改めて解約金の支払いを要求されるかもしれないことを懸念した。それに対してドイツ当局は、解約金の支払いによって保険会社に生じるかもしれないあるあらゆる経済的なリスクについて、ドイツが責任を負うと説明した。そこでスイス生命・年金保険会社のミュンヘン支店は、ミュンヘンの上級財務局に2万1000マルクを送金した。

ドイツで生命保険を提供していたスイスの保険会社4社すべてが、このようなドイツ当局からの要請に直面した。スイス生命・年金保険会社はその4社の中では最も早く、1940年までに自分たちの顧客の利益を保護しようとしていた。

●ユリウス・エルカンは何を要求したか

ユリウス・エルカンは強制収容所で生き残り、1945年にスイスへやって来た。エルカンはスイス生命・年金保険会社は契約義務を果たさなかったと考えていた。国籍を剥奪されたことや自分の財産がナチスへ支払われたこととは、国際的に認められている法原則に反しているものだったと思っていた。スイスの会社はスイスの中立と安定を利用して外国で顧客の獲得に努めたのだから、顧客の利益を保護する義務があったというのだ。解約は法的に正しく遂行されなかったので、保険会社はエルカンに金を支払う責任があると主張した。

スイス生命・年金保険会社がこの要求に応じなかった

資料

バーゼル生命保険会社は、

1929年の営業年度に力強い飛躍を遂げました。スイス国内では1億400万スイス・フラン、ドイツでは5680万スイス・フランという額の生命保険の契約を新規に結びました。

1億6900万スイス・フラン

という新規契約の総額は、前年度よりも著しく増加したのと同時に、スイスの生命保険会社がこれまでに達成した額の中では最も大きなものとなっています。またこれは当社「バーゼル」が国内外で受けている信頼の大きさを如実に証明しているものです。

これによって生命保険契約の現在高は

11億2900万スイス・フラン

に、年金保険契約の現在高も年金額が530万スイス・フランに増加しました。

また災害保険や強制保険においても、保険料収入が588万9981スイス・フランから686万8929スイス・フランに上昇するという顕著な伸びを示しております。

1929年のバーゼル生命保険会社による営業成績の広告。 1922年から1923年のインフレの後、ドイツではスイスの保険会社による生命保険の契約数が飛躍的に増加した。ドイツの顧客はマルクを信頼していなかったので、マルクよりもスイス・フランやドルで保険契約を結ぼうとした。バーゼル生命保険会社は特に積極的にドイツ市場に参入したが、そのことがナチスによる権力掌握後に問題を生んだ。同社は営業利益を守るため、ドイツの要請に対してほとんど抵抗せず、顧客の利益の保護を放棄したのだ。スイスの保険会社は846件の保険契約についてドイツ当局に支払いを行ったが、そのうちの744件は同社が行ったものだった。

スイス生命・年金保険会社の「営業ホール」。スイス生命・年金保険会社は1940年４月にチューリヒのアルペンケに新しい管理棟を構えた。『新チューリヒ新聞』(Neue Zürcher Zeitung)ではその立派な建物が詳しく紹介された。保険会社では珍しいことではなかったが、この建物は会社のトレードマークになり、パンフレットや広告にも使われた。

ので、エルカンは1950年にスイス生命・年金保険会社の本社があるチューリヒで訴状を提出した。審議は、この件にかかわった裁判所によって判決が異なっていたため、1953年まで続いた。

●スイスの法廷はどのような判決を下したか

最初のチューリヒ地方裁判所は1952年にエルカンの訴えを棄却した。エルカンは控訴し、今度はチューリヒ高等裁判所がエルカンの権利を認めた。するとスイス生命・年金保険会社が1953年にローザンヌの連邦最高裁判所でそれに反論して勝訴した。

各裁判所は、ドイツ当局によるエルカンの資産剥奪はスイスの法律に違反しているという点では意見が一致していた。では意見が一致しなかったのはどういう点だったのか。

チューリヒ高等裁判所は、エルカンがスイスの会社と保険契約を結んだという事実を強調した。ミュンヘンの支店はスイス本社の指示で行動したにすぎない。保険契約によれば、スイス生命・年金保険会社に対するどのような要求でも本社へ送られるので、提訴はスイスで行われるべきである。それゆえ、スイスの法律が適用されねばならないし、保険の解約は、法的には無効であるとした。同裁判所は、保険会社が顧客のために抵抗したのではなく、戦後に二度目の支払いを請求されないように法的な予防措置を講じただけだったと批判した。もし会社側が今回二度目の支払いをしなければならないとしても、それよりもエルカンがすべてを失ってしまうことのほうが不公正であるとした。連邦最高裁判所は解約金の支払いがドイツ支店を介して行われた点を重視した。それゆえエルカンの提訴はドイツで行われるべきであり、ドイツの法律が適用されなければならないと述べた。エルカンの資産の剥奪は、スイスの法感覚には反しているとはいえ、ドイツ国家がドイツ国民に対してとった法的措置である。それゆえ保険会社の本社がスイスにあるいうことは何ら関係がない。保険会社はすでに支払いを終えているのだから、二度目の支払いをしなければならないのは会社にとっては不公正なことであるとした。

こういうわけでスイス生命・年金保険会社はユリウス・エルカンに対して何も支払わずにすんだ。しかしエルカンは自分の没収された財産の返還を、ドイツ連邦共和国の賠償訴訟で求めることができた。

▶課 題

❶スイス生命・年金保険会社が解約金の支払いの際にドイツ当局に対してとった行動は正しかったかどうか、意見を述べなさい。

❷チューリヒ高等裁判所と連邦最高裁判所が示した論拠をよく考えてみること。どちらの論拠が納得できるものだと思うか。

❸両親あるいは知人など、生命保険に入っている人に、なぜ保険の契約をしたのか聞いてみること。保険の契約書を読み、保険の契約がどのように履行されるのか情報を得ること。

スウェーデン──第二次世界大戦時の行動と歴史の再検討

スウェーデンにおいてもまた、第二次世界大戦時の不法な行為に連帯責任があるのか、そして賠償は避けられないのか、という問題が提起された。我が国スイスとの多くの類似点にもかかわらず、第二次世界大戦時および20世紀末にスウェーデンのとった行動は、スイスのそれとは異なっている。

スウェーデンは第二次世界大戦を通して中立国であった。スウェーデン政府は中立についての国際法上の規定を、スイスほどには厳密に適用しなかった。したがって、ドイツの軍隊がスウェーデンの領土を通って輸送されるのを容認した。スイスと同じようにスウェーデンもまた、大戦中ドイツとの取引関係を維持していた。ドイツはスウェーデンからとりわけ鉄鉱石や鋼鉄製品、例えばボールベアリングなどを輸入し、ドイツの軍需企業はそれを使って武器を製造した。戦時中、ドイツの軍需産業が必要とする鋼鉄の全需要を、スウェーデンが供給した年も稀ではなかった。

スウェーデンの国立銀行は、大戦中にドイツ軍が他国から奪い取った金を、ドイツから受け入れていた。略奪した美術品もスウェーデンで売買された。しかしスウェーデンは、大戦時の銀行拠点および美術市場としては、例えばスイスほどの重要性を持ってはいなかった。

スウェーデンは当初、厳しい難民政策をとっていた。スカンジナビア半島以外からの難民には、スウェーデンに入国するチャンスはほとんどなかった。多くのユダヤ人難民が、とりわけ東ヨーロッパからの人たちが、入国を拒否された。それでもヨーロッパの中心部に位置するスイスに比べれば、スウェーデンに避難しようとするユダヤ人の全体数は、はるかに少なかった。1942年以降、スウェーデンはその難民政策を緩和した。際立った出来事は、1943年10月、デンマークのユダヤ人を受け入れたことであった。デンマークの市民たちはユダヤ人を自分の家にかくまった。デンマークの漁師たちは夜更けに漁船でエーアソン海峡を渡り、6000人近いユダヤ人をスウェーデンに運んで、彼らを強制収容所送りから救ったのである。

大戦末期に、スウェーデンの外交官ラウル・ヴァレンベルイ（Raoul Wallenberg）〔一般的には「ワレンバーグ」と呼ばれる〕は、政府の任命を受けて、ハンガリーのユダヤ人を救助することに全力を尽くした。そのとき彼はブダペストで、スイスのカール・ルッツ（20ページ参照）とも協力して仕事を進めた。のちに連合国がスウェーデンに、ドイツとの経済関係を理由に圧力をかけたときには、たしかにスウェーデン当局は、自国の外交官が果たしたこの人道的な行為を積極的にアピールした。しかしヴァレンベルイがソ連の情報機関にスパイの嫌疑をかけられ、ロシアに強制連行されたときには、スウェーデン

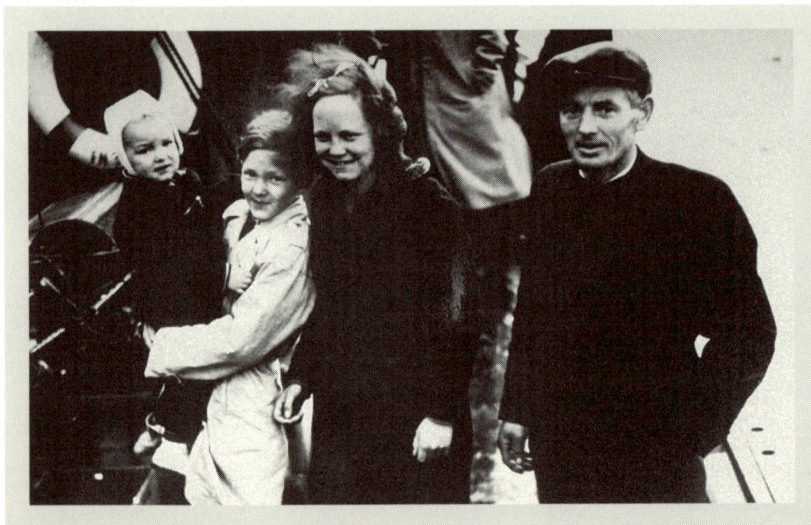

スウェーデンに避難しようとするデンマークのユダヤ人たち。 1943年10月、多くのデンマーク人が、ユダヤ系の同胞がナチスによる逮捕と強制移送から逃れるのを助けた。スウェーデンは数日前に、デンマークのユダヤ人に対する難民政策を緩和すると発表していた。難民たちは漁船やボートやカヤックで、幅数キロメートルのエーアソン海峡を渡り、スウェーデンへと運ばれた。

資料

「僕たちはレングビー〔コペンハーゲンの郊外〕の友人宅で夜を過ごした。それからまた出かけて、海岸の方向へ進まねばならなかった。エーアソン海峡を渡る船の便が見つかればと思ったのだ。僕の両親は、抵抗運動とのつながりはなかったが、スレッテンの漁師を1人知っていた。[……] タクシーが僕たちをその漁村まで運んでくれた。[……] 次の日、海岸の砂丘にある家を訪ねるように言われた。日暮れになってそっと出かけたが、ドイツの警邏隊に見つからないかと不安だった。[……] なんとか無事に、海浜沿いにある大きな白い屋敷にたどりついた。僕たちは広い部屋に通され、腰を下ろすよう勧められた。避難民を乗せて海峡を渡ってくれるという船主たちの、漁船なりボートなりに空席ができるまで、待っていてほしいと言われた。屋敷には他にもたくさんの避難民がいた。[……] その夜の渡航の料金は1人2000クローネ〔ノルウェー、デンマークの貨幣単位〕だった。これは今日の4万から5万クローネに相当する。貧しい避難民は無料で渡してもらった。置き去りにされる人はいなかった。[……] それでも、余裕のある人たちが共同料金として余分にお金を出しているのを見て、うれしい気がした。漁師たちはリスクを引き受ける分もお金を受け取ってしかるべきだった。敵意を持ったドイツの巡視船に出会ったりしたら、自分たちの船も自由も失うことになるのだから。[……] ニコライセン（父の仕事仲間）が、僕たちを渡してくれるという漁師を探してきてくれた。次の日の夜、足音を忍ばせて浜沿いの道を歩き、海岸へと下りていくと、雑用ボートを持った漁師が待っていてくれた。漁船は岸から100メートル離れたところにあった。せきたてられて甲板の下へ降りていく直前に見た、海辺の残光が忘れられない。[……] 船のエンジンが始動したとき、時計を見たのを覚えている。37分後に僕たちは国境を越えて、スウェーデンの領海に入った。[……] 逃亡するのに4日かかっていた。マルメー〔スウェーデンの都市〕に来てからのはじめのころのことはあまりよく覚えていない。両親は小さな住まいを手に入れた。父は仕事を探しはじめた。そして僕は、首都大司教学校（メトロポリタン）の座席を引き払ってから1週間後に、マルメーの実業中学校で勉強を再開した」

ヘルベルト・プンディク（Herbert Pundik）は、1943年、16歳の中学生だったときに、家族とともにスウェーデンに逃れてきた、そのときのことを語っている。

政府は彼のためにおざなりな援護をしたにすぎなかった。ヴァレンベルイがどのような状況下で死を迎えたのか、今日まで明らかにされていない。彼の功労を讃えたのは、まずは国際社会であり、とりわけアメリカ合衆国であった。たくさんの広場や施設が彼に因んで名づけられた。スウェーデン当局が彼の業績を総括的に評価するようになったのは、1990年代に入ってからのことであった。

大戦後、スウェーデンは国家連合の設立に積極的に参加した。スウェーデンはその後も中立を維持したが、しかしその中立の立場に新しい解釈を与えた。スウェーデンは国際連合に加盟し、1953年から1961年まで、第二次国連事務総長としてダグ・ハマーショルド（Dag Hammarskjöld）を出した。スウェーデンは世界をより安全に、より公正にするために、協力を惜しまなかったのである。

1990年代に入って、アメリカ合衆国国務長官スチュアート・アイゼンスタット（Stuart Eizenstat）による調査が、第二次世界大戦におけるスウェーデンの役割をはじめて明らかにした。それまでスウェーデンの歴史家たちは、ドイツに対する自国の行動と、それがナチスの犯罪に関与していた可能性について、ほとんど調査をしてこなかった。それに加えて政府は、スウェーデンの青少年の大部分が、ホロコーストはまったく存在しなかったと思っているらしい、というアンケート調査の結果に愕然とした。同時に極右の青少年が暴力行為を繰り返すという事態が発生した。ときの首相ヨーラン・ペーション（Göran Persson）は、本を作って子どものいるすべての家庭に配布するよう指示した。つまり第二次世界大戦中のユダヤ人迫害について書かれた本である。さらにスウェーデン政府は、西暦2000年に国際ホロコースト会議を招集した。その場で参加者たちは、青少年にホロコーストの原因と影響について効果的な教育を施すにはどうすればよいのか、討議を重ねた。

1990年代の終わりに、歴史家たちの委員会が政府の委託を受け、ユダヤ人の没収財産や、略奪された美術品・貴金属などの高価な物品が、スウェーデンに持ち込まれたのかどうか、またそれはどのような経路をとったのか、という問題について調査することとなった。委員会は、数量はわずかではあるが、そうした事実があったと判定した。委員会としては、第二次世界大戦中のスウェーデンの行動を遺憾に思い、ドイツとの取引関係が戦争を、それとともにユダヤ人の大量殺戮を長引かせることに手を貸した可能性がある、と自己批判を込めて結論づけた。

▶課題

❶ ナチズムの時代におけるスイスとスウェーデンの状況と行動を比較しなさい。特に過去の不法な行為の認定と賠償に関する両国の措置を比較しなさい。

❷ ブダペストに赴任したスイスの外交官カール・ルッツに関する証言や記録を探しなさい。

スイス——「路上の子どもたち支援」の被害者、イェーニシェの人たち

　法治国家のスイスで、イェーニシェ〔ロマの一族〕の人たちに対して不法なことが行われていた。責任ある者たちは、連邦政府も含めて、この不法を認めないわけにはいかなかった。彼らは補償責任を引き受けたが、そこに行きつくまでに長い年月を要した。なお未解決の問題も多く、かなえられていない要求もある。それでもスイスに住むイェーニシェの人たちは、国の支援により、その立場を改善することができた。

　1972年4月15日、週刊誌『スイス・オブザーバー』（Der Schweizerische Beobachter）は、「アウトサイダー——『漂泊民』の母たちは告発する」という見出しで、1つの記事を掲載した。そこにはTh・ヴィース＝ヘーフェリ（Th. Wyss-Häfeli）の運命が記されていた。ヴィースはイェーニシェ（Jenische）である。定まった住所を持たず、家族とともに移動式住居に暮らしていた。「路上の子どもたち支援」（Hilfswerk für die Kinder der Landstrasse）という組織は、彼女から子どもたちを1人残らず奪い去った。その責任者は、彼女に子どもたちの所在を教えることを拒んだ。たまたま彼女は、自分の子どもの1人が施設を出て、どこかで養子になっていることを聞き知った。彼女は子どもたちの養育を自分の手に戻してほしいと願い出たが、許されなかった。ヴィースにはなんら問題はなかった。犯罪にかかわったことは一度もなかった。役所は非難の余地のない素行証明を出してくれた。

　ヴィースの運命は特殊なケースではなかった。このような子ども拉致事件の背後には、「路上の子どもたち支援」の活動があった。この支援組織の目的は、漂泊民の子どもたちを定住化させることであった。元教師のアルフレート・ジークフリート（Alfred Siegfried）が1926年、プロ・ユヴェントゥーテ財団（Pro Juventute〔「青少年のために」の意〕）の傘下にこの支援組織を設立した。その有名なスイスの財団は、結核にかかった子どもたちを支援し、ロビンソン児童遊園〔廃品などで子どもが創意を活かせる遊び場〕のアイディアを案出し、親たちに向けていろいろな手引書を刊行していた。財団は新聞の非難に対して異議を唱えた。両親が十分に子どもの世話をすることができないから、子どもたちを後見人の下に置いて面倒を見てもらうのだ。これは子どもたちの幸せのためにしていることだと。しかしながら『スイス・オブザーバー』誌は、次々と新しい事例を掲載して、その支援組織が親たちと子どもたちの人権をないがしろにしたことを糾弾した。「路上の子どもたち支援」は偏見に基づいた専断的な活動をしている。子どもたちの幸せを考えているのではなく、イェーニシェの人たちの生活様式を妨害しているのだと。

　『スイス・オブザーバー』誌の一連の記事によって、その支援組織のしたことに対する世間の怒りが高まっていった。ついにプロ・ユヴェントゥーテ財団は、その支援組織を解散せざるをえなかった。一方イェーニシェの人たちは、自助組織を作りはじめた。彼らは謝罪と補償を求め、プロ・ユヴェントゥーテ財団およびスイス政府に対してその要求を出した。政府はその支援組織の全期間（1926～75年）を通じて、財政面での援助を続けていたのである。

　最初の『スイス・オブザーバー』誌の記事から14年を

資料

「私自身ジプシーで、まだ小さい子どもの頃にセラフィム愛育会の手で親元からさらわれました。ホームからホームへ、養護施設から養護施設へ、転々としました。20歳のときにはじめて母に会ったのです。私の最初の夫も、小さい子どもの頃に親元からさらわれて、プロ・ユヴェントゥーテの厳しい監督下で育ちました。2人が知り合ったとき、私たちは結婚してはいけないと言われました。そのうえ私は訴訟手続きもなしに、それに罰を受けるようなことを何もしていないのに、3週間ゾロトゥルンの刑務所に入れられました。1946年に最初の子ヴィドルナが生まれました。1948年にはマルセルが。1949年、3番目の子がお腹にいましたが、私は病気になって入院しなければなりませんでした。あいにく夫も同じ時期に事故にあい、それで子どもたちを一時親戚に預けなければなりませんでした。この時期にプロ・ユヴェントゥーテは理由も告げずに子どもたちを連れ去り、私たちは抗議することもできませんでした」

Th・ヴィース＝ヘーフェリが1972年4月15日付けの『スイス・オブザーバー』誌で彼女の運命を語る。

経た1986年、連邦閣僚アルフォンス・エーグリ（Alfons Egli）が連邦政府の名の下に謝罪をした。つまりその支援組織の活動と政府によるその援助は、不法なものであったというのである。スイス政府はイェーニシェの人たちに対する補償として1100万スイス・フランを用意した。その結果イェーニシェの人たちの多くに、1人当たり2000から2万スイス・フランの補償金が支給されたが、それでその財源は尽きてしまった。政府は、支援組織とその活動についてもっと多くのことがわかるまでは、さらなる補償を決定することはできないとした。しかし調査のための財源は不足していた。1996年、連邦文化省は3人の学者に小規模な調査を委託し、その3人で支援組織の保管文書を調べることになった。彼らの最終報告は、スイス史の暗い一章を明るみに出した。すでに多くのことが、イェーニシェの親たちや子どもたちの報告からわかってはいた。しかしいまやそうした所業の全容が、より大きな関連のもとに明らかになったのである。

支援組織はそれまで、子どもたちの幸せのために活動していると主張してきた。そのために政治的な援助を受け、様々な寄付金を国民から募っていた。しかし本当のところは、漂泊民の生活様式を粉砕することが重要だったのである。支援組織はイェーニシェを「劣等人種」と見なしていた。「社会の落ちこぼれ」「人格の荒廃した懶惰（らんだ）な人間」と見ていた。漂泊民の生活様式は「のらくら者」や「犯罪者」の温床である。それゆえそうした生活様式は「消滅」せしめねばならない。このことは家族を解体することによってのみ達成される、としているのである。

支援組織はイェーニシェの親たちから600人以上の子どもを奪い去った。子どもたちは里子に出されたり、孤児院や養護施設に収容されたりした。親と子は長年会うことがなかった。支援組織はあらゆる手段を講じて親子の再会を阻止した。子どもたちがまた望ましくない生活様式に戻ることを恐れたからである。子どもたちは初等教育しか施されなかった。農場では安い労働力として酷使された。多くの子どもが虐待され、性的暴行を受けた。精神病院に入れられた子どもも少なくなかった。

補償問題に取り組んだことは、イェーニシェの人たちに利するところもあった。他の国々と違って、彼らは利益代表の組織を作ることができた。国は彼らを少数民族として承認し、彼らの言語を保存すべきものとしたのである。

『スイス・オブザーバー』誌の記事、Th・ヴィース＝ヘーフェリのケース。『スイス・オブザーバー』誌は1972年、一連の記事を掲載して、「路上の子どもたち支援」の活動に人々の目を向けさせた。この雑誌は、役所や企業や裁判所から不当な扱いを受けた人々について繰り返し報じ、そのような人々がその権利を取り戻すのを助けようと努めた。装丁を変え、内容の重心も多少変わってきているが、この雑誌は今日なお刊行されている。

▶ 課題

❶ 連邦政府が金（1100万スイス・フラン）によってイェーニシェの人たちの被った不法な行為を償おうとしたのは、正しく適切なことだったのか。各自の意見を述べなさい。

❷ 近所に漂泊民が泊まる場所があるかどうか、探してみなさい。各市町村では、漂泊民の人たちが移動式住居を停めておくのに、どのような条件を設けているだろうか。現在のスイスにいる漂泊民がどのような生活を送っているか、その情報を集めなさい。

第5章　過去の不法な行為の認定と賠償　133

オーストラリア——アボリジニ、権利を求めて長びく闘い

オーストラリアでは、1つの委員会が、先住民（アボリジニ）と白人の宥和に端緒を開き、アボリジニに対する不法な行為を取り除くことに力を尽くした。しかしながら、補償の必要はあるのか、またその手順はどうするのか、といった問題について、いまだに社会の合意は得られていない。アボリジニの人たちはまた、裁判に訴えることによって、自分たちの権利を求める闘いを進めた。

2000年5月27日、数万というオーストラリア人が、ある記念日を祝おうとシドニーに集結した。アボリジニと、あとからこの地に来た、大部分は白人の入植者との宥和政策10周年に際して、その足跡を振り返ろうというものであった。アボリジニを代表して、ミック・ドゥソン（Mick Dodson）がスピーチをした。

ドゥソンは、1987年、刑務所で頻発するアボリジニ死亡事件を調査するために組織された委員会の議長であった。そのとき委員会は、オーストラリア国家が1910年から1970年までに、約6万人のアボリジニの子どもたちを、親元から連れ去ったことをも明るみに出した。その背後にあったのは、先住民をヨーロッパ文明の価値基準で教育しなければならないという考え方であった。移動しながら狩猟や採集をするという、何千年来の彼らの生活様式は、1788年以降オーストラリアにやってきたヨーロッパ系入植者たちには、劣悪なものに思われたのだ。そのためにまたアボリジニは、約200年もの間、同等の国民とは見られていなかった。1967年まで彼らは参政権を持たなかった。何十年もの間、国勢調査の対象にならず、国の人口に含まれてさえいなかった。委員会は最後に、アボリジニに対する不法を克服するために、宥和協議会を立ち上げるよう提案した。この協議会が1991年にその活動を開始したのである。

しかし、ミック・ドゥソンは記念日のスピーチで、その委員会の話をしたのではなかった。彼自身の人生をもとにして、アボリジニの運命を語ったのである。彼の父と母、兄弟姉妹たちもまた、親元から引き離され、里親の家で、あるいは孤児院で育った。ドゥソンが10歳のとき、両親が亡くなった。彼は叔父さんの家に引き取ってもらうことができた。ドゥソンは大学で法律を学び、その後様々な団体でアボリジニの問題に全力を投入した。

彼は出席者たちに、歩みはじめた宥和への道を進んでいこうと呼びかけた。オーストラリアの国民は、首相が子ども拉致事件に対して謝罪することを拒んでいるからといって、それだけであきらめてしまってはいけないと。

資料

「今ある私たちにつながる歴史の真実を、あるがままに受け入れようという、公平にして誠実なオーストラリア人が多数おられます。そうした人々にとっては、この50年余に起きたことを事実として認めるのは、なんら難しいことではありません。

実際何十万という人々が、過去に起きたことを遺憾に思い、またそれを言葉に表してくれました。

彼らは私たちの集団的な歴史の現実を誠実に受けとめる行為において、集団的な大いなる勇気と公平さを示しました。うしろめたさとか義務感からではなく、深い遺憾の念と喪失の思いから出た行為でした。それは私たちの過去の痛みを分かち合い、それを癒し、さらに一緒に進んでいこうという思いでありました。

私たちもまた、私たちに幸せをもたらし、今ある私たちに誇りを与えてくれる、様々なものを分かち持っています。私たちもまた、折にふれて、そして当然のことながら、私たちの達成できたことに大いなる喜びを感じます。

私は今、私の祖母、私の母と姉たちを連れ去り、彼女たちを様々な施設や孤児院や政府のセツルメントに入れた、その政策や法律を作った人々に対して、なんの怨みも抱いていません。

母への父の愛を、投獄に値する罪とした人々を、憎んではおりません。

しかしながら、こうした時代を生きてきた人間には、それがなんびとであれ、それらが起きたことを否定する資格は与えられていません。あるいはこう言ったほうがより正確かもしれません、それらは私たちの歴史の別の時代に、私たちが共同責任をとるにはあまりにも遠い、あまりにも遥かな過去の、そういう歴史的時代に起こったのだと、暗にほのめかすような資格は与えられていないのです。

否定主義は宥和の敵であります」

ミック・ドゥソンによる、白人オーストラリアとアボリジニの宥和に寄せるスピーチの一部。2000年5月27日。

ミック・ドドゥソンがスピーチをしたとき、オーストラリア首相ジョン・ハワード（John Howard）が彼のとなりに座っていた。ハワードは1996年以降保守陣営の政府を率いていた。この政府は宥和計画を、過剰なものであり費用がかかりすぎるとして疑問視してきた。親から引き離されたアボリジニに補償をするという要求に対して政府は抗弁した。それは何十億ドルにもなりかねない要求であると。そのうえハワードは、子ども拉致事件に対して謝罪することを頑強に拒んだ。そうした過去の問題に対して、現政府が責任を負うことはできないというのだ。

　ハワードのとった行動は、オーストラリア社会の深い亀裂を示していた。ポール・キーティング（Paul Keating）を首相とする社会民主主義路線の労働党内閣は、すでに1991年、先住民と白人オーストラリアの宥和への法的手続きを開始していた。アボリジニの人たちは、その時期のほうが自治のチャンスに恵まれていた。キーティング内閣はとりわけアボリジニの土地所有権の要求を支援した。

　1992年、オーストラリア最高裁判所はエディ・マボ（Eddie Mabo）と他の3人の先住民の訴えを承認した。最初の入植者たちがオーストラリアに来たとき、自分たちの祖先は土地とその利用権を決して放棄してはいなかった、というのが彼らの見解であった。法廷は彼らの言い分を正しいと認め、それにより1770年来通用してきた解釈をくつがえした。つまり最初の入植者が到着したとき、オーストラリアは誰のものでもなかったという考えであり、この考えに基づいて、入植者たちは土地を自分たちのものとしたのである。

　裁判の結果を受けて、キーティング内閣は先住民の土地所有権に関する法案を可決した。これによりアボリジニの人たちは、土地に対する所有権を申請することができるようになった。しかしそのためには、遺漏のない土地所有関係を証明することが必要であった。そのうえ、その所有権には制約があった。例えば、アボリジニは土地を転売することも貸すこともできなかった。また国有地以外は要求することができなかった。したがって申請の対象になりうるのは、入植地帯・農耕地帯から遠く離れた荒れ地だけであった。しかしながらそうした荒れ地にこそ、例えばウランなどの原料が豊富に埋蔵されていると、鉱山産業の企業家たちは期待を寄せていたのである。

「盗まれた世代」をめぐる論争。ジョン・ハワードの保守内閣でアボリジニ担当相を務めたジョン・ヘロン（John Herron）は、「盗まれた子どもたち」という言い方に対して抗弁した。子どもを連れ去ったのは、たいていの場合、好意的な意図を持った合法的な行為であったと。謝罪の要求がオーストラリアを二分した。2000年には43％のオーストラリア人が、子ども拉致事件に謝罪することを拒んだジョン・ハワード首相を支持した。ジョン・スプーナー（John Spooner）による上のカリカチュアは2001年、メルボルンの新聞『時代』（The Age）に掲載されたものである。

　さらに1996年、アボリジニは国が賃貸している土地をも要求することができるという判決が出た。これに該当するのは、牧畜業者が家畜の大群を率いて利用している地域であった。こうした地域はオーストラリアの全面積のほぼ40％にのぼる。1996年新たに選ばれた保守系のジョン・ハワード政権は、牧畜業者や鉱山企業の抗議を聞き入れた。アボリジニの要求権を大幅に削減したのである。

　保守派の人々、そして彼らを含む大部分のオーストラリア国民は、アボリジニが他のオーストラリア人に比べて優遇されていると考えていた。しかしアボリジニの生活状況は改善されないままであった。21世紀に入ってからも、子どもの死亡率が高く、多くは粗末な家に住み、ひどく貧しい暮らしをしていた。その平均寿命は、白人のオーストラリア人より20歳も低かった[2]。

▶課題

❶自国の過去の政府の発言や行動に対して、なぜ現在の政府が責任をとるべきなのか、この問題についての意見を述べなさい。

❷以前に、あるいは最近になって、周辺の自治体で土地が収用されたことがあったかどうか、調べてみなさい。またできれば、そのような収用が行われた経緯について、説明を求めなさい。

南アフリカ共和国──真実和解委員会による和解の試み

権力が交代した後は、新しい権力者たちが以前被った不法な行為に対して報復するという、心理的危険が高まるものである。そうした場合、社会はしばしば復讐行為の応酬の渦に巻き込まれる。南アフリカ共和国の真実和解委員会は、別の道を選んだ。つまり不法な行為を公表し認定することと、行為者への刑免除とを抱き合わせることによって、平和のうちに権力を交代する道を開いたのである。

南アフリカ共和国では1993年、この国のすべての住民が無条件に参加できるはじめての選挙に向けて、その移行準備が進められていた。数十年前から、アパルトヘイト〔人種差別主義〕の政治体制の中で、黒人は参政権の行使から除外されていたのだ。少数民族である白人は、黒人を二等級国民として差別し、様々な生活領域で彼らを弾圧した。こうした弾圧に南アフリカ共和国の多くの黒人が抵抗したが、一部の白人もまたこれに加わっていた。しかし政府はいかなる批判も許さなかった。抗議や抵抗を情け容赦なく打ち砕いた。たくさんの人々が秘密情報機関や警察に捕らえられ、拷問されたり殺されたりした。アパルトヘイトに対する黒人の最も重要な抵抗運動は、アフリカ民族会議（ANC）によるものであった。

アパルトヘイトを廃止すべきだという、南アフリカ共和国への国際的圧力が次第に大きくなっていった。1989年、フレデリック・ウィレム・デクラーク（Frederik Willem de Klerk）が南アフリカ共和国の新大統領になった。彼はアパルトヘイトを終わらせることを公約した。1990年には、ANCの最も著名な指導者で、27年間獄中にあったネルソン・マンデラ（Nelson Mandela）を釈放した。そしてANCとの共同作業によって、普通選挙への準備を進めた。しかしこうした移行の時期にあってもなお、旧精鋭部隊による人権侵害事件が多数発生していた。

ANCの上層部には、まもなく自分たちが南アフリカ共和国の政権を引き継ぐことになるだろうとわかっていた。そのためANCは次の問題に取り組んだ。アパルトヘイトの時代に白人が黒人に行ったあらゆる不法や人権侵害に対して、どのような処置をとったらよいのか。これは簡単に答えの出る問題ではなかった。1つには、ANCの党員にも人権侵害を犯した者がいた。ANCとしては、自身の党員の犯行にも、政敵の犯行と同じ処置をとることが肝要であった。そうでなければ、長年にわたるANCの正義のための闘いは、信じるに足りないものとなってしまう。もう一方では、ほぼ全員が白人である旧政府の警察や各組織のスタッフは、以前犯した行為に対して刑の免除を求めていた。彼らは新秩序への摩擦のない移行を警護すると約束した。新政府に忠誠を尽くすつもりである。しかし同時に、旧政府にも忠誠を尽くしたこと、そしてその指示により人権侵害をも犯したこと、そうしたことのために処罰を受けるのは望まない、というのである。ANCの上層部は大きな問題の前に立たされた。警察組織なくしては、平和のうちに政権を交代することは、挫折に瀕するであろう。しかしながら、行わ

デズモンド・ツツ大主教は、フレデリック・デクラークとネルソン・マンデラが、1993年度ノーベル平和賞を授与される様子を、テレビで見ている。デクラークは、黒人を抑圧し除け者にしたアパルトヘイト体制における最後の南アフリカ共和国大統領である。マンデラは、民主主義に移行した南アフリカ共和国の最初の大統領である。2人は流血なしの政権交代を申し合わせ、これを遂行した。この際重要な役割を果たしたのが、真実和解委員会の組織であった。自身1984年にノーベル平和賞を受賞しているデズモンド・ツツが、真実和解委員会の議長を務めた。

れた不法な行為を簡単に忘れてよいものだろうか。

こうした状況の中で、真実和解委員会（Truth and Reconciliation Commission）を作る考えが生まれた。議会は1995年、名高い大主教デズモンド・ツツ（Desmond Tutu）を主宰者とする委員会の設立を決議した。委員会は政治から独立して、様々な問題を引き受けた。一方ではそれは、被害者が自分に加えられた不法を報告することのできる機関であった。被害者たちの受けた苦しみは公式に認定され、そのことにより、簡単に忘れたり秘匿したりすることのできないものとなった。真実和解委員会は2万2000人の人々を、アパルトヘイトの被害者として認定した。

もう一方では、真実和解委員会は行為者たちに対して、彼らが自らの行為を告白し、自分のしたことを正確に陳述した場合には、刑の免除を与えると申し渡した。このようにして南アフリカ共和国の一般国民は、過去数十年間にどのようなことが実際に行われたのかということを、少なくとも知ることができたのである。

こうした真実和解委員会の理念は、南アフリカ共和国に住む人々が互いに和解し、復讐の気持ちを持たずにともに新たな公正な社会を築いていけるのではないか、という希望につながっていた。被害者と行為者の間に和解の成就する事例が生まれた。しかしまた、自分を苦しめた者たちを許すことのできない被害者もいた。そうした人々は、行為者たちがいともやすやすと刑を免れたことに幻滅した。

多くの被害者はまた、南アフリカ政府からその後の支援をほとんど受けていないことに不満をつのらせていた。政府は彼らに6年間の年金を支払うと約束していた。しかし被害者に金が支給されたのは、数年経ってからのことで、しかも3万南アフリカランド（約6000スイス・フラン）という1回限りの補償であった。さらにアパルトヘイトの政治的責任者たちが、真実和解委員会での証言からまんまと逃げおおせていたことも明らかになった。

真実和解委員会は7000件以上の事例を処理した。しかし刑の免除を承認したのは140件にとどまった。大部分の事例は、政治的な背後関係を持たないということで、刑免除を拒否された。略奪のための襲撃といった通常の犯罪行為と見なされれば、委員会はそれに刑免除を適用しなかったのである。1997年9月30日以降、委員会はもはや刑免除の申請を受理しなかった。1998年、委員会は政府に終了報告を提出した。

資料
克服しがたいトラウマ

南アフリカ共和国に住む誰しもが喜んで和解するわけではない。多くの人は、暴力を振るったり人を殺したりした者を許すことができないし、忘れることができない。それでも彼らは、復讐や報復の気持ちをかなぐり捨てようと努めている。フィリッピ黒人居住区出身の、48歳になるマウレーン・マジンブコ（Maureen Mazimbuko）は、耐えがたい苦しみを受けて、それを真実和解委員会で証言した人々の1人である。1980年代に、彼女の夫はアパルトヘイト政府の警察官に射殺され、住んでいたブリキ小屋は焼き払われ、彼女自身はさんざんに殴打された。この時代にマウレーンは、黒人に課せられた通行規則に違反したとして、何度も逮捕された。通算して5年間を刑務所で過ごし、とりわけ酸を使った拷問などで苦しめられた。自分を拷問にかけた人たちが和解のために何もしないのなら、そして自分の夫を殺した人たちの顔もわからないのなら、どうして自分は和解をすることができるだろう、と彼女は言うのだ。

各地域の市民運動

和解のプロセスには、相互理解を形成するための長い時間が必要である。白人が多数派を占める、ケープタウンの聖ジェイムズ教会区は、自治体が責任を引き受けて、目に見える和解を実践している1つの例といえる。1993年6月、およそ1300人の教区民が教会での礼拝に出席していたとき、4人の武装した黒人が教会内になだれ込み、群衆に向けて発砲したり、手榴弾を投げたりした。そのため11人が死亡し、60人が負傷した。犯人のうち3人は、その後真実和解委員会に大赦を申請し、被害者の何人かに握手を求めて許しを乞うた。真実和解委員会の聴取が終わった後、聖ジェイムズ教会区は、新たに挑戦すべき問題に直面した。アパルトヘイトの時代にまつわる教区民たちの罪悪感が増大したことに、どのように対処すべきか。教会はその時代、人種差別主義の政府を、批判することなく受け入れていた。黒人の教区民と一緒に、和解についての事細かな話し合いが始められた。その中で、白人の教会員が貧しい黒人の教区民のために寄付金を入れる基金を、設立しようという考えが生まれた。教会側は、これはシンボリックな行為にすぎないと強調し、アパルトヘイトの間まったく無関心に過ごしたことを、黒人の教区民に対して謝罪した。

アルムート・シェルペパー（Armuth Schellpeper）は、2003年11月28日付けの『新チューリッヒ新聞』（Neue Zürcher Zeitung）で、真実委員会の活動がおよぼした効果に関して上のように報告している。

▶課題

❶ 自分の犯した不法な行為を告白し、それを悔いる人々には、刑を免除するという原則について、各自の意見を述べなさい。

❷ アパルトヘイト時代の南アフリカ共和国で、白人が黒人に不法な行為を犯したことについて、資料を添えてレポートを書きなさい。

ユーゴスラヴィア──国際刑事裁判所による正義の追求

ユーゴスラヴィア問題のための国際刑事裁判所が、国際連合によって1993年に設置された。これによって国家連合は、ユーゴスラヴィア内戦中に行われた戦争犯罪と、その責任者を国際法廷で裁く必要性とを認定した。この法廷は、例えばセルビア大統領スロボダン・ミロシェヴィッチのような最高責任者たちをも、その不法な行為に対して処罰することができるとされた。

スロボダン・ミロシェヴィッチ（Slobodan Milošević）は、クロアチアが1991年スロヴェニアとともにユーゴスラヴィア連邦を脱退したとき、セルビアの大統領であった。クロアチアには多くのセルビア人が居住しており、彼らはユーゴスラヴィアからの分離に抵抗した。セルビア人とクロアチア人との間に戦闘が起こった。セルビア人は、セルビア人の住んでいるすべての地域を領土とする、大セルビアの実現を目指していた。1992年には、ボスニア＝ヘルツェゴヴィナもまたユーゴスラヴィアから脱退した。そこにはローマ＝カトリック教徒のクロアチア人と、ギリシャ正教徒のセルビア人のほかに、イスラム教徒のボスニア人も多数居住していた。ボスニア人とクロアチア人は、セルビア人を敵として戦った。一般市民が内戦の中で痛手を被った。軍隊は数々の戦争犯罪や人権侵害を犯した。とりわけ傍若無人の戦闘をしたのは、それぞれの国の軍隊には所属しない武装グループであった。そうした武装グループには、当該国の市民のほかに、自ら進んで戦闘に加わったいわゆる義勇兵もいた。1995年7月、ボスニアのセルビア人軍がスレブレニツァ〔ボスニア＝ヘルツェゴヴィナ東部の都市〕で、イスラム教信者のボスニア人捕虜数千人を射殺した。この事件は、第二次世界大戦以降にヨーロッパで起きた最悪の反人道的犯罪とされている。その結果、セルビアに対する国際的圧力が強まった。セルビアがそれ以上ボスニアのセルビア人を支援することは許されなかった。その同じ年のうちに、ボスニアに住むクロアチア人、セルビア人、ボスニア人が互いに平和条約を締結するにいたった。セルビア人は大セルビアという考えを断念しなければならなかった。

1999年、ＮＡＴＯ軍はセルビアの一区域であるコソボでの人権侵害をくいとめるために、セルビアに対して戦闘を開始した。セルビアは、数週間にわたる空爆を受けた後に、敗北を認めざるをえなかった。こうした敗北を経て、また国家連合による長年の経済制裁を経て、セルビアの国民はミロシェヴィッチに愛想が尽きた。2000年10月、彼はその官職を失った。2001年春、セルビア警察は彼を逮捕した。その後まもなくセルビア当局は、意外にもミロシェヴィッチをハーグの旧ユーゴスラヴィア国際刑事裁判所に引き渡した。長い間セルビア政府は、ミロシェヴィッチを告訴できるのはセルビアの裁判所だけだと主張していた。いまやセルビアの指導部は、彼を引き渡したほうが、戦争被害を始末して経済を立て直すための資金を、西欧諸国が出してくれるだろうと期待したのである。

旧ユーゴスラヴィア国際刑事裁判所は、1993年5月、国際連合の安全保障理事会によって設立された。この法廷において国連は、旧ユーゴスラヴィアの領土、とりわけボスニア＝ヘルツェゴヴィナでの人権侵害に対応した。このような形で国家連合は、ユーゴスラヴィア内戦中に行われた不法な行為を認定したのである。裁判所はミロシェヴィッチを、セルビア軍が戦時中に行った戦争犯罪の主要責任者の1人として告訴した。このことによって裁判所は、一般の兵士や士官ばかりでなく、政府の高官もまた、罪を犯したのであれば、しかるべき刑を受けなければならないことを示した。裁判所の任務は、戦争犯

スロボダン・ミロシェヴィッチ。2002年2月13日、旧ユーゴ国際刑事裁判所で彼の審理が始まる。裁判所は元セルビア大統領を戦争犯罪および人道に対する犯罪で起訴した。ミロシェヴィッチはこれらの犯罪を指示したことを糾弾された。彼は刑事裁判所の判決が出るまえに、2006年3月11日、ハーグ近傍のスヘーヴェニンゲ刑務所で死亡した。

> **資料**
>
> しかしながら、戦争は忘却の中へ押しやりたいものであるけれども、それは依然として現存するのである。ハーグの裁判所のことを話題にするだけでよい。この都市の名前が出ただけで、クロアチアに、セルビアに、さらには（その裁判所にもっとも協力的な）ボスニアにさえも、感情の嵐が吹き荒れるということに、オランダ人は誰しも驚き呆れるであろう。1993年の設立以来、ＩＣＴＹ（International Criminal Tribunal for the former Yugoslavia, 旧ユーゴスラヴィア国際刑事裁判所）は、バルカン半島に激しい意見の対立を巻き起こしてきた。旧ユーゴの継承国家は、自国の戦争犯罪者の責任を問うことができなかったし、またそうしようともしなかった。それらの国の司法制度は、政治からの独立にはほど遠く、腐敗の度が甚だしかった。もし容疑者たちを各国の裁判所で裁いていたら、彼らは政治的な圧力にさらされたことであろう。右派の野党は国際裁判所を、国を処罰し辱めるための政治的な道具と見なしている。一方には、戦争犯罪者を自国の法廷で裁いたほうがよいという意見の人々もいる。そうすれば国民は戦争に関する真実と向き合うことになるであろうし、そのようにしてカタルシスを体験することができるだろうというのだ。
>
> ［……］しかしながら問題は、誰ひとり声に出してはっきりと真実を言おうとする者のいないことである。同様にまた、真実を聞こうとする者もいない。クロアチアでは、真実は政治的に危険なものなのだ。10年もの間、トゥジマン〔Franjo Tudjiman, 初代クロアチア大統領〕のプロパガンダはクロアチア国民に、ハーグの裁判所のリストに挙がっている人たち——ムラデン・ナレティリッチ・トゥタ（Mladen Naletilić Tuta）、ティホミル・ブラシュキッチ（Tihomir Blaškić）、ダリオ・コルディッチ（Dario Kordić）、ミルコ・ノラツ（Mirko Norac）、アンテ・ゴトヴィナ（Ante Gotovina）など——は英雄であり、犯罪者ではないと信じこませてきた。政府が彼らを引き渡すとすれば、それはひとえに国際的圧力によるものであり、彼らが本当に有罪判決を受けるべきだとクロアチア人が思っているからではないと。［……］しかしクロアチアだけがこうした問題を抱えているわけではない。セルビア人もまた真実と向き合うのが難しい。彼らは自分たちを、一方ではミロシェヴィッチの、他方ではＮＡＴＯの、最大の被害者であると見ている。セルビアは輸出入禁止と空爆に苦しんだが、そしてそれは近隣諸国との戦争に対する制裁であったのだが、その国は依然として真実を直視してはいない。そうした意味では、クロアチアとセルビアは共通したものを持っている。原因は単純であり、トゥジマン／ミロシェヴィッチのイデオロギーに限られるものではない。あまりにも多くの人間が戦争に関与した、そして非常に多くの人が戦争から利益を得た。真実とともに、つまり個々人の罪および集団の道徳的政治的責任の可能性とともに生きるよりは、虚言とともに生きるほうが容易であり、快適なのである。
>
> クロアチアのジャーナリスト、スラヴェンカ・ドゥラクリッチ（Slavenka Drakulić）は、著書『誰もそこにいなかった』（Keiner war dabei, Wien 2004）の中で、旧ユーゴスラヴィア国際刑事裁判所の審理について、上のように報告している。

罪、大量殺戮、人道に対する犯罪を追及することであった。人道に対する犯罪とは、政治的あるいは人種差別的あるいは宗教的理由から、各地域の住民グループ全体に対してなされる殺害、殲滅、奴隷化、追放、自由剥奪、拷問、暴行、迫害などである（120ページ参照）。

戦争犯罪とは、武力による国際紛争（国家間戦争）に適用される規則に違反した行為である。ボスニア＝ヘルツェゴヴィナのように、一国内で人々が互いに戦った内戦の場合には、この規則は適用されない。それに対して大量殺戮と人道に対する犯罪は、いかなる武力紛争においても追及することができる。刑事裁判所は個々の人物に対して確定力のある有罪判決を下すことができた。犯罪を計画したり、指示したり、実行したりしたいかなる人物をも処罰することができた。刑事裁判所には、公判を指揮し、判決を言い渡す部門（裁判局）と、対象人物を捜し出し、これを起訴し、逮捕する部門（検察局）があった。検察局は、旧ユーゴスラヴィア地域に駐留する国連軍と、あるいは継承国家（クロアチア、スロヴェニア、ボスニア＝ヘルツェゴヴィナ、セルビア）の当局と協力して活動した。裁判所は旧ユーゴスラヴィア全土におけるすべての犯罪行為を捜査したのである。したがって、戦時中に犯した罪のために追跡を受けたのは、セルビア人だけではなかった。ボスニア人、クロアチア人、コソボ＝アルバニア人もまた同様であった。

ユーゴスラヴィア問題の裁判所を運営した経験から、国際連合は、常設の国際刑事裁判所（ＩＣＣ）を設置しようと考えた。この法廷は2002年7月にその活動を開始した。本部はハーグにある。

▶**課 題**

❶ 過去の不法な行為が、それが起きた場所の裁判所で審理され、当該地域の裁判官が判決を下すのは、どのような条件のときだろうか。審理が別の場所で、外国の裁判官によって行われるのは、どのような条件のときだろうか。

❷ 旧ユーゴスラヴィア国際刑事裁判所で判決を受けた行為者には、どのような人物がいるのか、また彼らはどのような罪状で起訴されたのか、そして、どのような刑に服さなければならないのか、調べてみること。

【訳注】

第1章

1）この記述は誤りであり、右から2人目の人物は明らかに裕仁皇太子ではない。昭和天皇は1901年4月29日生まれ。皇太子時代、1921年3月から9月まで訪欧したが、このときスイスを訪れてはいないし、写真の人物とは年齢的にも符合しない。また、裕仁皇太子は1926年に天皇に即位しているので、「裕仁皇太子は1930年代にスイスを訪問した」というのも誤りである。昭和天皇がスイスを訪れたのは1971年、70歳のときのことである。この日本人夫妻を確定するために、秩父宮殿下、武者小路公共、鳩山一郎、松岡洋右、賀陽宮殿下、近衛文麿など当時訪欧していた多くの要人の可能性を調べたが、いずれも該当しない。外務省外交史料館所蔵の、当時のスイス全権大使天羽氏の『天羽英二日記』第3巻468ページの記述が該当写真とかなり一致しているが、ご親族から「別人と思う」というご回答があった。

第2章

1）例えば詩人のカール・シュピッテラー（Carl Spitteler）は1914年12月14日に開いた演説会「我々スイス人の立場」（Spitteler, Carl: Unser Schweizer Standpunkt, in: Gesammelte Werke, Bd.8, Zürich 1947, S.577-594.）の中で、スイスのドイツ語圏とフランス語圏の間の対立が深まりつつあることについて警告を発し、「中立」の本来の理念にとどまることによって、この対立を和らげることを試みた。

2）絵の上半分には、協商国側に与するフランス語圏の男が描かれている。彼は左手にワイン、右手に最新の流行の服を着た、おそらくパリの女性の人形を持ち、シルクハットを被っている。絵の下半分には、中欧諸国側に与するドイツ語圏の男が描かれている。彼は右手にビール、左手にヤス（特にスイスで愛好されるトランプ遊戯の一種で、36枚のカードから行われる）を持ち、鳥打帽を被っている。

3）ヨーロッパでは「暗黒の金曜日」に株が暴落した歴史があり、それになぞらえて実際には24日だったが25日金曜日と表現する習慣がある。

4）シラーの『ヴィルヘルム・テル』に登場するスイスの農民シュタウファッファーの妻ゲルトルートを指す。彼女は夫のシュタウファッファーへ有益かつ賢明な助言を与えることから、勇敢なスイス人女性の代表と見なされる。

第3章

1）「時代のシンボル/時代のスケッチ」と題されたこのカリカチュアでは、マッターホルンを連想させる山（Berge）を凌いでそびえ立つベルジエ（Bergier）報告書の山を眺め、「なんと圧倒的なパノラマ！」と感嘆している夫婦が描かれている。報告書がスイスの一般大衆にどのように受け止められたかをユーモラスに伝えている。

第5章

1）1529年6月末にチューリヒ軍（新教）はカトリックのスイス中部（ルツェルン、ウーリ、シュヴィーツ、ウンターヴァルデン）へと行軍を始めたが、中立州の仲裁によってスイス国内での戦争は未然に回避された。両軍の将が和解交渉をしている間、両軍の兵たちが、チューリヒ州とツーク州の境界に大きな鍋を置き、ツーク側は牛乳をチューリヒ側はパンを鍋に入れ、ともに食したのが「カッペルのミルクスープ」と伝えられている。ちなみに今日でもいさかいが仲裁されたときには、この故事に基づいて「カッペルのミルクスープ」で締めることがあるという。

2）その後オーストラリアでは、2008年2月13日、ケビン・ラッド（Kevin Rudd）首相がアボリジニに対して、過去の不法な行為について、はじめて公式に謝罪をした。

資料出典

6 ページ
Neue Zürcher Zeitung NZZ, Zürich, 31. Mai 2005: Nr. 124. Seite 56

12 ページ
Feldmann, Markus: Tagebuch 1923-1958, bearb. v. Peter Moser. Basel 2001-2002, S. 653

13 ページ
Bonjour, Edgar: Geschichte der schweizerischen Neutralität. Basel/Stuttgart 1965-1976, Bd. VII, S. 160-163

14 ページ
Anny Stöckli-Roos in einem Interview mit Tanja Wirz für das Projekt Archimob, Sursee, 7. Juli 2000

15 ページ
Robert Bächtold in einem Interview mit Thomas Schärer für das Projekt Archimob, Brütisellen, 28. Februar 2000

16 ページ
Heinrich Homberger in einem Protokoll des Vororts, an den Bundesrat gerichtet, 13. Januar 1941
(Zit. aus: Meiser, Martin, u. a.: Schweizerische Aussenwirtschaftspolitik 1930-1948. Zürich 2002 (UEK, Bd. 10), S. 357; Archiv für Zeitgeschichte IB SHIV/Vorots, 1. 5. 3. 11)

17 ページ
Grimm, Robert: Die Arbeiterschaft in der Kriegszeit. Eine Rede vor dem Parteitag der bernischen Sozialdemokratie vom 18. Februar 1940. Ohne Ort 1940, S. 7f.

19 ページ
Keller, Stefan: Grüningers Fall. Zürich 1993, S. 48

21 ページ
Broszat, Martin, u. a.: Alltag und Widerstand. München/Zürich 1987, S. 437

22 ページ
Attenhofer, Elsie (Hrsg.): Cornichon. Schaffhausen 1994, S. 139

23 ページ
Salis, Jean Rudolf von: Weltchronik 1939-1945. Zürich 1966, S. 151

25 ページ
Aus Nachlass Gertrud Kurz, Archiv für Zeitgeschichte

26 ページ
Bonjour, Edgar: Geschichte der schweizerischen Neutralität. Basel/Stuttgart 1965-1976, Bd. VII: S. 249-251

27 ページ
GHA UBS AG, Sign. SBC 950010.002 (Dokument Nr.00204828)

28 ページ
Straumann, Lukas; Wildmann, Daniel: Schweizer Chemieunternehmen im «Dritten Reich». Zürich 2001 (UEK, Bd. 7), S. 305

29 ページ
Spuhler, Gregor; u. a.: «Arisierungen» in Österreich und ihre Bezüge zur Schweiz. Zürich 2002 (UEK, Bd. 20), S. 82

31 ページ
Walter Wolf: Faschismus in der Schweiz. Zürich 1994, S. 82

32 ページ
Schreiben an Gregor Spuhler vom 16. Juni 2005

42 ページ
Bericht Unterstabschef Perrot an den Generalstabschef von Sprecher am 31. Juli 1918 in: Hardegger, Joseph, u. a.: Das Werden der modernen Schweiz. Bd. 2. Basel 1989, S. 35, Q. 1. 69; in: Gautschi, Willi: Der Landesstreik 1918, Zürich 1988, S. 111ff.

49 ページ 上
Hardegger, Joseph, u. a.: Das Werden der medernen Schweiz. Basel 1989, Bd. 2: S.78

49 ページ 下
Meyer, Helmut: Die Geschichte der Schweiz. Berlin 2002, S. 120

73 ページ
Neue Zürcher Zeitung NZZ, Zürich, 13. November 1996, Nr. 265, Seite 21

77 ページ
Vreni Müller-Hemmi, Rede vom 21. Oktober 2003

78 ページ
Bonhage, Barbara; Lussy, Hanspeter; Perrenoud, Marc: Nachrichtenlose Vermögen bei Schweizer Banken. Zürich 2001 (UEK, Bd. 15), S. 399

86 ページ
Martin Meier, Stefan Frech, Thomas Gees, Blaise Kropf: Schweizeriche Aussenwirtschaftspolitik, 1930-1948: Strukturen-Verhandlungen-Funktionen, Zürich 2001, (UEK Bd. 19), S. 65 und 67

87～88 ページ
Direktionsprotokolle der Bally Schuhfabrik AG Schönenwerd, Zürich 2002, Zit. aus: Unabhängige Expertenkommission Schweiz-Zweiter Weltkrieg: Die Schweiz, der Nationalsozialismus und der Zweite Weltkrieg. Schlussbericht. Zürich 2002, S. 192

91 ページ
Hug, Peter: Schweizer Rüstungsindustrie und Kriegsmaterialhandel zur Zeit des Nationalsozialismus, Zürich 2002 (UEK, Bd. 11), S. 882

93 ページ
Forster, Gilles: Transit ferroviaire à travers la Suisse (1939-1945). Zürich 2001 (UEK, Bd. 4), S. 194

95 ページ
Straumann, Lukas; Wildmann, Daniel: Schweizer Chemieun-

ternehmen im Dritten Reich. Zürich 2001 (UEK, Bd. 7), S. 279

96 ページ上

Ruch, Christian; Rais-Liechti, Myriam; Peter, Roland: Geschäfte und Zwangsarbeit: Schweizer Industrieunternehmen im «Dritten Reich». Zürich 2001 (UEK, Bd. 6), S. 231

96 ページ下

Ruch, Christian; Rais-Liechti, Myriam; Peter Roland: Geschäfte und Zwangsarbeit: Schweizer Industrieunternehmen im «Dritten Reich». Zürich 2001 (UEK, Bd.6), S. 237

98 ページ

Bergier, Jean-François: Die Schweiz und die Goldtransaktionen im Zweiten Weltkrieg, Zürich 2002 (UEK, Bd. 16), S. 127

101 ページ

Schweizerisches Bundesarchiv, Bern, Ref. No. 10 032 475

107 ページ

Diplomatische Dokumente der Schweiz. Bd. 10. Nr. 257, S. 626f.

112 ページ

Diplomatische Dokumente der Schweiz. Bd. 14. Nr. 222, S. 720-726

114 ページ上

Eduard von Steiger, Rede vom 30. August 1942

114 ページ 中央

Albert Oeri, Votum Nationalratsdebatte vom 22./23. September 1942

114 ページ 下

Antoine Vodoz, Protokol vom 28. August 1942

125 ページ

Privatbesitz Stefan Keller, Zürich

128 ページ

Schweizerisches Wirtschaftsarchiv (SWA), Basel, Sign. Versicherungen A 1

131 ページ

Herbert Pundik: Die Flucht der dänischen Juden 1943 nach Schweden, Husum 1995, S. 21-23, S. 39-41

132 ページ

Der Schweizerische Beobachter, 14. April 1972, S. 26f.

134 ページ

Mitschrift der Ansprache von Mick Dodson am Radio National der Australian Broadcasting Corporation (ABC). http://www.abc.net.au/rn/relig/enc/stories/ s140755.htm (Zugriff vom 2.8.2005)

137 ページ

Neue Zürcher Zeitung NZZ, Zürich, 28. November 2003, Nr. 124, Seite 56 © Almuth Schellpeper

139 ページ

Slavenka Drakulic: Keiner war dabei. Kriegsverbrechen auf dem Balkan vor Gericht. Wien 2004, S. 14-17

写真出典

Archiv für Zeitgeschichte, ETH Zürich, Zürich
BTE, Fotosammlung AfZ: 31 ページ
IB-SFH 14 Rechtsberatung, Dossier F 151 (Piroska B.): 122 ページ
Nachlass Werner Rings: 16 ページ
Nachlass Carl Lutz: 20 ページ
Nachlass Georges Brunschvig: 24 ページ
Nachlass Otto Zaugg: 33 ページ
Nachlass Charlotte Weber: 58 ページ
(Foto, E. Hauri), 115 ページ

Archiv Werkzeugmaschinenfabrik Oerlikon-Bührle & Co., Zurich
90 ページ

BALIYANA-Archiv, Schönenwerd
88 ページ下

Basler Zeitung, Basel
Peter Schrank, Zeitzeich(n)en, Basler Zeitung Nr. 70 vom 23. März 2002, Seite 2, © by Basler Zeitung: 70 ページ

Baugeschichtliches Archiv der Stadt Zürich, Zürich
Sign. 1372: 41、48 ページ (Foto Gloor)

Bernisches Historisches Museum, Bern
Inv.44721, Foto: Stefan Rebsamen: 34 ページ

Bernet & Schönenberger, Zürich
46、47 ページ

Bernische Stiftung für Fotografie, Film und Video, Kunstmuseum, Bern
Paul Senn (1901-1953), Depositum Gottfried Keller Stiftung. © by Gottfried Keller Stiftung, Winterthur: 8 ページ

Dreifuss Margot, Zürich
Privatsammlung: 32 ページ

Fotostiftung Schweiz, Winterthur
Fotos Hans Staub. © 2006 by Fotostiftung Schweiz/ ProLitteris, Zürich: 12、55 ページ

Georg Fischer Corporate Archives
Sign. 43214: 85 ページ
Sign. 42: 94 ページ

GHA UBS AG
Sign. SBC Fotosammlung: 100 ページ
Sign. SBC 0660011.010: 103 ページ
Sign. SBC 1000007932: 104、105、127 ページ

Gretler's Panoptikum zur Sozialgeschichte, Zürich
19、53、106 ページ
Gallas: 37 ページ

Guth Nadia/Hunger Bettina
aus Reduit Basel 39/45, Seite 86: 108 ページ

Historische Sammlung des Völkerbundes, Genf
aus Peter Dürrenmatt, Schweiz Geschichte Band 2, Seite 839, Karikatur aus der Zeit zwischen dem Ersten und Zweiten Weltkrieg: 44 ページ

Hochschule für Gestaltung und Kunst, bzw. Museum für Gestaltung, Zürich
Plakatsammlung: 43 ページ

Im Hof Ulrich
aus Geschichte der Schweiz: 40 ページ

Jeck V. und R. Fotografen, Fotoarchiv, Reinach BL
Lothar Jeck, © by V. R. Jeck Fotografen, Fotoarchiv: 54 ページ

Jost Hans-Peter, Borgo Pace
14、15 ページ

Jüdisches Museum der Schweiz, Basel
Sign. JMs 930: 110 ページ

Keller Stefan, Zürich
Die Rückkehr, Joseph Springs Geschichte, Rotpunktverlag, Zürich 2003: 124 ページ

Keystone, Zürich
66 (Bild), 102 ページ
AFP: 116 ページ
IBA-Archive: 39 ページ
Karmann Daniel/EPA: 123 ページ
Photopress-Archive: 23、57、60、80、97 ページ
Ruckstuhl Christoph: 62 ページ
Vreeker Paul/Reuters Pool/EPA: 138 ページ

McCarthy Adolf
aus Robert Grimm, Der schweizerische Revolutionär, Tafel 14 o.: 17 ページ

Meienberg Nicolas
Maurice Bavaud a voulu TUER HITLER. Mit freundlicher Genehmigung von Adrien Bavaud: 30 ページ

Musée de l'Elysée, Lausanne
Foto Hans Steiner: 45 ページ

Neue Zürcher Zeitung NZZ, Zürich
Inserat vom 23. Juli 1997: 74 ページ

RDB/ATP, Zürich
Grisel: 61 ページ
Lindross: 87 ページ下
Metzger: 59 ページ
Roetheli: 113 ページ
Umschlagbild

RDB/Corbis, Zürich
Gubb Louise/SABA: 136 ページ

RDB, Zürich
52、88 ページ上
Blau Gisela: 69 ページ

Rings Werner
aus Schweiz im Krieg, Abb. Seite 65: 56 ページ

Roche, Basel
　© by Historisches Archiv Roche: 29 ページ

Schweizerisches Bankiervereinigung, Basel
　126 ページ

Schweizerisches Bundesarchiv, Bern
　Digitale Amtsdruckschriften
　Ref. No. 10 041 970: 79 ページ
　Digitale Amtsdruckschriften
　Hans Staub, Sign. E_5792_2224, © by Schweizerisches Bundesarchiv: 89 ページ
　Sign. E 21 23560 (Foto: Hans Kobi): 109 ページ
　Sign. E 27 9928, Bd. 3 (Foto: Hans Kobi): 111 ページ
　Tièche, Sign. E_5792_24564, © by Schweizerisches Bundesarchiv: 13 ページ

SonntagsZeitung, Zürich
　5. März 1995, Text © by Beat Balzli, Hamburg: 66 ページ

Spiegel Verlag, Hamburg
　Spiegel Nr. 22, 1998, Seite 86 ff. (Text): 71 ページ

Staatsarchiv des Kantons Basel-Stadt, Basel
　Foto Carl Kling-Jenny (gest. 1929), Bild 13, 606: 38 ページ

Staatsarchiv des Kantons Thurgau, Frauenfeld
　Polizeiakten Zweiter Weltkrieg, Sign. StATG 4'517'2, 8 © by Staatsarchiv des Kantons Thurgau: 18 ページ下

Stadtarchiv Zürich, Zürich
　Nachlass Elsie Attenhofer: 22 ページ

Stamm-Busenhart L., Schaffhausen
　Privatbesitz: 87 ページ上

Steiner Hans, Bern (Foto)
　Privatsammlung: 25 ページ

Stutz Iris, Zürich
　76 ページ

SV-Bilderdienst, München
　121 ページ

Swiss Life, Zürich
　© by Historisches Archiv: 129 ページ

The Age, Melbourne, Australia
　The Removed Child, Illustration/Cartoon by John Spooner, © by The Age: 135 ページ

Trochsler Claudia A.
　50、92 ページ

United States Holocaust Memorial Museum, courtesy of Frihedsmuseet, New York
　Bildnummer 62197, © by Public Domain: 130 ページ

Verlag Huber, Frauenfeld
　Thurgauer Jahrbuch 1963, 38. Jahrgang: 18 ページ上

www.globecartoon.com
　© by Patrick Chappatte, Genf: 67 ページ

Yad Vashem Archives, Jerusalem
　71 ページ（写真部分）

Zentralbibliothek Zürich, Zürich
　Beobachter, 15. April 1972, Seite 26-28, Sign. UA 2017: 133 ページ
　Nebelspalter, 23. November 1934, Nr. 47, Sign. XXN 12: 51 ページ
　Sign. Ms. B 316, f.418: 120 ページ

本書の歴史的背景とその意義

宮下 啓三

まえがき

　この歴史教材の内容をよりよく理解するためには、スイスという国について一定の予備知識をもっておくことが望まれます。スイスの特性について基本的な知識を得ておけば、この教科書から得られる知的な刺激が2倍にも3倍にもなります。

　そうはいっても、最低限度そなえておくとよいと思われる予備知識を短時間で得るにはどうしたらよいのでしょうか。実際に日本の高校生にスイスについて手ほどきする場面を想定して、この解説文を作成することにしました。

「小国」スイスの小ささについて

　21世紀の初め、大学に入って間もない学生たちに、いくつかのヨーロッパの国の名をあげて、「国名を聞いて真っ先に連想するものは何ですか？」という問いに答えてもらいました。スイスについては「アルプス（または山）の国」が断然の第1位でした。それに「小国」「時計」「民主主義」「平和」「中立」「美しい国」が続きました。「ハイジ」と書いた学生もいました。

　たしかにスイスは山の多い小国です。しかし、小さいというだけでは漠然としすぎます。どれほど小さいのか、具体的に知る工夫をしてみましょう。

　地球上の国々を面積の順に並べると、日本が60位、そしてドイツが61位です。日本と同じほどの面積であるドイツと見比べるのが、スイスと日本の大小を比較する便利な方法です。でも、日本地図でスイスの面積を求める面白い方法があります。47都道府県のうちで海に面していない県が8つあり、それらの県の最高地点である山の標高を調べて、高い順に5つを並べます。富士山のある山梨、飛騨山脈のある岐阜と長野、関東地方の最高峰である白根山を分かち合う群馬と栃木。これら5県の面積を足せば4万1413平方キロメートル。面積部門で世界の国々のうちの132位であるスイスは4万1293平方キロメートルです。5つの県の描く形がスイスに似て見えます。同じ縮尺の地図からスイスを切り抜いて本州のいちばん太い部分に乗せてみれば、太平洋にも日本海にも触れないでおさまります。

スイスの位置と面積
ドイツを日本と見立てて比較する

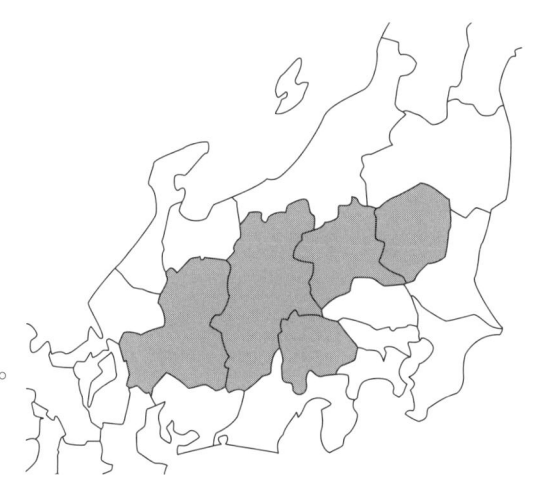

本州中央部の5県の面積
スイスの面積と形を日本地図で知る

山国スイスの山について

　中部地方の山々が北アルプスとか南アルプスなどと呼ばれるのは、明治時代に日本に来たイギリス人がスイスのアルプスに似た形の山々を岐阜県と長野県の境で見て「日本アルプス」と呼んだことに始まります。日本でスイスに行った気分になれるのは楽しいことです。しかし、本物のアルプス山脈の規模は日本人の想像を超えます。

　アルプス山脈はフランスとイタリアの地中海岸から大きな弧を描いてオーストリアの首都ウィーンに達します。その距離と幅を、これまた日本地図を使って知る方法があります。本州の南北を逆にしてアルプスに重ね合わせると、幅といい長さといい、たいそうよく似ています。スイスはそのアルプス山脈の核心部に位置します。

　スイスには4000メートルを超える山がたくさんあります。スイス山岳会の作った資料を使って、富士山がスイスの山の中で何番目の高さにあたるか調べてみました。125番目あたりになります。柔らかにうねる姿または美しい円錐形の火山の多い日本の山と違って、アルプスは細くとがった峰に満ちているので、せまい空間にけわしい岩山が密集し、深い谷を複雑にきざんでいます。そんな山岳地帯がスイスの南半分を占めています。北半分が丘陵地帯で、そこに都市と工業地帯と農耕地域があります。

　当然、生活条件に厳しさがともないます。日本よりずっと北に位置することも考慮に入れなくてはなりません。土地の生産性の低いことが推理できます。「時計」が有名であるのも、原料を輸入して加工し、付加価値を高めて輸出することが必要であることを象徴します。他国との争いをする以前に自然の条件との戦いを避けられません。「平和」と「中立」のイメージの背景に、この地理的条件があります。理想的とは言いがたい自然条件とつきあっていくには住民たちの協力と意思疎通が欠かせません。「民主主義」の根がそこにあります。

近代史と現代史とヨーロッパ諸国の国境線

　国としてのスイスの歴史は1291年に始まるとされます。アルプスの北側の3つの地域の住人たちがたがいに自治を守りながら協力しあおうと誓ったことに始まったとされます。スイス人の土地を支配する外国の悪代官の命令でわが子の頭にのせたリンゴを射させられる英雄ウィリアム・テルの物語は世界中で知られています。自治独立の意志にもとづく建国の歴史をいろどる伝説です。

　その後の長くて複雑な歴史は省略して1815年に目を向けます。フランスの支配者となったナポレオンのヨーロッパ支配の野望とそれに対抗する勢力との争いが終わった後、ヨーロッパの新しい秩序を決める国際会議が開かれました。「ウィーン会議」と呼ばれるその会議で、スイスの領土が確定すると同時に「永世中立」が承認され

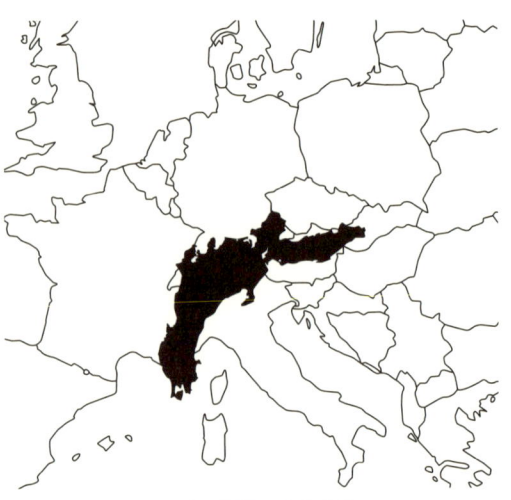

アルプス山脈の大きさ①
南北方向を逆にした本州による計測

アルプス山脈の大きさ②
山脈とスイスの位置関係を知る

1815年のヨーロッパの国境線
現代のスイスの形の誕生

ました。「いついかなる場合でも他国の戦争に加わらない」という固い意志が国際的に承認されたのです。

1815年当時のヨーロッパの地図におけるスイスの形は21世紀の現在と同じです。その地図で現代と同じ姿であるのはスイスとポルトガルとスペインぐらいにすぎません。19世紀、そして20世紀、ヨーロッパに多くの戦争が起こり、起こるたびに国境線が変わり、国の数も変わりつづけました。そのまっただ中でスイスの形は変わらずにいました。

2つの世界大戦とスイス

20世紀の前半、ヨーロッパで起こった2つの戦争が地球全体に広がりました。どこが勝ってどこが負けたかといったことは別にして、戦争をおこなった国々、戦争に巻き込まれてしまった国々を黒く塗ってみます。第一次世界大戦では、中立の宣言をした小さい国々（ベルギー、オランダ、ルクセンブルク、デンマーク）が争いに巻き込まれずにすみました。しかし、第二次世界大戦では、中立の宣言は意味をなしませんでした。中立の立場をとっていた小さな国々も戦略上の理由から戦場にされてしまいました。

大戦にかかわった国々の中にスイスが白く浮かび出ます。2つの地図を比較してみると、大陸の端の国々が戦争に巻き込まれずにすむ可能性の高かったことがわかります。ヨーロッパの中央に近いところでスイスが二度とも中立と平和を保ったことに驚かされます。

フランスの文人が第一次世界大戦中のスイスを「荒海に浮かぶ平和な小島」と呼びました。

明治時代の日本に中江兆民という思想家がいました。スイスのベルン大学の教壇に立ったこともあるフランスの法学者からルソーの思想を学んで、小国と平和主義の価値を日本人に伝えました。この中江兆民の書いた本の中に、ヨーロッパの大国が虎や狼のように勢力を争って戦う中で小国が無邪気な幼児のようにたわむれている、と形容する箇所があります。ベルギー、オランダ、スイスのことを大人のけんかをよそに平和を楽しんでいる無邪気な幼児にたとえたのです。第一次世界大戦ではこの形容が当たっていました。しかし、第二次世界大戦は中立を宣言していた国々を容赦なく戦争の渦に巻き込みました。「中立」が国の安全を保障する力をもつとはかぎらないのです。

スイスが二度とも、まわりを戦争参加国に囲まれた状態で、どうして戦争に巻き込まれないですんだのでしょうか。そもそも中立とは何であるのでしょうか。

日本人があこがれたスイスの中立

1945年夏、広島と長崎に落とされた原子爆弾によって決定的な打撃を受けた後に、日本は戦争をやめました。

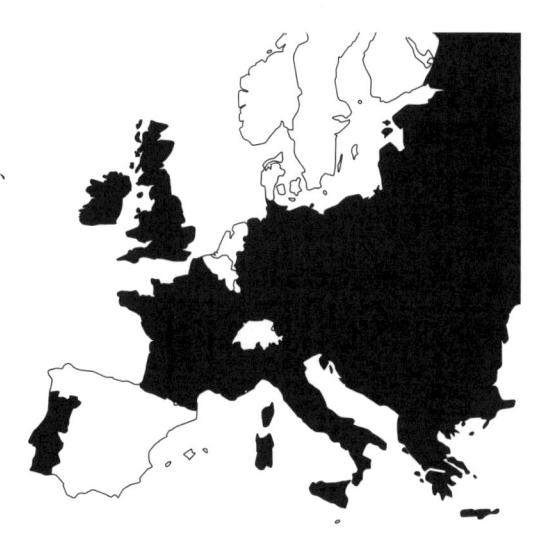

第一次世界大戦
戦争参加国を黒く塗った図

第二次世界大戦
戦争参加国を黒く塗った図

正確に言えば、2つの原子爆弾の投下で戦意を失った日本政府が、中立国であるスイスの政府に仲介してもらって、戦争終了の意志を戦争相手の国々に伝えてもらうことによってスムーズに戦争を終えることができた、というのが歴史の真実です。敗戦国となった日本は、無謀な戦争を誤りと感じて、不戦の誓いを含む新しい憲法のもとで平和な民主主義国家の建設に向かう道を歩みはじめました。戦後の日本で、平和な国家の手本として多くの人の関心を引いたのがスイスでした。スイスのような中立国家になるべきだ、と唱える政党がいくつもありました。戦争はこりごりだという気持ちから生まれた真剣な希望であったことはたしかです。でも、いつの間にか、日本の中立化をさけぶスローガンが政党の公約から消えました。スイスはスイスであって、独自の歴史的な条件があって永世中立国としての伝統と国際的信用を得た、ということが日本でもしだいに理解されるようになったからです。

　少なくとも第二次世界大戦の場合、スイスの中立はおびやかされつづけました。中立が小国を守ったのではなく、スイスが必死に中立を守った、というべきなのです。スイス人たちは戦争に巻き込まれないための苦労をつづけました。自給率の低い山国は食糧輸入の困難によって生活水準の低下に苦しみました。戦争当事国から身の安全を求めて流れ込む多数の避難民を迎え入れなくてはなりませんでした。食糧不足と人口増加という矛盾する状況のもとで、スイスは多くの人命を守りました。大戦が終わったとき、平和をつらぬいた小国、多くの人を救った国としてほめたたえられたのは当然なことでした。スイスに本拠を置く国際赤十字社が、第一次世界大戦のときと同様に、終戦の年にノーベル平和賞を得たのは、戦争の被害者を救うための努力を惜しまなかったからです。こうして、スイスは賞賛と羨望の対象となりました。

4つの言語を公用語とする不思議な国

　もう1つ、先に知っておきたいことがあります。スイスの「国語」が4つもあるということについてです。ヨーロッパ大陸にある国のほとんどが国の名と同じ名の言語を公用語としています。イギリスがイギリス語（英語）、スペインがスペイン語、ポーランドがポーランド語をそれぞれの公用語としています。アイルランドがアイルランド語と英語、ウクライナがウクライナ語とロシア語というように、2つの言語を公用語とする国々もありますが、国名と同じ呼び名をもつ言語が公用語の資格をもつことに違いはありません。ところが、例外があります。小国ではあっても国際政治や国際経済で重要な役割を演じているベルギーにベルギー語がなく、スイスにスイス語がありません。

　ベルギーでは北部はオランダ語、南部はフランス語が支配的です。言語の違いが住民感情の違いを生み、いつ分裂してもおかしくない

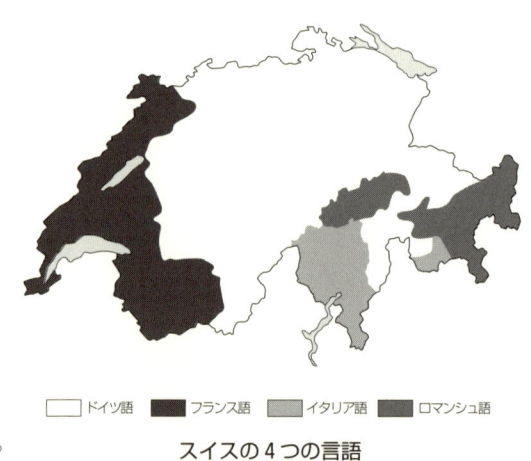

スイスの4つの言語

ほど深刻な対立が国内で生じています。ところがスイスではドイツ語、フランス語、イタリア語に加えてロマンシュ語（レトロマン語のスイスでの呼び名）という、スイス東南部でしか使われない言葉が公用語になっています。そして、4つの異なる言語がひとしく公用語とされます。言語を異にする地域の対立や差別を憲法が許しません。スイスという不思議な国の不思議さが、この言語の問題に象徴的にあらわれています。スイス以外のほとんどすべての国で言語が独立の基本的な理由になったことを思うと、これがいっそう不思議に思えてきます。

言語間の対立をふせぐ国の仕組み

いいえ、実は言語の違いがスイスを分裂させてしまいかねないほど深刻な危険の状態に達したことがありました。第一次世界大戦中のことです。ドイツとフランスが戦いをつづける間に、ドイツ語を使うスイス人がドイツ、フランス語を使うスイス人がフランスを、それぞれ応援する感情をもち、戦争が長引くにつれて心理的な対立が表立った意見対立と争いごとに発展しました。スイスが分解してしまいかねないほど深刻な状態に達したのです。大戦後にこれを反省する気持から、言語の区別にとらわれない、スイス独自の統一原理があることを国民に再認識させる運動が繰り広げられました。第二次世界大戦のときは、言語の違いによる国内の不和は生じませんでした。

言語の違いを不和対立の理由にしてはならない、言語がわれわれを1つの国にしたのではなく、民主的な国をつくって、最大限の自由を確保しながら自治をつらぬこうという意志こそがスイス統一の原理であり、スイス連邦の存在理由である、というのが国民を啓蒙する文化運動の基礎となる考え方でした。

スイスは「連邦」です。スイス連邦はアメリカ合衆国に似た性質をもっています。連邦とは「独立した国々の連合体」という意味です。スイスには23の「カントン」と呼ばれる州があって、そのうち3つがさらに2つの独立した自治制度を敷いているので26の自治体があります（156ページの地図を参照）。それぞれが議会をもちます。それを束ねる国つまり連邦は、できるかぎり州の自治を尊重します。

26の異なる自治政府が連邦を構成する、というのがスイス的な考え方です。外交、軍事、鉄道、郵便、幹線道路、年金制度など、統一性を必要とするものを連邦が分担します。それら以外の多くのものが州の意志によって決定されます。

そして、学校教育もまた連邦ではなくて州が管理運営することになっています。日本では文部科学省が統一基準を設けて、義務教育の小学校と中学校ばかりか、高等学校での教科とその内容も定めています。スイスでは、州ごとに教育の制度と内容が微妙に異なります。歴史教育においても州の個性があらわれます。

歴史の教材として編まれたこの書物も例外ではありません。この教科書は、チューリヒ州の学校での利用を目的としてつくられました。他の州でこれが採用される可能性はありますが、連邦が上から押しつけるかたちで採用をすすめたり求めたりすることはありえません。

　チューリヒ州は人口の面でスイス最大の州であって、もっとも国際性の豊かな州でもあります。ヨーロッパの情勢にもっとも敏感に反応する土地でもあって、スイスのオピニオンリーダーの役目を演じています。その意味で、このような歴史副読本がつくられたことに特別の意味が感じられます。ヨーロッパにおけるスイスのイメージが揺らいでいるという危機感がこの副読本を生んだといえるからです。

中立国家スイスへの讃辞と国際的信用

　ほかでもない、このチューリヒで、第二次世界大戦が終わったとき、スイスに立ち寄ったイギリス首相チャーチルが演説して、戦争の歳月を無傷で送った小国スイスを賞賛しました。国境地帯のスイスの北部の都市がドイツの都市と見誤られてアメリカとイギリスの空軍機に爆撃され40人のスイス人が命を落としたほか、戦争が原因の死傷事故がたびたび起きていたのですが、数百万、数千万単位で人命を失った国々とくらべれば小さすぎる犠牲と思われて、現代史がこれを語ろうとしません。

　チャーチルが当時スイス人を讃えて「ヨーロッパがスイスのように平和協調の世界であるべきだ。スイスを見習ってヨーロッパが平和に統合されるべきだ」と語りました。その言葉を聞くスイス人たち自身は、自分たちが中立を守り、平和を保った、という誇らしい気分に酔いました。

　スイスが国際的な信用を得てきたことは、国連の多くの機関をはじめとして、郵便、通信などの世界的な機構、あるいは国際オリンピック委員会の本部などの重要な組織の中心拠点がスイスに置かれていることにもあらわれています。どの特定の陣営にも属さない中立国の公平さが信用をかちとる基礎となりました。

　戦争による苦しみをスイス人はいやというほど味わっていました。前に指摘したように生産性の低い山岳地帯で食糧増産もままならず、海に面していないために四方が戦争状態にある中で輸出入が激減していたところに、平和で安全なスイスに難を逃れようとする亡命者たちがヨーロッパ諸国から押し寄せました。こうしたことによる苦労も、平和国家スイスへの賛辞によって十分に報われたと、スイス人たちは感じました。周囲の国々が戦争による破壊と疲弊によって苦しむ中で、平和の代償の大きさを幸福な思いで味わうことができました。戦争によって失うものが少なかったおかげで、スイスは経済的にも世界トップクラスの豊かな国になりました。

スイスの栄光に落ちる暗い影

　ヨーロッパ諸国が物理的な破壊をひとまず修復することに力を注いでいたころ、スイスでは大戦の歳月に起こったことを冷静に調査して検討する作業がおこなわれていました。戦争中に機密として公表されることのなかった外交文書の調査とその内容の分析がスイスでいち早くおこなわれていました。そして1960年代にその調査の結果が公表されたとき、スイス国民は衝撃を受けました。狭いうえに食糧と住居の供給が限度を超えたために他国から逃れて来る難民と亡命者に対して門戸を狭める政策がとられていたこと、そのうえに、ユダヤ人排斥を推進していたドイツを刺激しないために、ユダヤ人の入国を制限する措置をスイス政府がとっていたことなどが、明るみに出たのです。せっかくスイスの国境まで苦労に苦労をかさねてたどりついたのに、入国を認められずに捕まって収容所に送られて殺されたユダヤ人が少なくなかったことがわかりました。困難な時期に苦しむ人を受け入れて救ったとばかり思っていたスイス国民は、大きな精神的ショックを受けました。一般のスイス人は、知らないうちに人種差別の罪を犯していたことになるからです。

　その次に国際的な問題とされたのが、スイスの銀行でした。顧客の秘密を漏らさないという伝統がスイス銀行の信用の証でしたが、大戦で犠牲になったユダヤ人たちの預金が眠っているのではないか、戦争によって不当な利益を得た者たちがいたのではないか、外国の独裁者たちの隠し口座があったのではないかといった疑惑をかけられるようになりました。スイスが中立を装うことによって戦争や抗争の悪の部分に協力していたのではないか、と疑う立場からスイスに疑惑と批判の矢を向ける論調が外国のメディアにあらわれはじめたのです。

拡大する欧州連合の中での孤立

　第二次世界大戦後、自由主義と資本主義を基本とする西欧諸国と社会主義と共産主義を標榜する東欧諸国が一触即発の緊張状態のうちに対立して「冷たい戦争」と呼ばれる時期が続きました。その時期に、1955年にスイスを手本として永世中立国となったオーストリアとともに、スイスは東西両陣営のどちらにも加わらない立場をとることによって、冷たく対立する者たち同士に意見の交換と調整の場を提供しました。

　ところが、東西対立の象徴であったベルリンの壁が崩壊したのを契機として、東欧諸国が一挙に様相を変えました。1995年に欧州連合（EU）が発足して、しだいに東側に向かって拡大していきました。第二次世界大戦後にスイスを手本とする永世中立国として独立国家の資格を得たオーストリアが、スイス流の中立を維持するよりも諸国との協調を優先するべきだという考え方にもとづいて、欧州

東西対立時代のヨーロッパ

連合にいちはやく加盟しました。

　もともと山国の住民たちは用心深い性格をもちます。中立を失うことによってスイスの独自性が失われるのではないかという懸念が、そのような性格とかさなりました。欧州連合の経済政策がスイスの農業と牧畜に壊滅的な打撃を与えるのではないかという心配が、アルプス山岳地域の住民たちの不安をつのらせました。スイス政府は、建国700年を記念する1991年にすでに、近い将来に誕生することになっていた欧州連合への加盟を目指す方針をかかげて国民の理解を得ようとしていたのですが、スイス国民は国民投票で（わずかな差ではありましたが）加盟反対を選択しました。

　2007年に東欧の2ヶ国が加わって27ヶ国となった欧州連合の加盟国を黒く塗ってみれば、まるで世界大戦のときの再現であるかのように、またしてもスイスが白い孤島としての姿を呈します。

この歴史副読本の誕生

　そうこうする間に、歴史文書の研究が進んだ結果、大戦中のユダヤ人の問題、特にスイス政府がドイツ政府におもねってユダヤ人の救済をおこなわなかったことの実態がさらに詳しく知られるようになりました。消息不明となったユダヤ人の残した預金の扱いをめぐって激しい応酬のあった後に、スイスの銀行は巨額の預金をアメリカの口座に移しました。国際的な圧力のもとでスイスの銀行が長い伝統の堅持を断念したという意味で大きな歴史的転換となる事件でした。

　1996年から2002年にかけて発表された『ベルジエ報告』、つまりジャン・フランソワ・ベルジエを中心とする研究チームが作成した長大な報告書が、中立を維持するためにスイス政府がおこなっていた妥協について、あるいは好むと好まざるとにかかわらずドイツの戦闘能力の維持に経済と産業の両面で貢献してしまっていた実態について、隠されていた事実を明らかにしました。そして、何よりも、ドイツで生命の危険にさらされたユダヤ人を救えなかったことへの罪悪感をどう克服するべきかという難問を、スイス人にあらためて突きつけたのです。

　こうしたことが、ほかでもない、この歴史教科書の誕生の契機となる背景でした。戦争のない時代における孤立状況の中で、外国から批判される理由をかかえて、スイスのジレンマがいっそう深まったことが、この歴史教科書を誕生させました。

　1933年に北隣の大国ドイツがヒトラー政権のもとでドイツ語の世界を1つにまとめる計画を立て、いずれはスイスのドイツ語地域を併合することを画策していました。このようなドイツの全体主義の拡大に対して、スイスはこれをはねつける意志を示していました。そのうえ、大戦中に二度、ドイツ軍によるスイス侵攻計画を察知して、断固とした抵抗の姿勢をとろうとしました。この副読本でも語

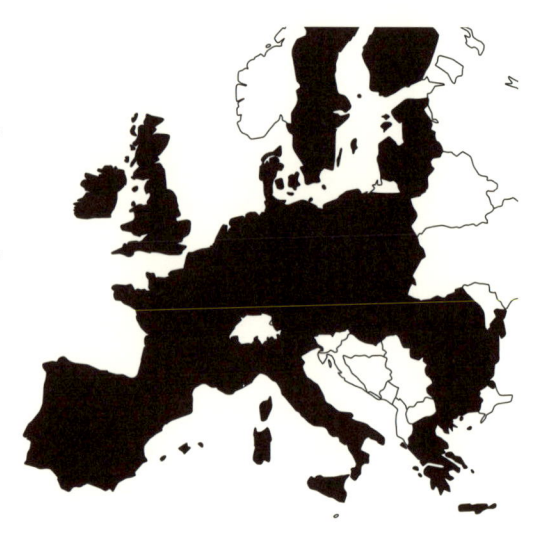

欧州連合に囲まれるスイス
2009年現在、27の加盟国

られているように、ドイツ軍がスイスを攻めたときにはアルプスの山々を自然の砦として抵抗するという計画を立てました。その反面で、ドイツ政府に対する刺激を和らげるためにユダヤ人の扱いについて妥協し、ナチス政府の戦争資金づくりに協力もしていた、と疑わせる資料が発掘されるに及んで、スイスの中立と平和の栄光が黒い影の部分をともなうものであったことは、もはやスイス人にとって否定しがたいことになったかに見えます。

以上のように光と影の両方の側面をもつ歴史を冷静に見つめて、理想と現実の矛盾を見せつける歴史の像をどのように理解し、将来においてこれをどう乗り越えていくのがよいか。問題の解決は容易でありません。

このような状況のもとで、未来を担う高校生たちが、過去の現実を知って理解する勇気とスイスの影の部分を克服する知恵をみずから見出してくれることを期待して、この歴史副読本が編まれました。親の世代であるスイス人たちが見ていた光の裏側にひそむ影を直視する勇気をもたせて、歴史とは何かを考えさせることを目的としています。どんな事実も視点を変えると違って見えるものであると気づかせることを、目的としています。もちろん、高校生に決定的な判断をくださせるといった負担を負わせるのが狙いではありません。問題点のありかに気づいて、大人たちとともに考えるようになってもらうこと。そこにこの教材の真の狙いがあります。

（みやした　けいぞう／慶應義塾大学名誉教授）

訳者解説

原著について

　本書はスイスの「チューリヒ州教材出版」から2006年に刊行された高校生向け歴史授業のための副読本の全訳である。原文はドイツ語でＡ４サイズ150ページ、2003年からチューリヒ州が制作を手がけたもので、内容は主として第二次世界大戦時をテーマとしているが、すべての高校で義務的に使用される教材ではなく、あくまで任意の「副読本」である。

　タイトルの *Hinschauen und Nachfragen: Die Schweiz und die Zeit des Nationalsozialismus im Licht aktueller Fragen* は、直訳すれば『見つめて問い直そう——アクチュアルな問いの光に照らされたスイスとナチズムの時代』であり、第二次世界大戦時に「中立国スイス」がナチズムとどのようにかかわってきたのか、という重大なテーマに「今」の視点で真正面から向きあおうとしている姿勢がタイトルからも読み取れる。この教材はこうした自国の過去の重い問題を、若い世代に考えてもらうために作成された意欲的な試みである。

　この教材の成立の背景を知るためには1980年代にまでさかのぼる必要があるだろう。

　1980年代にはアメリカをはじめとする国々で、様々なマイノリティ（日系アメリカ人、ネイティブ・アメリカン、オーストラリアのアボリジニなど）が自らに為された行為に対する賠償請求を行った。こうした流れの中で1990年代、アメリカのユダヤ人もスイスの銀行そして国家に対し賠償請求を行い、1995年スイスの銀行はナチズム時代にドイツがユダヤ人から強奪した資産を保有していることを認め、翌年、銀行に眠っている所有者消息不明資産の調査を始めた。スイスはアメリカのユダヤ人団体をはじめとする国内外からの激しい非難の嵐にさらされ、これに対してスイス国内で反発する者も現れ、この所有者消息不明資産をめぐって激しい議論が巻き起こった。こうした中でスイス連邦議会も「独立専門家委員会」（ベルジエ委員会）を設置し、1997年から調査を開始したのである（詳細は第3章を参照）。

　ベルジエ委員会は歴史学者ジャン・フランソワ・ベルジエほか9名の専門家からなる国際的な委員会で、連邦議会の委託により第二次世界大戦時のスイスの中立性について綿密な調査を行った。1998年から2002年にかけて1万1000ページにおよぶ調査報告書『ベルジエ報告書』が発表され、この報告書によって、第二次世界大戦時にスイスが多くのユダヤ人の亡命希望者受け入れを拒否したことや、

ナチ・ドイツから金塊を購入したこと等が明らかになり、スイスの中立神話が崩れる結果となった。そのため、特に国内の保守右派からは自国を否定的にとらえているという非難の声があがり、議論となった。あるインタビューの中で、スイスに否定的すぎるのではないかという批判をどう思うかと問われたベルジエは、「スイス人は他の国民と同じように弱点と長所を持っていたということです。これはスイス人が信じていた伝説的な姿ではなく、人間的なスイスの姿なのです」と答えている（swissinfo.ch 2007年3月25日の記事）。

　『見つめて問い直そう』の執筆には『ベルジエ報告書』を作成したメンバーもかかわっており、内容的にこの報告書の成果を多分に取り入れている。美化され伝説となった「中立国スイス」にこだわることなく、「人間的なスイスの姿」をそのまま伝えようとする『ベルジエ報告書』の精神を受け継いだこの副読本を高く評価する専門家も多い中で、『ベルジエ報告書』のときと同様、この教材は「自虐的」で「歴史観が誤っている」ため副読本であっても学校で扱うべきではない、「スイスの否定的な側面ばかりが強調されていて一面的である」等、反発する政治家もいた。他方で、これは『ベルジエ報告書』の単なる要約という枠を超え、資料やテーマの点からもナチズム時代のスイスが広い観点から扱われているとの評価もあり、またこの教材は歴史的事実をただ叙述するだけでなく、各人がどのように歴史に取り組むべきか、といった歴史学の方法論を意識させるように工夫された画期的な教材であるという意見も見られる（*Neue Zürcher Zeitung*, 2006年3月4日の記事）。歴史の解釈は多様であり、時代とともに新たな知識によって変遷していくということ、このことを『見つめて問い直そう』は示しており、「歴史（Geschichte）がどのように成立するのかを語る物語（Geschichte）」ともなっている。

　『ベルジエ報告書』がきわめて重要で興味深い研究成果であることは言うまでもないが、しかしこれは1万ページを超える大著であるため、一般の読者がなかなか読めるものではないだろう。この意味で本書はちょうどよい要約の役割を果たすものでもあり、高校生や大学生向けの教科書としてだけではなく、歴史やスイスに興味のある一般読者にも十分読み応えのある、示唆に富む一冊である。

スイスの教育制度について

　スイスには日本の文部科学省のような教育を司る省はなく、国の統一的な教育制度がない。これはスイスが強い連邦制をとっていることによるもので、国が担うのは主に外交や国防であり、その他の税制や教育については26の州（カントン）が大きな権限を持っている。教育制度は州ごとに異なり、26種類の教育制度が存在していると言える。歴史的にスイスでは中央集権と連邦制とがつねに複雑に拮抗し、微妙なバランスが保たれてきているが、基本的に各州の独

立性が非常に尊重され、連邦制の精神が守られている。

　連邦制を尊重することは、スイスの多様性を維持することであり、狭い面積に4つの言語圏を含む多言語国家であるスイスにとって、多様性はたしかにその存在の基盤となるものであろう。そしてその多様性が顕著に現れているのが教育制度であるとも言えよう。しかしこの多様性が場合によってはマイナスの要素にもなりうる。州によって言語も文化も異なり、キリスト教の宗派もプロテスタントとカトリックと異なれば、それに伴って休日も違ってくる。学校で学ぶ国語も外国語も違う。学校での言語教育の問題は非常に大きく、つねに議論の的になっているが、いずれにしても、特に子どもが別の州に転校した場合、この教育制度の多様性が子どもの大きな負担の原因となってしまうのである。就学年齢や年数、長期休暇の期間やカリキュラム、教科等が異なるため、子どもはまったく新しい環境でこれまでとは異なる学習を強いられるのであり、大きな支障が生じることとなる。

　このような問題を改善するため、2006年5月、教育制度統一のための憲法改正をめぐって国民投票が行われた。統一反対派は、教育制度の統一により多様性が失われ、州の権限が縮小されることは連邦制の危機だと訴え、他方で政府は、各州が協調して教育の質の向上を目指すことが大事であると主張した。かつて1973年に実施された同様の国民投票では統一は見送られたが、今回の国民投票では

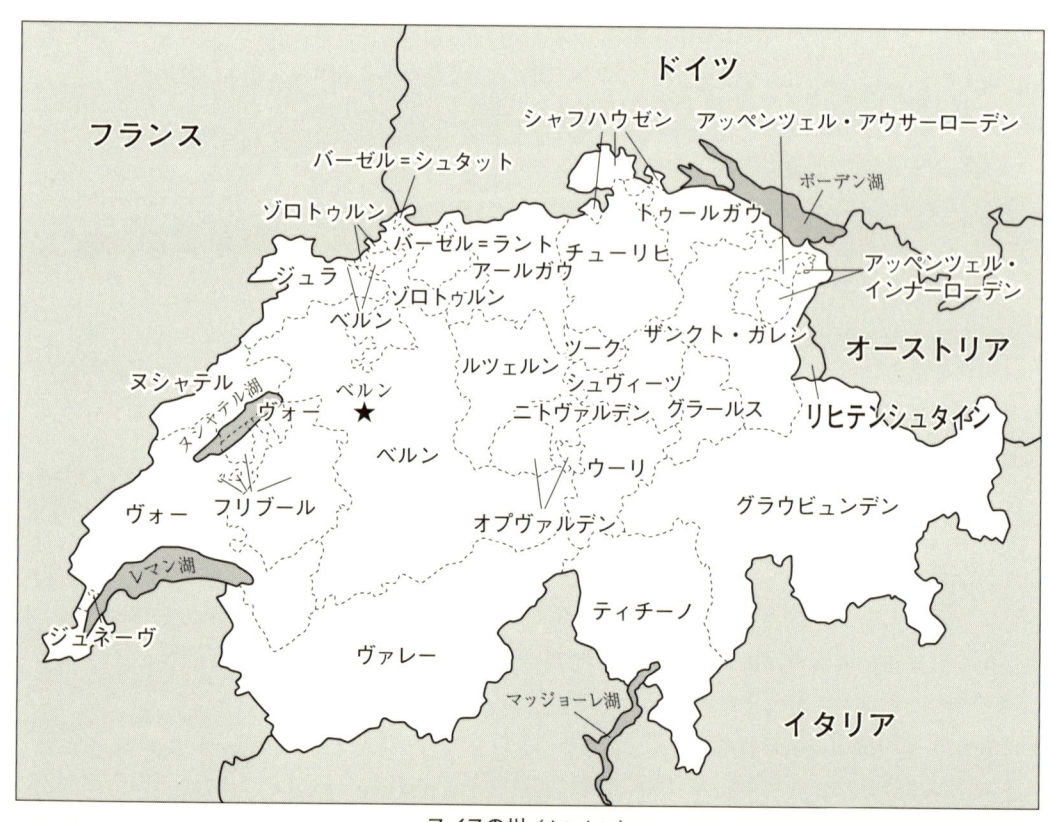

スイスの州（カントン）

85.6％の賛成（投票率27.9％）で可決され（連邦統計局のデータ）、これにより連邦と各州が協調して教育制度の統一化に向けて動き出すこととなった。

　以下、現在のスイスの教育制度を概観してみたい。

　スイスでは小学校入学前に1〜2年間幼稚園に通う子どもが多いが、小学校には6／7歳で入学、年数は州によって4〜6年間と異なり、多くの州では6年間である。日本の中学校にあたる段階は州により3〜5年間で、例えば小学校が4年間なら中学校は5年間、小学校が6年間なら中学校は3年間という具合に、いずれにしても義務教育は日本と同様合わせて9年間である。義務教育を終えた生徒の90％が高校に進学するが、高校は3種類あり、①いわゆる普通高校（ギムナジウム）、②専門高校、③職業高校に分類される。①は州立大学や連邦工科大学進学を前提としており、②は職業系大学や高等専門学校への進学を前提とし、職業訓練を組み入れた教育が行われる。義務教育修了者のおよそ3分の2が③に進学し、ここを卒業した生徒の大部分は就職するが、職業系大学へ進学する道も開けている。高等教育機関としては、上記のように州立大学や連邦工科大学、職業系大学（教育大学を含む）、そして高等専門学校がある。高等専門学校は技術系が多いが、他国の大学に相当する高い教育レベルを誇る。

　大学は10の州立大学のうち5大学がドイツ語圏（バーゼル、ベルン、ルツェルン、ザンクト・ガレン、チューリヒ）、3大学がフランス語圏（ジュネーヴ、ローザンヌ、ヌシャテル）にあり、その他フランス語／ドイツ語のバイリンガル大学が1つ（フリブール／フライブルク）、さらに1996年、イタリア語圏のティチーノ州に1大学が設立された。連邦立（国立）の大学は、チューリヒ（ドイツ語圏）とローザンヌ（フランス語圏）の2つの連邦工科大学のみである。

　大学での使用言語にはスイスの言語状況が反映されている。スイスは4言語（言語人口比率の高い順にドイツ語63.7％、フランス語20.4％、イタリア語6.5％、ロマンシュ語0.5％）を公用語としているが、各言語圏の大学数は言語人口に比例し、イタリア語圏の大学は上述のように20世紀末になってようやく設立されたばかりであり、最も少数派のロマンシュ語圏に至っては大学がない。ロマンシュ語圏では、将来ドイツ語圏の大学に進学したりドイツ語圏で就職することができるように、小学校5年生からすべての授業がドイツ語で行われる。このようにスイスの生徒たちは母語の他に第二国語を小学校のうちから学ばなければならず（ドイツ語圏やイタリア語圏ならフランス語、フランス語圏ならドイツ語といった具合に）、さらにドイツ語圏では話し言葉は方言であるスイス・ドイツ語、書き言葉は標準ドイツ語という、いわば言語の二重生活を送っているために状況は複雑さを増し、各言語圏間のコミュニケーション不足が近年特に問題視されている。それに加えて最近ではドイツ語圏で英語を重視して

フランス語よりも先に英語を学習させる地域も現れ、これに対してフランス語圏で反発が起こるなど、言語教育をめぐる事態は大変複雑になっている。また小学生に母語以外の言語を2つも学習させるのは負担が大きすぎるとの意見もあり、引き続き議論が続くものと思われる。

　言語教育も含め、連邦レベルでどのように教育の統一化を進めていくのかは大きな課題であるが、その他、外国人生徒が多いスイスで、多種多様な母語・文化・宗教の子どもたちをいかに受け入れていくかという問題もあり、いずれにしても多様性を維持しつつ共生をはかるという困難な課題に、スイスはつねに向き合って行かねばならないようである。

若林　恵

人名・団体名索引

【ア行】

アイゼンスタット、スチュアート　131
アイゼンマン、ピーター　123
アイヒマン、アードルフ　101
アッテンホーファー、エルジー　22
アフリカ民族会議（ANC）　136
アルトヴェック、パウル　18
アルミニウム有限責任会社ラインフェルデン　96
アントシュ、パウル　104, 105
イェーツラー、ローベルト　111, 112
ヴァーレン、フリードリヒ・トラウゴット　57
ヴァイスハウス、ギゼラ　62
ヴァルテンヴァイラー、フリッツ　25
ヴァレンベルイ、ラウル　130
ヴィース＝ヘーフェリ、Th.　132
ヴィクトール・エマニュエル3世（王）　48
ヴィリガー、カスパー　125
ウィルソン、トーマス・ウッドロウ　43
ヴィルヘルム2世（皇帝）　41
ヴィレ、ウルリヒ（総司令官）　39, 42
ヴィンミス火薬工場　89
ヴォドー、アントワーヌ　114
ヴォルカー、ポール　70, 75
エーグリ、アルフォンス　133
エーリ、アルベルト　114
エーリコン工作機械工場　89
エーリコン＝ビューレ社　90, 91
エッター、フィリップ　13, 52, 111
L、エーディット・フォン　78
エルカン、ユリウス　128, 129
L、フェーリクス／L、フレデリーケ　104, 105, 126, 127
オーバーマイアー、レオポルト　21
オルテン委員会　41, 42

【カ行】

ガイギー社（J・R・ガイギー社）　95
カトリック保守派　42, 47, 52
カリギエ、ツァーリ　13
カルメル、エリ　125
キーティング、ポール　135
ギザン、アンリ　12, 54, 55, 87, 93
旧ユーゴスラヴィア国際刑事裁判所（ICTY）　138
キリスト教平和奉仕団　25
クライヤー、ゲオルク　62
グリム、イェニー　17
グリム、ウルズラ　17
グリム、ローベルト　17, 26, 41
グリュニンガー、パウル　19
クルツ、アルベルト　25
クルツ、アンナ＝バルバラ　25
クルツ、ゲルトルート　25
クレディ・スイス・グループ（CSG）　27, 71, 97, 124, 127
ケインズ、ジョン・メイナード　47
ゲーフェ、トーマス　83
ゲオルク・フィッシャー製鋼所　85, 87
ケラー、シュテファン　124, 125
ゲンスラー、フーゴー　29, 87
国際刑事裁判所（ICC）　139
国際赤十字社（IKRK）　40
国民社会主義ドイツ労働者党（NSDAP）　45, 48, 52, 56, 84, 95
国民戦線　31, 49, 51, 55
国家社会主義的世界観を抱く忠実なるスイス国民同盟（BTE）　31
ゴトヴィナ、アンテ　139
コラー、アーノルト　72
コルディッチ、ダリオ　139
困窮状態にあるホロコースト／ショアー犠牲者のためのスイス基金　71

【サ行】

ザーリス、ジャン・ルドルフ・フォン　23
サンド社　95
ジークフリート、アルフレート　132
ジーゲンターラー、ロルフ・アンドレ　6
シーサー　94
社会民主党（SP）　17, 40, 41, 50, 51
ジャクメティ、カルロ　66
シュヴァープ、マックス　61
シューマッハー、カール・フォン　49
自由民主党（FDP）　42, 47, 50
シュタイガー、エードゥアルト・フォン　25, 111, 112, 114, 115
シュテックリ＝ロース、アニー　14
シュトゥッキ、ヴァルター　61
シュトレーゼマン、グスタフ　43
シュプリング、ヨゼフ　124, 125
シュプレッヒャー・フォン・ベルネック、テオフィール　42
シュペーア、アルベルト　84
シュミット、カール　23
シュライバー、ヘルマン　116
真実和解委員会　137
スイス・イスラエル同盟（SIG）　24, 73
スイス銀行家協会（SBVg）　62, 70, 73, 74, 79, 126, 127
スイス銀行コーポレーション（SBV）　27, 72, 103, 104, 105, 127
スイス工業会社（SIG）　87
スイス国民運動　31
スイス商工会議所（Vorort）　16
スイス信用銀行（SKA）　26, 97, 104
スイス生命・年金保険会社　128, 129
スイス・ナショナル銀行（SNB）　46, 58, 60, 61, 67, 71, 72, 102
スイス民間女性救援活動サービス　53
スイス・ユニオン銀行　66, 71
スイス連邦最高裁判所　61
スイス労働組合（SGB）　41
スターリン、ヨシフ　50, 51, 120
スペン、ダヴィト　61
世界ユダヤ人会議（WJC）　67, 73, 75

【タ行】

大ドイツ国におけるスイス人同盟（BSG）　31
ダマート、アルフォンス　73
チューブリン＝シュピラー、エルゼ　39
ツァンダー、アルフレート　31
ツィーグラー、ジャン　73
ツツ、デズモンド　136
D、アニー／D、アルトゥーア　27
ディニヒェルト、パウル　21
デクラーク、フレデリック・ウィレム　136
ドイツ国立銀行　46, 61
ドイツ労働戦線　84
トゥジマン、フラニョ　139
トゥタ、ムラデン・ナレティリッチ　139
ドゥットヴァイラー、ゴットリープ　93
ドゥラクリッチ、スラヴェンカ　139
ドゥラミュラ、ジャン＝パスカル　66, 67
特別委員会（第二次世界大戦）　62, 70
独立賢人委員会（ICEP）　70, 72, 73,

75

独立専門家委員会（スイス－第二次世界大戦）［ＵＥＫ、ベルジエ委員会］　70, 71, 77, 82

ドドゥソン、ミック　134

ドライフス＝ハイム、マルゴット　32

ドレフュス＝ド・ガンズビュール、ポール　25

【ナ行】

ネスレ　94

農工市民（連合）党（ＢＧＢ）　12, 42, 50

ノラツ、ミルコ　139

【ハ行】

バーゼル商業銀行　100

バーゼル生命保険会社　128

賠償問題解決裁判所（ＣＲＴ）　70, 75

ハイム、ゼルマ　18, 32

ハイム、マルクス　18, 32

バヴォー、モーリス　30

ハウデンシルト、エルンスト　18

バウマン、ヨハネス　33

バウムベルガー、オットー　43

ハマーショルド、ダグ　131

バリー（株式会社）　29, 87, 88, 89

バリー、イーヴァーン　29, 88, 89

バルツリ、ビート　66

バレル、エーミール・Ｃ　28

ハワード、ジョン　135

Ｂ、ピロシュカ　122

ヒトラー、アードルフ　30, 49, 50, 51, 52, 56, 59, 94, 109, 113, 120

ビューレ、エーミール・ゲオルク　91

ヒルス、アルフレート　61

ピレ＝ゴラ、マルセル　13, 23, 55, 61, 93

裕仁皇太子　19

ヒンデンブルク、パウル・フォン　52

ファイエル、ゲオルク　28

ファガン、エド　75

フィエリ、ペーター　26

フェルトマン、マルクス　12, 20

ブッシュ、ヴィルトボルツ　29, 87

ブッシュ、グスタフ　29, 87

ブラシュキッチ、ティホミル　139

ブラッドフィールド、マイケル　75

フランク、アンネ　123

フランツ・フェルディナント公　38

ブラント、ヴィリー　116

ブリアン、アリスティード　44

プレシュー、メトー　103

ブンディク、ヘルベルト　131

ヘーゲル、ゲオルク・ヴィルヘルム・フリードリヒ　83

ペーション、ヨーラン　131

ベビトルト、ローベルト　15

ベルジエ、ジャン＝フランソワ　71

ベルン・レッチュベルク・シンプロン鉄道（ＢＬＳ）　17

ペロー副幕僚長　42

ヘロン、ジョン　135

ボーラー、トーマス　70

ホール、ラインハルト　61

ホッツ、ジャン　16, 26

ホフマン、フリッツ　28

ホフマン＝ラ・ロシュ社　28, 95

ホムベルガー、ハインリヒ　16, 26

【マ行】

マイアー、ザリー　24

マイリ、クリストフ　66

マギー有限責任会社　94, 95, 96

マジンブコ、マウレーン　137

マボ、エディ　135

マンデラ、ネルソン　136

ミグロ　93

ミュラー＝ヘンミ、ヴレニ　77

ミロシェヴィッチ、スロボダン　138

ムッソリーニ、ベニート　27, 48, 49, 50, 51, 59, 93

モッタ、ジュゼッペ　21, 110

【ヤ行】

ＵＢＳ　27, 97, 127

【ラ行】

ラインハルト、エーバーハルト　61

ランズマン、クロード　69

ルッツ、カール　20, 130

レーニン、ヴラディミール・イリイチ　41, 50

レヒシュタイナー、パウル　125

レビンスキー、アキワ　73

連帯基金　72

連邦公文書館　62

ロートムント、ハインリヒ　24, 28, 33, 107, 108, 110, 111, 113

ロッシ、ポール　98

ロンツァ製作所　96

●訳　者
スイス文学研究会

五十嵐　豊（いがらし　ゆたか）
立教大学ランゲージセンター教育講師
専攻：現代ドイツ語圏文学
主要著書・論文：
「複数化／虚構化される〈私〉——マックス・フリッシュの『ドン・ファンあるいは幾何学への愛』に見る演劇的存在論」（立教大学大学院ドイツ文学専攻論文集『ＷＯＲＴ』第20号、1998年）
Spielendes Ich oder weltloses Welttheater. Überlegungen zur theatralischen Ontologie in Max Frischs *Don Juan oder Die Liebe zur Geometrie*. In: Evokationen. Gedächtnis und Theatralität als kulturelle Praktiken. (Iudicium Verlag, 2000)
スイス文学研究会編訳『氷河の滴——現代スイス女性作家作品集』（鳥影社、2007年）

大串　紀代子（おおぐし　きよこ）
獨協大学外国語学部教授
専攻：ドイツ語圏文学、文化人類学
主要著書・論文：
「クリスティーナ・ブルンナー：「花嫁」——平凡な日常枠の中の「生」と「死」と「再生」の寓話」（獨協大学『ドイツ学研究』第52号、2004年）
「『アグネス』におけるペーター・シュタムの現代への視点」（獨協大学『ドイツ学研究』第60号、2008年）
スイス文学研究会編訳『氷河の滴——現代スイス女性作家作品集』（鳥影社、2007年）

荻野　静男（おぎの　しずお）
早稲田大学政治経済学部教授
専攻：ドイツ語、ドイツ文学
主要著書・論文：
「モーニカ・マローンの『悲しき動物』について」（早稲田大学政治経済学部『教養諸学研究』第114号、2003年）
「ヘルダーリンの『平和の祝祭』研究序説——バロック・祭典・啓蒙主義」（早稲田大学政治経済学部『教養諸学研究』第124号、2008年）
ペーター・ソンディ『ヘルダーリン研究』（共訳、法政大学出版局、2009年）

小島　康男（こじま　やすお）
立教大学名誉教授
専攻：主としてドイツ語圏の喜劇・風刺文化研究
主要著書・論文：
『スイス二十世紀短編集』（共訳、早稲田大学出版部、1980年［再版］）
『物理学者たち——デュレンマット喜劇集』（共訳、早稲田大学出版部、1984年）
『ドイツの笑い・日本の笑い——東西の舞台を比較する』（編著、松本工房、2003年［再版］）

小林　貴美子（こばやし　きみこ）
東洋大学名誉教授
専攻：近・現代スイス文学
主要著書・論文：
スイス文学研究会編訳『現代スイス短編集』（鳥影社、2003年）
スイス文学研究会編訳『氷河の滴——現代スイス女性作家作品集』（鳥影社、2007年）

曽田　長人（そだ　たけひと）
東洋大学経済学部准教授
専攻：ドイツ思想史
主要著書・論文：
「ニーチェとスイス　ドイツとヨーロッパのあいだ」（森田安一編『スイスの歴史と文化』刀水書房、1999年）
『人文主義と国民形成——19世紀ドイツの古典教養』（知泉書館、2005年）
「ヘルダーと新人文主義」（『ヘルダー研究』第13号、2007年）

田ノ岡　弘子（たのおか　こうこ）
早稲田大学名誉教授
専攻：ドイツ語文学
主要著書・論文：
H・ヤンゼン編『七十年の友情』（共訳、スリーエーネットワーク、1996年）
スイス文学研究会編訳『現代スイス短編集』（鳥影社、2003年）
スイス文学研究会編訳『氷河の滴――現代スイス女性作家作品集』（鳥影社、2007年）

寺島　政子（てらしま　まさこ）
昭和女子大学非常勤講師
専攻：現代ドイツ・スイス文学
主要著書・論文：
「スイスにおけるロマンシュ語」（筑波大学外国語センター『外国語教育論集』第22号、2000年）
「最も短い物語―― ペーター・ビクセルのKürzestgeschichte」（昭和女子大学近代文化研究所編『學苑・外国語科特集』720号、2000年）
「ヘレン・マイアー『寝巻き』について」（昭和女子大学近代文化研究所編『學苑・総合教育センター特集』2006年）

新本　史斉（にいもと　ふみなり）
津田塾大学准教授
専攻：ドイツ語圏文学、翻訳論
主要著書・論文：
「「はじめて書きつけた慣れない手つきの文字」に出会うための散歩 ――ローベルト・ヴァルザーの『散歩』論」（『ドイツ文学』2004年）
「クライストの言葉のネットワークから『決闘』を読む――"fall" の相から見られた世界Ⅳ」（日本独文学会研究叢書『H.v. クライストの散文作品を読み直す』2004年）
ウルズラ・ケラー、イルマ・ラクーザ編『ヨーロッパは書く』（共訳、鳥影社、2008年）

松鵜　功記（まつう　こうき）
福岡大学人文学部非常勤講師
専攻：現代ドイツ語圏文学
主要著書・論文：
「マックス・フリッシュ『伝記：ひとつの芝居』――「私」というUTOPIEへ向かって」（『福岡大学大学院論集』第32巻第2号、2000年）
「マックス・フリッシュ：『わが名はガンテンバインとしておこう』 ――可能性としての「私」」（日本独文学会西日本支部編『西日本ドイツ文学』第13号、2001年）
スイス文学研究会編訳『氷河の滴――現代スイス女性作家作品集』（鳥影社、2007年）

山下　剛（やました　たけし）
東北薬科大学准教授
専攻：近現代ドイツ語圏文学、比較文化論
主要著書・論文：
ペーター・ビクセル『テーブルはテーブル』（未知谷、2003年）
『もう一人のメンデルスゾーン――ファニー・メンデルスゾーン＝ヘンゼルの生涯』（未知谷、2006年）
スイス文学研究会編訳『氷河の滴――現代スイス女性作家作品集』（鳥影社、2007年）

若林　恵（わかばやし　めぐみ）
東京学芸大学教育学部准教授
専攻：ドイツ語圏文学・文化
主要著書・論文：
「逃走の物語――マルグリート・バウアの『物語の逃走』について」（世界文学会編『世界文学』第102号、2005年）
「多言語社会スイス――ドイツ語圏の二言語併用をめぐって」（『多文化教育の理論と実践』平成19年度、東京学芸大学連合学校教育学研究科、広域科学教科教育学研究経費報告書、2008年）
スイス文学研究会編訳『氷河の滴――現代スイス女性作家作品集』（鳥影社、2007年）

●解　説（「本書の歴史的背景とその意義」）

宮下　啓三（みやした　けいぞう）
慶應義塾大学名誉教授

世界の教科書シリーズ㉗

スイスの歴史
スイス高校現代史教科書 〈中立国とナチズム〉

2010年2月28日　初版第1刷発行
2018年6月1日　初版第2刷発行

著　者	バルバラ・ボンハーゲ	発行者	大江道雅
	ペーター・ガウチ	発行所	株式会社明石書店
	ヤン・ホーデル	〒101-0021　東京都千代田区外神田6-9-5	
	グレーゴル・シュプーラー	電　話　03 (5818) 1171	
訳　者	スイス文学研究会	ＦＡＸ　03 (5818) 1174	
		振　替　00100-7-24505	
		http://www.akashi.co.jp	
		装丁：	上野かおる
		組版：	明石書店デザイン室
		印刷／製本：モリモト印刷株式会社	

（定価はカバーに表示してあります）　　　　ISBN978-4-7503-3140-9

◆ 世界の教科書シリーズ ◆

❶ 新版 韓国の歴史
国定韓国高等学校歴史教科書
大槻健、君島和彦、申奎燮 訳
◎2900円

❷ わかりやすい 中国の歴史
国定中国小学校社会教科書
小島晋治 監訳
大沼正博 訳
◎1800円

❸ わかりやすい 韓国の歴史
国定韓国小学校社会科教科書
石渡延男 監訳
三橋ひさ子、三橋広夫、李彦叔 訳
◎1400円

❹ 入門 韓国の歴史
国定韓国中学校国史教科書【新装版】
石渡延男 監訳
三橋広夫 共訳
◎2800円

❺ 入門 中国の歴史
中国中学校歴史教科書
小島晋治、並木頼寿 監訳
大里浩秋、川上哲正、小松原伴子、杉山文彦 訳
◎3900円

❻ タイの歴史
タイ高校社会科教科書
中央大学政策文化総合研究所 監修
柿崎千代 訳
◎2800円

❼ ブラジルの歴史
ブラジル高校歴史教科書
C・アレンカール、L・カルピ、M・V・リベイロ 著
東明彦、アンジェロ・イシ、鈴木茂 訳
◎4800円

❽ ロシア沿海地方の歴史
ロシア沿海地方高校歴史教科書
ロシア科学アカデミー極東支部歴史・考古・民族学研究所 編
村上昌敬 訳
◎3800円

❾ 概説 韓国の歴史
韓国放送通信大学歴史教科書
宋讃燮、洪淳権 著
藤井正昭 訳
◎4300円

❿ 躍動する韓国の歴史
民間版代案韓国歴史教科書
全国歴史教師の会 編
日韓教育実践研究会 訳
三橋広夫 監訳
◎4800円

⓫ 中国の歴史
中国高等学校歴史教科書
人民教育出版社歴史室 編著
川上哲正、白川知多 訳
小島晋治、大沼正博 監訳
◎6800円

⓬ ポーランドの高校歴史教科書【現代史】
アンジェイ・ガルリツキ 著
渡辺克義、田口雅弘、吉岡潤 監訳
◎8000円

⓭ 韓国の中学校歴史教科書
中学校国定国史
三橋広夫 訳
◎2800円

⓮ ドイツの歴史【現代史】
ドイツ高校歴史教科書
W・イェーガー、C・カイツ 編著
小倉正宏、中尾光延、永末和子 監訳
◎6800円

⓯ 韓国の高校歴史教科書
高等学校国定国史
三橋広夫 訳
◎3300円

⓰ コスタリカの歴史
コスタリカ高校歴史教科書
イバン・モリーナ、スティーヴン・パーマー 著
国本伊代、小澤卓也 訳
◎2800円

⓱ 韓国の小学校歴史教科書
初等学校国定社会・社会科探究
三橋広夫 訳
◎2000円

〈価格は本体価格です〉

◆ 世界の教科書シリーズ ◆

⑱ **ブータンの歴史**
ブータン王国教育省教育部 編
大久保ひとみ 訳 平山修 監訳
◎3800円

⑲ **イタリアの歴史【現代史】**
ロザリオ・ヴィッラリ 著
村上義和、阪上眞千子 訳
◎4800円

⑳ **インドネシアの歴史**
インドネシア高校歴史教科書
石井和子 監訳
裾沢英雄、菅原由美、田中正臣、山本肇 訳
◎4500円

㉑ **ベトナムの歴史**
ベトナム中学校歴史教科書
ファン・ゴク・リエン 監修
今井昭夫 監訳
伊藤悦子、小川有子、坪井未来子 訳
◎5800円

㉒ **イランのシーア派イスラーム学教科書**
イラン高校国定宗教教科書
富田健次 訳
◎4000円

㉓ **ドイツ・フランス共通歴史教科書【現代史】**
1945年以後のヨーロッパと世界
ペーター・ガイス、ギヨーム・ル・カントレック 監修
福井憲彦、近藤孝弘 監訳
◎4800円

㉔ **韓国近現代の歴史**
検定韓国高等学校近現代史教科書
韓哲昊、金基丞 ほか著
三橋広夫 訳
◎3800円

㉕ **メキシコの歴史**
メキシコ高校歴史教科書
ホセ=デ=ヘスス・ニエト=ロペス ほか著
国本伊代 監訳
島津寛 共訳
◎6800円

㉖ **中国の歴史と社会**
中国中学校新設歴史教科書
課程教材研究所、綜合文科課程教材研究開発中心 編著
並木頼寿 監訳
◎4800円

㉗ **スイスの歴史**
スイス高校現代史教科書〈中立国とナチズム〉
バルバラ・ボンハーゲ、ペーター・ガウチ ほか著
スイス文学研究会 訳
◎3800円

㉘ **キューバの歴史**
キューバ中学校歴史教科書
先史時代から現代まで
キューバ教育省 編
後藤政子 訳
◎4800円

㉙ **中学校現代社会教科書**
15歳 市民社会へのたびだち
タルヤ・ホンカネン ほか著
ペトリ・テメス、藤井・テメス みどり 訳
高橋睦子 監訳
◎4000円

㉚ **フランスの歴史【近現代史】**
19世紀中頃から現代まで
マリエル・シュヴァリエ、ギヨーム・ブレル ほか著
福井憲彦 監訳
遠藤ゆかり、藤田真利子 訳
◎9500円

㉛ **ロシアの歴史**
ロシア中学・高校歴史教科書
19世紀後半から現代まで
A・ダニロフ ほか著
吉田衆、A・クラフツェヴィチ 監修
◎6800円

㉜ **ロシアの歴史【上】古代から19世紀前半まで**
ロシア中学・高校歴史教科書
A・ダニロフ ほか著
吉田衆、A・クラフツェヴィチ 監修
◎6800円

〈価格は本体価格です〉

◆ 世界の教科書シリーズ ◆

㉝ 世界史のなかのフィンランドの歴史
フィンランド中学校近現代史教科書
ハッリ・リンタ＝アホ、マルヤーナ・ニエミ ほか著
百瀬宏 監修／石野裕子・髙瀬愛 訳
◎5800円

㉞ イギリスの歴史【帝国の衝撃】
イギリス中学校歴史教科書
ジェイミー・バイロム ほか著
前川一郎 訳　◎2400円

㉟ チベットの歴史と宗教
チベット中学校歴史宗教教科書
チベット中央政権文部省 著
石濱裕美子・福田洋一 訳　◎3800円

㊱ イランのシーア派イスラーム学教科書
イラン高校国定宗教教科書【3・4年次版】
富田健次 訳　◎4000円

㊲ バルカンの歴史
バルカン近現代史の共通教材
南東欧における民主主義と和解のためのセンター(CDRSEE) 企画
クリスティナ・クルリ 総括責任
柴宜弘 監訳　◎6800円

㊳ デンマークの歴史教科書
デンマーク中学校歴史教科書
古代から現代の国際社会まで
イェンス・オーイェ・ポールセン 著
銭本隆行 訳　◎3800円

㊴ 検定版 韓国の歴史教科書
高等学校韓国史
キム・イクソン、チョン・ヘンヨル、パク・チュンヒョン、パク・ボミ、キム・サンギュ、イム・ヘンマン 著
三橋広夫・三橋尚子 訳　◎4600円

㊵ オーストリアの歴史
【第二次世界大戦終結から現代まで】
ギムナジウム高学年歴史教科書
アンドレア・ヴァルト＝エドリンガー、シュテフィー・アロイス＝ライシャー、ヨーゼフ・シャイプル 著
中尾光延 訳　◎4800円

㊶ スペインの歴史
スペイン高校歴史教科書
J.プラダオス、J.C.M.ガルシア、M.ガルシア・セバスティアン、C.ガタル・アーモント、立石博高 監訳
竹下和亮・内村俊太・久木正雄 訳　◎5800円

㊷ 東アジアの歴史
韓国高等学校歴史教科書
アン・ビョンウ、キム・ヒョンジョン、イ・イタ、シン・ソンゴン、ハム・ドンジュ、キム・ジョンイン、パク・チュンヒョン、チョン・ジヨン、ファン・ジスク 著
三橋広夫・三橋尚子 訳　◎3800円

㊸ ドイツ・フランス共通歴史教科書【近現代史】
ウィーン会議から1945年までのヨーロッパと世界
ペーター・ガイス、ギヨーム・ル・カントレック 監修
福井憲彦・近藤孝弘 監訳　◎5400円

㊹ ポルトガルの歴史
小学校歴史教科書
アナ・ロドリゲス・オリヴェイラ、アリンダ・ロドリゲス、フランシスコ・カンタニェデ、A.H.デ・オリヴェイラ・マルケス 校閲
東明彦 訳　◎5800円

㊺ イランの歴史
イラン・イスラーム共和国高校歴史教科書
八尾師誠 訳　◎5000円

㊻ 5・6年生実践哲学科
ドイツの道徳教科書
ロラント・ヴォルフガング・ヘンケ 編集代表
濱谷佳奈 監訳／栗原麗羅・小林亜未 訳　◎2800円

――◆以下続刊

〈価格は本体価格です〉

世界歴史叢書

ドイツに生きたユダヤ人の歴史 フリードリヒ大王の時代からナチズム勃興まで
アモス・エロン著 滝川義人訳 ◎6800円

バルト三国の歴史 エストニア・ラトヴィア・リトアニア 石器時代から現代まで
アンドレス・カセカンプ著 小森宏美、重松尚訳 ◎3800円

黒海の歴史 ユーラシア地政学の要諦における文明世界
チャールズ・キング著 前田弘毅監訳 ◎4800円

バスク地方の歴史 先史時代から現代まで
マヌエル・モンテロ著 萩尾生訳 ◎4200円

リトアニアの歴史
アルフォンサス・エイディンタスほか著 梶さやか、重松尚訳 ◎4800円

現代を読み解くための西洋中世史 差別・排除・不平等への取り組み
シーリア・シャゼル他編著 赤阪俊一訳 ◎4600円

世界人権問題叢書 89

ナチス時代の国内亡命者とアルカディアー 抵抗者たちの桃源郷
三石善吉著 ◎3200円

世界人権問題叢書 85

平和のために捧げた生涯 ベルタ・フォン・ズットナー伝
ブリギッテ・ハーマン著 糸井川修、中村実生、南守夫訳 ◎6500円

世界人権問題叢書 96

独ソ占領下のポーランドに生きて 祖国の誇りを貫いた女性の抵抗の記録
カロリナ・ランツコロンスカ著 山田朋子訳 ◎5500円

世界人権問題叢書 99

BREXIT「民衆の反逆」から見る英国のEU離脱 緊縮政策・移民問題・欧州危機
尾上修悟著 ◎2800円

ギリシャ危機と揺らぐ欧州民主主義 緊縮政策がもたらすEUの亀裂
尾上修悟著 ◎2800円

現代スペインの諸相 多民族国家への射程と相克
坂東省次監修 牛島万編著 ◎3800円

ヒトラーの娘たち ホロコーストに加担したドイツ女性
ウェンディ・ロワー著 武井彩佳監訳 石川ミカ訳 ◎3200円

現代ヨーロッパと移民問題の原点 1970、80年代、開かれたシティズンシップの生成と試練
宮島喬編著 ◎3200円

欧米社会の集団妄想とカルト症候群 少年十字軍、千年王国、魔女狩り、KKK、人種主義の生成と連鎖
浜本隆志編著 柏木治、高田博行、浜本隆志、細川裕史、溝井裕一、森貴史著 ◎3400円

兵士とセックス 第二次世界大戦下のフランスで米兵は何をしたのか？
メアリー・ルイーズ・ロバーツ著 佐藤文香監訳 西川美樹訳 ◎3200円

〈価格は本体価格です〉

書名	エリア・スタディーズ番号	編著者	価格
イタリアを知るための62章【第2版】	2	村上義和編著	◎2000円
ポルトガルを知るための55章【第2版】	12	村上義和、池俊介編著	◎2000円
現代ドイツを知るための62章【第2版】	18	浜本隆志、髙橋憲編著	◎2000円
ウィーン・オーストリアを知るための57章【第2版】	19	広瀬佳一、今井顕編著	◎2000円
イギリスを知るための65章【第2版】	33	近藤久雄、細川祐子、阿部美春著	◎2000円
アイルランドを知るための70章【第2版】	44	海老島均、山下理恵子編著	◎2000円
ベルギーを知るための52章	71	小川秀樹編著	◎2000円
現代フランス社会を知るための62章	84	三浦信孝、西山教行編著	◎2000円
現代スペインを知るための60章	116	坂東省次編著	◎2000円
スイスを知るための60章	128	スイス文学研究会編	◎2000円
スコットランドを知るための65章	136	木村正俊編著	◎2000円
イギリスの歴史を知るための50章	150	川成洋編著	◎2000円
ドイツの歴史を知るための50章	151	森井裕一編著	◎2000円
スペインの歴史を知るための50章	153	立石博高、内村俊太編著	◎2000円
イタリアの歴史を知るための50章	161	高橋進、村上義和編著	◎2000円
ケルトを知るための65章	162	木村正俊編著	◎2000円

〈価格は本体価格です〉